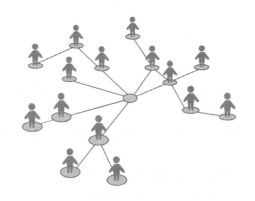

社会网络视角下中国企业网络研究

Inter-firm Networks in China:
A Social Network Perspective

刘冰 / 著

中山大学出版社
·广州·

版权所有　翻印必究

图书在版编目（CIP）数据

社会网络视角下中国企业网络研究/刘冰著．—广州：中山大学出版社，2015.2
ISBN 978-7-306-05204-9

Ⅰ.①社…　Ⅱ.①刘…　Ⅲ.①企业管理—研究—中国　Ⅳ.①F279.23

中国版本图书馆 CIP 数据核字（2015）第 037389 号

出 版 人：	徐　劲
策划编辑：	陈　霞
责任编辑：	陈　霞
封面设计：	林绵华
责任校对：	曹丽云
责任技编：	何雅涛
出版发行：	中山大学出版社
电　　话：	编辑部 020-84111996，84113349，84111997，84110779
	发行部 020-84111998，84111981，84111160
地　　址：	广州市新港西路 135 号
邮　　编：	510275　传　真：020-84036565
网　　址：	http://www.zsup.com.cn　E-mail：zdcbs@mail.sysu.edu.cn
印 刷 者：	广州中大印刷有限公司
规　　格：	787mm×1092mm　1/16　17.25 印张　356 千字
版次印次：	2015 年 2 月第 1 版　2015 年 2 月第 1 次印刷
定　　价：	45.00 元

如发现本书因印装质量影响阅读，请与出版社发行部联系调换

本书受国家自然科学基金项目（71302098，71372141）、广东省自然科学基金项目（S2013040016692）、中央高校基本科研业务费专项资金中山大学青年教师培育项目（1209040-40000-3161112）资助。

序　言

对企业网络化发展和成长的研究长期以来一直受到战略管理学者的关注，并试图给出完美的答案。在传统的战略管理学者从诸如资源基础理论、动态能力理论、组织学习理论等多个角度纷纷给出不同解读之余，社会网络理论也为此提供了一个极具价值的视角和分析方法。本书即为从社会网络视角出发对中国企业网络的研究。全书分为两个部分：第一部分是在评述企业网络已有研究的基础上，以"股东交叉关系①"为切入点，通过社会网络分析方法构建中国沪深 A 股历年营业收入总额排名靠前的 500 家上市公司所形成的企业网络，进而对 2000 年以来企业网络的演变、形成和作用进行深入探讨；第二部分是关于社会网络视角下其他类型企业网络的专题研究，包括连锁董事网络、联盟网络、风险投资网络等，结合具有典型特征的旅游企业、金融企业、创业企业进行分析，并对有关联盟研究领域的前沿研究问题进行梳理和展望。

第一，在对中国企业网络的演变研究中，通过全面刻画不同年份企业网络的关键特征，并借鉴小世界网络的思想，测算和对比小世界指数，分析企业网络演化的动态特征；在对企业网络形成的研究中，通过区分网络关系和网络位置两个层次，分别对企业网络形成的影响因素进行实证检验；在对企

---

① 亦有称"股东连锁"或"连锁股东"。与会计学研究中的"交叉持股"概念不同。会计学中交叉持股（cross holding），指相互持有对方公司的股票，即 A、B 两间公司中，A 公司持有 B 公司股票的同时，B 公司也持有 A 公司股票。本书中的"股东交叉"，指一个股东同时在两家及以上的公司担任股东，"交叉"表示"连锁"（interlock）的含义，并不代表投资的方向性。若 A、B 两间公司存在股东交叉关系，即表明 A 公司和 B 公司直接或间接（通过其他公司）共同拥有一个或多个股东。股东交叉关系形成的企业网络亦表述为"所有权网络"（ownership network）（Brookfield, 2010）。

业网络作用的研究中,以社会网络理论中凝聚子群的思想,重新界定和划分联盟,在"资源—网络—绩效"的研究框架下,对企业网络的关键特征以及联盟组合参与情况如何影响企业绩效进行实证研究。

第二,在对社会网络理论和分析方法的应用方面,本书在结合统计学方法的基础上,针对在管理学研究领域如何利用社会网络分析方法搜集数据、筛选数据和处理数据进行了系统的介绍,并在研究中采用成分分析、派系分析、QAP回归分析等方法,同时结合社会网络分析工具软件UCINET的操作进行详细介绍。

第三,在专题研究部分,结合当前战略管理研究领域与社会网络研究领域的典型前沿问题,提出可行的研究设计、研究思路和研究展望,以及必要的补充阅读材料。

近年来,社会网络理论与研究方法在管理学相关领域的研究中得到不断扩展和深入推进,社会网络分析方法逐渐引起了研究者的重视,但针对管理学某个具体问题的深入研究并不多见。本书以社会网络视角对中国企业网络进行研究,不仅关注股东交叉关系网络,还包括连锁董事网络、联盟关系网络等,也涉及旅游企业网络、创业企业网络、风险投资网络等,这些研究成果在多方面体现了理论性、创新性和探索性,可为相关领域的研究者提供有价值的研究思路,亦可为对社会网络理论及方法有兴趣的研究者提供参考。

目 录

第一部分
社会网络视角下中国企业网络的演变、形成和作用

第一章 导 论 …………………………………………………………… (3)

第一节 研究背景 ………………………………………………………… (3)
　一、社会网络视角与企业的网络化成长 ……………………………… (3)
　二、企业行为的"镶嵌"现象 ………………………………………… (4)
　三、企业"借"资源的现象 …………………………………………… (5)
第二节 研究目的与研究问题 …………………………………………… (6)
　一、研究目的 …………………………………………………………… (6)
　二、研究问题 …………………………………………………………… (6)
第三节 研究方法 ………………………………………………………… (7)
第四节 研究思路与结构安排 …………………………………………… (8)
　一、研究思路 …………………………………………………………… (8)
　二、结构安排 …………………………………………………………… (8)
　三、研究假设归纳 ……………………………………………………… (9)

第二章 文献综述 ………………………………………………………… (11)

第一节 对企业网络的不同阐释 ………………………………………… (11)
　一、管理学研究意义上的企业网络 …………………………………… (11)
　二、社会网络研究意义上的企业网络 ………………………………… (13)
第二节 社会网络视角对企业网络研究的文献综述 …………………… (14)
　一、对企业网络结构特征的研究 ……………………………………… (15)

二、对网络机制和企业行为的研究 …………………………………………（17）

　第三节　社会网络分析方法对企业网络研究的文献综述 ……………………（21）

　　一、网络形成的方式 ……………………………………………………………（22）

　　二、网络特征指标的选用 ………………………………………………………（22）

　　三、网络分析层次的划分 ………………………………………………………（27）

　　四、网络分析工具的选择 ………………………………………………………（27）

　第四节　对现有研究的评述 ……………………………………………………（28）

　　一、现有研究对"网络"理解的局限性 ………………………………………（28）

　　二、现有研究对整体网和个体网的混淆 ………………………………………（29）

　　三、现有研究对网络特征测量的欠缺 …………………………………………（30）

　　四、现有研究对社会网络分析方法应用的缺失 ………………………………（30）

　　五、现有研究对网络"小世界属性"的关注有限 ……………………………（31）

　　六、企业网络领域有待研究的问题 ……………………………………………（32）

第三章　我国企业网络的动态演变 ………………………………………………（42）

　第一节　小世界网络 ……………………………………………………………（42）

　　一、小世界网络现象 ……………………………………………………………（42）

　　二、网络的小世界属性 …………………………………………………………（42）

　第二节　数据收集与小世界指标测量 …………………………………………（43）

　　一、数据收集 ……………………………………………………………………（43）

　　二、小世界指标测量 ……………………………………………………………（45）

　第三节　结果分析 ………………………………………………………………（46）

　　一、小世界网络的国际比较分析 ………………………………………………（46）

　　二、2000—2009年我国企业网络的动态演变 ………………………………（49）

　　三、对网络结构变化的思考 ……………………………………………………（60）

第四章　我国企业网络形成的影响因素分析 ……………………………………（65）

　第一节　理论基础与研究假设 …………………………………………………（65）

　　一、企业网络关系的影响因素研究 ……………………………………………（65）

　　二、企业网络位置的影响因素研究 ……………………………………………（66）

　第二节　数据收集与变量测量 …………………………………………………（69）

　　一、数据收集 ……………………………………………………………………（69）

二、变量测量 …………………………………………………… (70)
第三节　描述性统计 …………………………………………………… (72)
　　一、网络总体结构的描述性统计 ……………………………… (72)
　　二、网络成员特征的描述性统计 ……………………………… (85)
第四节　假设检验与回归分析 ………………………………………… (85)
　　一、企业网络关系的影响因素研究 …………………………… (85)
　　二、企业网络位置的影响因素研究 …………………………… (86)
第五节　对实证结果的分析 …………………………………………… (90)
　　一、企业网络关系的影响因素研究实证结果分析 …………… (90)
　　二、企业网络位置的影响因素研究实证结果分析 …………… (91)
　　三、对"中兴通讯"和"江西铜业"个体网的进一步分析 …… (96)
　　四、对网络关系和网络位置问题的思考 ……………………… (99)

第五章　企业网络特征的作用研究——以联盟为例 ………………… (103)
第一节　派系和联盟 …………………………………………………… (103)
　　一、"联盟"定义的回顾 ……………………………………… (104)
　　二、派系思想与"联盟" ……………………………………… (105)
第二节　理论假设 ……………………………………………………… (106)
　　一、冗余资源与企业绩效 ……………………………………… (106)
　　二、网络特征的调节作用 ……………………………………… (115)
第三节　数据收集与变量测量 ………………………………………… (120)
　　一、数据收集与筛选 …………………………………………… (120)
　　二、变量测量 …………………………………………………… (125)
第四节　假设检验与结果分析 ………………………………………… (127)
　　一、相关系数分析 ……………………………………………… (127)
　　二、回归分析 …………………………………………………… (128)
　　三、结果分析 …………………………………………………… (132)

第六章　近年企业网络演进特征 ………………………………………… (134)
第一节　数据来源 ……………………………………………………… (134)
第二节　数据特征描述 ………………………………………………… (134)
　　一、网络特征 …………………………………………………… (134)

二、分布特征 ………………………………………………………… (136)
　第三节　网络进入及退出情况 ………………………………………… (139)

第七章　结论与讨论 ………………………………………………………… (149)
　第一节　研究结论 ……………………………………………………… (149)
　　一、企业网络的动态演变 …………………………………………… (149)
　　二、企业网络形成的影响因素研究 ………………………………… (150)
　　三、企业网络特征的作用研究 ……………………………………… (151)
　第二节　研究意义与贡献 ……………………………………………… (152)
　　一、研究意义 ………………………………………………………… (152)
　　二、研究贡献 ………………………………………………………… (153)
　第三节　研究局限与未来方向 ………………………………………… (156)

第二部分
专题：社会网络视角下其他类型企业网络的研究及前沿问题

专题一　连锁董事网络 ……………………………………………………… (159)
　第一节　研究背景 ……………………………………………………… (159)
　第二节　数据来源 ……………………………………………………… (160)
　　一、样本范围 ………………………………………………………… (160)
　　二、数据收集和整理 ………………………………………………… (160)
　第三节　网络特征 ……………………………………………………… (161)
　　一、网络分布描述 …………………………………………………… (161)
　　二、整体网络特征描述 ……………………………………………… (168)

专题二　旅游企业与银行联盟关系网络 …………………………………… (173)
　第一节　研究背景 ……………………………………………………… (173)
　第二节　数据来源 ……………………………………………………… (173)
　　一、样本范围 ………………………………………………………… (173)
　　二、数据筛选 ………………………………………………………… (174)
　　三、构建 2－模矩阵 ………………………………………………… (174)

第三节　网络分析及结果 …………………………………………（174）
　　　一、2-模网络结构图 ……………………………………………（174）
　　　二、1-模网络：旅游企业网络 …………………………………（176）
　　　三、1-模网络：银行间网络 ……………………………………（186）

专题三　创业企业与风险投资机构关系网络 …………………………（193）
　　第一节　研究背景 ………………………………………………（193）
　　第二节　数据来源 ………………………………………………（193）
　　第三节　网络分析及结果 …………………………………………（194）
　　　一、2-模网络结构图 ……………………………………………（194）
　　　二、创业企业网络描述 …………………………………………（194）
　　　三、风险投资机构网络描述 ……………………………………（207）

专题四　社会网络理论及方法在联盟领域前沿问题中的应用 ………（226）
　　第一节　研究背景 ………………………………………………（226）
　　第二节　已有研究现状和发展动态 ………………………………（228）
　　第三节　理论框架和研究思路 ……………………………………（229）
　　第四节　研究内容 ………………………………………………（231）
　　　一、联盟组合多样性及其特征 …………………………………（231）
　　　二、嵌入性视角下联盟组合多样性作用机制 …………………（234）

参考文献 ……………………………………………………………（238）
后　记 ………………………………………………………………（255）

第一部分

社会网络视角下中国企业网络的演变、形成和作用

第一章 导 论

第一节 研究背景

一、社会网络视角与企业的网络化成长

自下包制以及企业跨边界合作以来，如特许经营、企业联盟、虚拟企业、供应链一体化、企业集群等新的企业合作形式如雨后春笋般迅速崛起和发展，"网络化"日益成为企业寻求发展的一种新的途径和方式。尽管企业所选择的网络化发展道路在表现形式上特征各异，但仍可以发现其中的共性，即它们都是一种企业之间的分工和合作关系。这种分工和合作关系已经超出了传统的、简单的企业间的分工，以一种全新的合作方式而存在，并由此引起了企业理论、产业组织理论的重大创新和突破。学者们从不同的理论、视角和方法对这种经济现象进行了深入研究，并提炼和概括出这些现象中所涵盖的一般性，即"网络"。

在长期研究中，战略管理学者也试图用不同的理论或从不同的视角来阐释企业网络化成长的问题，并形成了一些相对具有代表性的观点。例如，资源基础观即主张从企业内部寻求竞争优势的根源。持资源基础观的学者认为，有价值的、稀缺的、难以模仿或替代的异质性资源是企业竞争优势的来源，也是企业成长的基本条件（Barney，1991）。企业内部拥有的资源状况决定了企业能力，进而决定了企业成长的速度、方式和界限（Penrose，1959）。企业的战略选择是获取、吸收、整合、利用资源的过程，组织资源越丰富，可供选择的战略范围就越大。尽管这一理论在某种程度上已被广泛接受，但资源基础观却是一种静态的观点，因为资源基础观仅强调单个企业拥有和控制的异质性资源与差异化能力，从而将其研究视野局限于企业内部，忽视了可能影响资源选择的动态而复杂的社会环境。

事实上，企业与企业之间在频繁的交流和接触中产生了一种纽带，即社会关系。社

会关系包含着能够为企业创造价值的重要资源与信息，如资金、技术、人员、企业合作、业务推广等，都可以通过某种形式的关系和模式得以获取。更重要的是，网络并不是静止不变的，而是在不断地演进之中。因此，社会关系也会在互动中得以不断地扩展和重构。随着网络的形成、扩展和变化，网络中的企业也随之成长。同时，企业为了避免资源获取的不确定性和限制性，与其他企业建立网络关系，旨在实现企业之间资源互相利用和协调的关系。资源丰富的企业在企业网络或关联关系中控制其他企业的能力较强；而资源匮乏的企业为改变被动控制的态势，则主动与资源丰富的企业建立关联关系以使其资源内部化（任兵等，2001）。在庞大的关系网络中，作为个体的企业如何透过关系在动态的互动过程中相互影响，不但会影响个体的行动，而且也会改变企业相互间的关系，从而影响整体结构（Wasserman & Faust，1994）。企业通过社会网络获取的资源或支持将影响企业的战略选择，进而作用于企业绩效并最终影响企业的成长和发展。

那么，如何将动态的视角引入战略管理对企业成长问题的研究上来呢？社会网络理论为这一领域的研究提供了新的思路。社会网络理论视社会结构为一张人际关系网，其目的是要在微观行为与宏观行为之间建立一座桥（Granovetter，1985）。因此，从社会网络的构建与演进角度对企业成长进行研究已逐渐为学者们所重视。

二、企业行为的"镶嵌"现象

经济行为是嵌入于社会结构的，而社会结构的核心就是人们生活在其中的网络。企业的经济行为具有社会嵌入性，即嵌入在它与外部组织建立的各种关系网络之中。通过这些网络渠道，企业可以获得所需要的信息、知识和资金等资源，并以此为基础来进一步提高创新能力和竞争能力（Granovetter，1985）。企业的社会网络和交流越多，信息和资源交流的频率和广度就越大，这种共享机制不断得到强化，进而推动企业充分吸收和获取对企业成长至关重要的"显性"资源，同时也有助于调动和利用企业内部的"隐性"资源，从而不断提高企业的能力和绩效。

借助网络关系在特定的地理范围内迅速获取和共享网络资源以寻求网络化成长，已成为在全球化商业环境下企业重要的成长方式和策略（Peng & Heath，1996）。也就是说，社会网络与企业网络并不是截然分开、相互无关的，企业网络本质上应该是嵌入于社会网络之中的。无论社会环境多么复杂，企业总是处于一定位置之上、与其他行动者（企业）相互交往并交换资源的行动者（企业）之间互相联系的动态网络体系中（郭劲光和高静美，2003）。社会网络是由一系列相互联系的、给定的社会关系节点所构成的集合，而社会关系的纽带可以是血缘、地缘和业缘（邬爱其，2005）。从网络的角度出发，组织环境中最重要的就是由其外部联系所构成并嵌入其中的社会网络，因此，企业并非是"原子式的"在完全自由与竞争性的市场环境中活动，而是彼此之间相互连接、相互影响的（郭劲光，2008）。

在已有研究中，学者偏重于强调企业可以直接通过网络节点间的相互联系纽带来获取信息收益，认为企业之间社会关系越紧密，其行动将越默契，进而影响其战略。这种关系嵌入性的网络机制忽略了"结构"的重要性。结构嵌入性观点认为网络中不同节点由于位置不同而产生了信息优势差异，具有结构优势的节点能够获得更多的信息和资源控制优势（Burt，1992）。同时强调，企业所属的网络结构很有可能使企业陷入无效的网络关系中，从而失去与其他企业建立有效联系的机会，因此只有全面分析企业所处的网络结构特征（包括网络关系和网络位置），才能较为准确地理解企业战略和企业成长（范黎波，2004）。

三、企业"借"资源的现象

资源是约束企业发展的一个重要因素，而某些稀缺资源更是决定了企业是否具有核心竞争能力的潜力。对于大部分个体行动者而言，个人资源是非常有限的。林南（Lin，1982）认为，个体行动者有两种类型的资源可以获取和使用：个人资源和社会资源。个人资源是个体所拥有的资源，可以包括物质和符号物品（如声誉）的所有权。社会资源是个体通过社会联系所获取的资源。在多数情况之下，个体行动者需要通过社会关系来获取资源。一个行动者（企业）通过它的社会网络连接的资源代表了自我资源的全集。即使自我不能使用或动员这些资源，它们也有很强的符号作用，即让别人知道自己的社会资本，以很好地改善自己的社会地位。由于社会联系的延伸性和多样性，个体有不同的社会资源。而且，为了获益，这些资源可以"借"（林南和俞弘强，2003）。那么，谁更可能获取好的社会资源呢？可能的因素包括：自我在等级制结构中的位置、自我与其他行动者之间关系的性质、网络中的位置。也就是说，网络为企业"借"资源提供了可能，但"嵌入"网络中的企业如何有效地"借"资源，则取决于企业在网络中所处的结构位置、关系强度和网络位置互动的结果。

企业网络首先提供了企业获取资源的平台，在资源成为制约企业发展的一个重要因素时，企业可以通过企业间的联系来获取它。网络不仅是企业获取资源的途径，而且网络本身也是企业的一种资源，同时又是一种将资源有效分散的方式。作为网络中的各个节点，各企业的资源禀赋共同塑造了企业网络的资源禀赋。也就是说，企业网络不仅承载着资源，同时也是资源的配置网，企业间的网络形态以及其承载资源的特性将会塑造企业获取资源的途径。同时，企业网络也是企业获取信息的重要渠道。通过网络，企业可以同时获得不同形式的信息。可以说，企业网络的主要功能是作为一种机制，通过此种机制，管理者可以获得最新商业实践和整个商业环境的最佳概览，如最新技术的发展情况、相关行业及市场的需求情况,以及经济政策与制度的变化,从而使企业了解外部环境,减少环境的不确定性。这就为企业"借"资源提供了广阔的平台。

第二节 研究目的与研究问题

一、研究目的

本研究的目的在于:通过对我国企业网络动态演变研究,揭示 2000 年以来我国企业网络结构的变化和演变趋势;通过对我国企业网络影响因素的研究,探索网络关系和网络位置的形成机制;通过对我国企业网络结构特征的作用研究,揭示网络结构特征的作用机制。同时,在理论层面和实践层面为企业网络的构建和企业在网络中寻找自身定位提供有益的指导。

二、研究问题

(一)我国企业网络动态演变的研究

金融机构、组织与企业之间相互协调和控制构成了一个全面的公司治理系统,企业网络也是其中的一部分。但公司治理的相关研究大多关注正式的制度,如国家经济、政治、法律制度等。不同国家间不同的公司治理机制差异,源于各国的经济、政治、文化和法律传统的差异。法律保护外部投资者的程度伴随政治和法律渊源的差异而变化。这些主流的研究强调正式制度的作用,如法律体系和投资者保护条例对公司治理的影响,政治制度对公司治理的影响,等等。

在近年来的公司治理文献中,一些学者开始研究企业网络作为非正式机制对正式制度的替代作用或补充作用。如信息通过网络的有效传递得到了广泛的关注,所以,"信任"作为一种治理机制可以成为正式法律制度的替代品,在网络连接紧密的国家对保护小股东有重要作用。有学者认为,企业网络作为一种公司治理机制,之所以在一些国家(如德国、挪威、丹麦、瑞典等)具有优势作用,是因为企业网络表现出"小世界"属性。(Kougt & Walker, 2001; Baum et al., 2004)那么,我国的企业网络是否也具有"小世界"属性,其又是怎样动态发展和演变的呢?

(二)企业网络形成的影响因素研究

在纷繁复杂的网络关系中,如何选择一个角度去揭示企业在网络中所处的位置、所附载的关系，以及所拥有的特征呢？在中国转型经济条件下，企业家作为企业与社会环境进行资源交换的关键"接点"，通过公务关系或私人关系等非市场机制，时刻不停地为企业获取所需的各种资源（石秀印，1998），并最终影响企业的战略选择，进而影响企业成长。

因此，本研究试图从这些"接点"之间的关系中寻找企业网络。通过对连锁董事网络与股东交叉网络的比较发现：在转型时期的中国，连锁董事网络的构建和发展与西方的实践和理论存在较大差别，因此，本研究选择了由股东交叉关系形成的企业网络进行研究。

首先，根据社会网络分析方法，本研究尽可能详尽地揭示企业的各项网络特征（中心度、结构洞、成分、凝聚子群、密度、可达性等），并以网络拓扑图的形式展现企业网络形态。同时，根据企业所属地域、行业分布等状况分别进行描述。

其次，网络结构的研究可以分为网络关系研究和网络位置研究两个层次。在网络关系层次，我国企业网络关系是怎样形成的？在网络位置层次，企业在网络中所处位置差异又是如何形成的？本书将在相关章节中予以阐述和解答。

（三）企业网络结构特征的作用研究

学界既然提出如何将社会学的研究方法引入到战略管理研究的范畴，本研究即以企业联盟为例对此进行尝试研究。根据社会网络分析方法中"派系"的思想，结合战略管理学对"联盟"的已有定义，本研究以社会网络理论的视角重新界定和划分了联盟。在此基础上，运用统计学的方法对冗余资源进行分类，并对不同类型冗余资源与企业绩效的关系进行实证检验，以揭示企业网络的作用机制。同时，本研究对联盟组合的相关问题也进行了一定探讨。

第三节 研究方法

在研究方法上，本研究利用社会网络分析软件 UCINET6.0 和统计分析软件 SPSS16.0 对数据资料进行了分析。

本研究在对"企业网络"相关文献分析和评价的基础上，对社会网络分析理论及方法在战略管理研究中的应用进行了系统的论证，并利用社会网络分析方法（利用 UCINET6.0 软件）揭示自 2000 年以来，由股东交叉关系形成的企业网络（中国沪深 A 股上市公司按不同年份营业收入总额最大的前 500 家企业）变化趋势，并详尽分析其总体特征、网络关系、位置和凝聚性情况。在 UCINET6.0 中，主要采用了成分分析、中心度分析、派系分析、聚类分析和 QAP 回归分析等方法。同时，本研究也借助统计学分析软件 SPSS16.0，对假设进行检验，主要采用了相关分析和回归分析等方法。

此外，根据国内外的研究成果，本研究按照社会网络分析方法中的派系思想，划分了社会网络视角下的"联盟"，并将其与传统战略管理理论中的"联盟"概念相比较，最终以社会网络视角所划分出的105个联盟及其成员为研究对象，通过提出假设、统计检验的方式，对企业网络的作用机制进行深入研究，并针对研究结果进行讨论以及进一步的理论引申。

第四节 研究思路与结构安排

一、研究思路

本研究通过四个子研究予以实现，分别是：

第一，利用小世界网络分析方法对2000—2009年10年间我国企业网络动态演变趋势进行研究。小世界网络是网络动态学中的一种重要思想，通过网络的聚类程度与网络传递速度来研究社会网络的关联性。小世界网络现象对于社会系统的动态性质具有重要意义，即网络总体上的重大变化，可能来自于局部的不显著的网络变动。

第二，通过网络关系和网络位置两个层次对我国企业网络形成的影响因素进行研究。对我国企业网络形成的影响因素研究是通过"网络关系"和"网络位置"两个层面进行的。在企业网络关系形成的影响因素研究中，本研究引入了企业所属行业关系、企业所属地域关系以及企业所属性质关系作为影响因素；在企业网络位置形成的影响因素研究中，本研究引入了企业规模、企业年龄、企业的盈利能力、企业所属地域和企业性质作为影响因素。

第三，利用派系思想对联盟进行刻画，并在此基础上对网络结构特征的作用进行研究。在"联盟及联盟成员企业"的基础上，本研究引入不同类型冗余资源以及中心度、结构洞、联盟组合等变量，在资源—网络—绩效的框架下进行实证研究。

第四，对近年（2010—2013年）企业网络演进过程中的特征及趋势进行比较、补充和进一步分析和探讨。

二、结构安排

本部分可以分为七个章节。

第一章为导论。主要内容包括对研究背景的介绍，提出研究问题、研究框架和技术路径，并指出本研究的意义和创新所在。

第二章为文献综述。首先就管理学研究意义上对企业网络的理解和社会网络研究意义上对企业网络的理解分别进行归纳和总结；其次，全面系统地回顾社会网络视角对企业网络研究的已有文献，在此基础上，对社会网络分析方法在企业网络研究中的已有应用进行详尽的评述。基于文献回顾，提出了现有研究的不足之处与该领域有待研究的问题。

第三章为我国企业网络的动态演变研究。本研究搜集了 2000 年、2004 年、2009 年沪深 A 股上市公司营业收入总额最大的前 500 家企业前三大股东的数据，分别对各年企业网络的小世界属性进行了分析，并进行了国际比较。

第四章是通过"网络关系的影响因素分析"和"网络位置的影响因素分析"两个层面对我国企业网络形成的影响因素进行研究。在网络关系的影响因素分析中，本研究在企业所属行业关系、企业所属地域关系和企业所属性质关系与企业网络关系之间建立研究假设。在企业网络位置的影响因素研究中，本研究在企业规模、企业年龄、企业盈利能力、企业所属地域和企业性质与网络位置（中心位置和中介位置）之间建立研究假设。在利用社会网络分析方法对我国企业网络的总体特征分行业和地域进行描述的基础上，利用 UCINET6.0 软件中的 QAP 回归分析对网络关系的影响因素进行假设检验；利用 SPSS16.0 软件的 OLS 回归分析对网络位置的影响因素进行假设检验。

第五章为企业网络结构特征的作用研究。在前述实证研究的基础上，本研究进一步对企业网络结构特征的作用进行研究。这一部分的研究是以联盟为例的，也是将社会网络分析方法与传统战略管理理论和研究方法相结合的一种尝试。在回顾"联盟"定义的基础上，根据社会网络理论的派系思想，重新界定联盟。最终在 352 个样本企业中划分出 105 个"联盟"（这一过程通过 UCINET6.0 软件实现）。继而本研究以联盟为例，在资源—网络—绩效的研究框架下提出假设、检验、回归分析并对结果进行阐释和分析。将社会网络理论与分析方法同战略管理理论和研究方法相结合，通过对不同类型冗余资源与企业绩效关系的实证研究，揭示在不同冗余资源水平下企业网络的作用机制。

第六章对 2010—2013 年企业网络演进特征进行描述，进而探索企业网络的演变和趋势。

第七章为研究结论与展望。对本研究所有实证结果进行归纳、分析、总结和探讨，并提出研究局限和未来可能的研究方向。

三、研究假设归纳

H1：企业所处的行业联系越紧密，越有可能形成企业网络。
H2：企业所处的地域联系越紧密，越有可能形成企业网络。

H3：企业性质越相似，越有可能形成企业网络。

H4a：在企业网络中，企业的中心位置与企业规模正相关。

H4b：在企业网络中，企业的中介位置与企业规模正相关。

H5a：在企业网络中，企业的中心位置与企业年龄负相关。

H5b：在企业网络中，企业的中介位置与企业年龄负相关。

H6a：在企业网络中，企业的中心位置与企业盈利能力正相关。

H6b：在企业网络中，企业的中介位置与企业盈利能力正相关。

H7a：在企业网络中，与其他企业相比，长江三角洲（以下简称"长三角"）企业与珠江三角洲（以下简称"珠三角"）企业可能远离中心位置。

H7b：在企业网络中，与其他企业相比，长三角企业与珠三角企业可能远离中介位置。

H8a：在企业网络中，国有企业比非国有企业更可能处于中心位置。

H8b：在企业网络中，国有企业比非国有企业更可能处于中介位置。

H9a：非吸入性冗余资源与企业绩效存在倒U型关系。

H9b：吸入性冗余资源与企业绩效存在倒U型关系。

H10a：中心度对非吸入性冗余资源与企业绩效的相关关系具有显著的正向调节作用。

H10b：中心度对吸入性冗余资源与企业绩效的相关关系具有显著的正向调节作用。

H11a：结构洞对非吸入性冗余资源与企业绩效的相关关系具有显著的正向调节作用。

H11b：结构洞对吸入性冗余资源与企业绩效的相关关系具有显著的正向调节作用。

H12a：联盟组合对非吸入性冗余资源与企业绩效的相关关系具有显著的正向调节作用。

H12b：联盟组合对吸入性冗余资源与企业绩效的相关关系具有显著的正向调节作用。

第二章 文献综述

第一节 对企业网络的不同阐释

自20世纪70年代以来,全球化竞争格局和经济增长模式经历了剧烈的变化,中小企业、特许经营、产业集群、企业联盟、区域经济的迅猛发展冲击了传统的竞争格局,企业之间的竞争模式在新竞争环境下演化为网络层面的竞争与合作。体现在学术研究领域,众多的文献显示出两个发展趋势:一是经济学、战略理论、社会学等多学科在网络研究领域融合;二是研究方法向社会学领域偏移。

一、管理学研究意义上的企业网络

(一)企业网络是一种"组织形式"

企业网络作为一种组织形式的研究是伴随着"企业无边界"的讨论而产生和发展的。20世纪80—90年代,在组织生产过程中,市场模式和科层模式都表现出明显的低效率。Powell(1990)、Miles和Snow(1992)均发现存在一种新兴的中间组织形式,即企业网络,它能够平衡市场的灵活性和传统层级的预见性,这种组织形式也被称为"网络组织"。Miles和Snow(1986)认为这种网络组织通常具有扁平的(flat)、分权的(decentralization)结构,属于半自治组织集合,显著的特征表现在以知识、技术等作为运作基础。Jarillo(1988)认为,随着企业内部分权的情况愈见明显,企业与企业之间合资、合作形式(如合资经营、战略联盟、供应链等)的多样化发展,网络组织应运而生。这种组织形式超越了传统的两分法,即市场模式和科层模式。与科层模式不同,网络组织不存在清晰的边界和等级结构;与市场模式不同,网络组织不仅仅是企业间非重复性的交易,而更倾向于一种为获取和保持竞争优势而建立的长期战略部署。Bruno(1993)认为,网络组织将原本相互孤立的企业动态地联系在一起,并认为网络组织的发展是一个动态的按照一定路径依赖不断演进的历史过程。Palmer 和 Richards（1999）则提出为了适应新的竞争环境，企业必须采用网络组织的模式。

在企业网络的成因问题上，市场交易费用观点认为，企业网络是产生于市场与组织层级之间的中间组织。分工理论同样为网络的出现提供了解释，因为在分工基础上可以发展出规模经济，这是企业网络内分工的优势所在。Richardson（1972）认为企业的经济活动具有互补性，并不是孤立的。企业总是在通过自身能力不断地协调生产经营中的各项活动，这就为从互补性的角度解释网络组织的存在提供了理论基础。与此同时，Pfeffer 和 Salancik（1978）从资源依赖观出发，认为企业网络体现了企业与企业之间互相依存的关系，在本质上是一种"协同效应"的体现，这是由企业间的分工造成的。而企业之间存在的这种关系在给企业创造相互依赖的网络关系的同时，也产生了一定的约束和限制，企业之间通过协调等方式可能建立一种长期性、多样性的契约关系，这种关系的形成比以往的科层模式具有更大的灵活性和优势。后来，这种观点逐渐演变和发展为"协作网络"（collaborative network）的观点。协作网络强调了一种思维的转换，即把企业之间传统的敌对竞争思维模式转换为新型的伙伴竞争思维模式。这一"伙伴"思想认为，企业在网络中选择相互依赖是为了降低风险，而这一过程会给相互依赖的双方企业都带来价值；并且，随着依赖关系、协调关系的强化，组织之间的界限越来越不明显。

把网络视为一种组织形式，实质是把它当作使个人整合为一个连贯的体系的社会黏合剂，代表着经济生活中相互依赖的关系网络（朱国宏和桂勇，2005）。总体来说，关于网络组织的相关研究并不否认企业组织对市场的依赖以及对技术的依赖，只是从一种更为宽广的视角提出了关于企业之间的互补性、依存性和协作性等重要的相关问题。随着研究的不断深入，分析的重点也逐渐从对企业边界的界定转向对企业所处的网络关系的考察。

（二）企业网络是一种"治理结构"

随着越来越多的企业采用网络组织形式，公司治理机制也逐渐发生了变化，即由传统的基于产权关系的公司治理机制转向基于公司关系的治理机制。从公司治理模式的角度来说，企业网络是一种超越了产权关系的公司治理模式。

传统意义上的公司治理机制强调"股东至上"，是一种基于产权关系的公司治理机制。这一治理理论是基于委托-代理理论框架，即"资本雇佣劳动"。这一观点认为劳动者属于资本的范畴，而管理者的角色是财产所有者的代理人（Walsh & Seward，1990）。"股东至上"的公司治理机制是通过克服代理人（管理者）的机会主义行为，实现委托人（股东、所有者）利益最大化。卢东斌和李文彬（2005）也提出"构建以董事会建设为核心制度的内部治理机制和资本市场、并购市场、经理市场、产品市场等非制度安排为主要内容的外部治理机制，治理结构的效率标准就是股东利益最大化"。

在复杂的网络关系中，公司的生存和发展所面对的不仅是公司本身单一的网络关系，而且包括由不同利益相关者所构成的多重网络关系。"公司治理"可以充当一种协调机制，通过整合企业内部和企业外部的多种资源，协调利益相关者之间的关系（陈宏辉和贾生华，2005）。Young等（2002）也认为对公司治理的研究兴趣早已不再纠缠于"企业产权安排"，而是着重从更广阔的利益相关者的视野来看待公司治理中的实际问题。随着新经济时代的到来以及信息技术的推广，企业的边界逐渐被打破，企业理论的研究得到了空前的发展。与此同时，研究视角也走向了管理学、经济学和社会学的融合。以产权关系为基础的公司治理模式演化为超产权的网络治理，公司治理的重心由公司控制权和剩余索取权的治理过渡到以协调利益相关者关系为内涵的治理模式（卢东斌和李文彬，2005）。

二、社会网络研究意义上的企业网络

（一）企业网络是一种"关系机制"

社会网络研究认为，网络的形成是基于关系的有无，而这种关系既可能是直接关系，也可能是间接关系。关系的判断是基于对关系数据（relational data）的研究。关系把一个能动者与另外一个能动者联系在一起，因而关系不是行动者的属性，而是行动者系统的属性。在网络分析中，关系表达了能动者之间的关联。在多个行动者的研究中，这些关系将众多行动者联系成一个更大的关系系统，即网络。

社会网络学者的关注点是行动者及其关系集合，关注的问题大多涉及社会互动的形式化表征。根据关系的性质分类，社会网络的研究有三种方向（罗家德，2010）：第一，研究作为"系统"的关系。即研究行动者之间的关系模式或结构怎样影响个体行为或者系统的性质，行动者反过来又如何影响结构。这种研究把"网络"看成变量。第二，研究作为社会情境的关系。此类研究关注的是网络环境如何影响个体行动者的行为。第三，研究信息和资源传播的渠道。如创新的扩散、权力的分布、核心行动者能否控制资源等。在这三类研究中，非常重要的一点是"网络"的形成机制问题。这一点也是社会学与其他学科在"网络"的认识上最关键的差别。

（二）企业网络是一种"社会资本"

第一个视角关注个人层次的社会资本。在这个视角中，分析的焦点之一是个人如何在社会关系中投资；另一个焦点是为了产生回报，个人如何获取嵌入在关系中的资源。林南（Lin，1982）认为个人有两种类型的资源可以获取和利用：个人资源和社会资源。

个人资源包括对物质和符号物品的所有权。社会资源是个人通过社会关系所取得的资源。Flap（1999）认为社会资本包括被动员的社会资源，社会资本包含三个要素：愿意帮忙人的数量、愿意帮忙的强度和这些人的资源。伯特的观点也反映了这个视角——网络位置（network position）代表并创造了竞争优势，将节点和节点的占据者与信息和其他资源连接起来的位置，对处在这些"结构洞"（structural hole）位置的占据者，以及接近它们的其他位置（location）或者其他占据者，都构成了有价值的资本（Burt，1992）。

另一个视角关注群体层次的社会资本。这个视角主要集中讨论"群体如何发展并或多或少地维持作为集体财产的社会资本"和"集体财产如何提高群体成员的生活机会"这两个方面的问题。Bourdieu（1986）认为资本有三种形式：经济资本、文化资本和社会资本。社会资本由"社会义务或者联系"组成，是"实际的或者潜在的"资源的集合，而这些资源是与"对一个相互熟悉和认可的、具有制度化关系的持久网络的拥有"联系在一起。Coleman（1990）认为社会资本包含两个要素：社会结构和该结构对个体行动者的作用。Coleman（1990）进一步提出，网络的社会资本可以增强个体或企业对网络关系的忠诚度和责任感，从而减少交易过程中的不确定性并提高合作的效率。因此，网络中的企业意识到网络中既存的社会资本的价值，并会不断复制网络中延续累积的社会资本。Cook（2003）发现，社会资本既有正面效应，也有负面效应，如信任、忠诚都是集群网络具有正面效应的社会资本，而违约、背信等行为就是负面效应的社会资本。

第二节　社会网络视角对企业网络研究的文献综述

纵览企业网络的研究，可以大致分为两大类（范黎波，2004）：第一类是从网络特征的角度进行研究，包括网络的密度、中心度、结构洞、联系的强度、结构均衡、核心和周边企业。第二类是从更为广义的社会网络视角进行研究。例如：Baum 和 Dutton（1996）关于企业的社会嵌入性对企业绩效影响的研究；Zukin 和 Dimaggio（1990）关于社会的结构和认知对企业影响的研究；企业连锁董事网络研究（Mizruchi & Stearns, 1988; Fligstein & Brantley, 1992; Ong et al., 2003; Yeo et al., 2003; Fich, 2005; Ren et al., 2009）和所有权网络研究（Brookfield, 2010; Sinani et al., 2008）；等等。

虽然这两类研究都是从社会网络视角出发，但事实上，第一类研究只是借用了社会网络研究中的一些关于网络结构特征的概念，将这些特征作为变量，并研究这些变量对企业的影响。从本质上说，这类研究仍然是基于战略管理视角对企业网络结构特征的研究。第二类研究是从经济行为"镶嵌"于社会关系的角度对企业网络机制和企业行为的研究。这类研究开始从一个比较系统的社会网络视角,结合原有战略管理理论,展开对企业网络的研究。

一、对企业网络结构特征的研究

(一)基于网络关系的研究

关于企业间连接强度对企业行为的影响,学者从不同的视角进行了大量研究。强连接理论的观点认为,企业间的紧密联系是企业获取资源的有利保证,能够塑造和增强彼此间的信任程度,通过传递影响力和信任感,加强信息的交流,有助于企业获取更多的资源和机会;弱连接理论却强调,强联系往往会形成信息的循环,致使同质、冗余信息过多,获得更多的异质性信息需要依靠弱连接关系。

Kogut (2000) 从"租金"的角度对企业之间存在的强联系和弱联系进行了阐述和分析。他认为强联系能够产生"科尔曼租金",因为强联系有利于提高网络成员之间的信任度,从而降低机会主义行为的发生;而弱联系能够产生"伯特租金",因为结构洞的存在能够使企业在网络中处于"中介者"的角色并获取广泛的信息收益。在此基础上,Hoffmann (2007) 通过对企业联盟的研究也提出,强联系和弱联系的作用差异主要在于不同类型和性质的"租金"对企业获取资源的程度和范围有不同的影响。姜翰等 (2008) 通过引入"关系"作为中介变量,实证研究了企业所选择的战略模式对关系治理行为的影响,并认为强关系和弱关系在不同的战略模式下,对企业价值潜力的发挥有不同的作用,企业会根据其战略需要来选择其主要利用的社会关系强度类型。

Granovetter (1973) 最早关注到"弱联系力量",并认为弱联系有利于行动者(企业)获取更多新信息和机遇,因为弱联系可以充当一座"桥梁"。通过在企业与企业之间以及企业与其他社会团体之间搭建不同的桥梁,企业可以获得很多通过强联系所不能获得的信息和资源。这一观点得到了广泛的认同。Gulati (1995) 的研究认为,弱联系能够扩大企业信息来源的范围,并有助于互补性知识的传播,因此拥有弱联系的企业更可能获得有效的信息以提高企业的创新绩效。Ahuja (2000a) 认为,企业能够通过弱联系或间接联系获取和收集重要信息,如经验教训等来提高企业绩效;也能够在获取信息的同时对信息进行鉴别、分类和筛选,以提高信息的有效性,从而提高企业绩效。这两种方式都能说明企业所拥有弱联系的重要性。Salman 和 Saives (2005) 也持有相似的观点。他们认为,对于企业来说,间接联系可以视为一种无形资产。一方面,通过间接联系,企业可以在更大范围内与其他企业进行知识、信息、技术等领域的交流,从而获取更多的机会;另一方面,企业往往可以从间接联系中获取有关外部环境变化的信息,以便及时捕捉商业机会。当然，尽管弱联系提供了更多获取信息的渠道和方式，但企业最终能够从信息中获益的程度取决于企业对信息的敏感性和应变能力，这一点在 Zaheer 和 Mosakowski（1997）的研究结果中得到了证实。

在集群网络的研究方面，Eccles 和 Crane（1988）以及 Podolny（1993）都对投资银行这一产业集群进行了研究，结果表明，在大型的投资银行的网络中，之所以能够保持较高的利润率水平正是由于该网络中紧密的联系，即强联系。Baker 和 Faulkner（1991）对美国电影产业进行相关研究，结果表明了企业间联系的密度和模式的改变对行业利润率的影响，以及对该行业"新进入者"的数量的影响。Burt（1992）的研究表明，如果某产业中具有较多的结构洞，那么该产业将获得更大的控制收益，并可以通过"榨取"流经该产业资源的份额而获得更高的利润率。Galaskiewicz 和 Zaheer（1999）的研究表明，与弱联系相比较，企业间的强联系更可能导致寡头合谋的出现。Cusumano（1985）通过对日本汽车产业的研究提出，制造商与供应商的强联系为这一行业的利润率做出了重大贡献。Baum 和 Korn（1999）以及 Boeker（1997）的研究认为，多市场联系（multi-market contact）极有可能会改变产业结构，并最终影响企业行为和企业绩效。Elfring 和 Hulsink（2003）研究发现了集群网络内部强联系非常有利于隐性知识的交流，而弱联系更有利于显性知识的交流，并认为在讨论集群网络的强、弱联系与资源的获取关系时，应该考虑集群内个体自身的资源储备状况。Carbonara（2004）认为，如果企业仅仅具有强联系和弱联系中的一种，无论企业处于何种产业集群之中，都不可能取得很强的市场地位。

在知识网络研究方面，随着社会网络理论的不断成熟，研究者开始关注组织关系结构视角下的知识管理问题。Krackhardt（1999）指出，人们对组织中的规范与行为方式的认知并不是独立存在的，人际网络发挥着个人之间分享观点和互相影响、妥协以至达成共识的作用。Nahapiet 和 Ghoshal（1998）认为组织的优势来源于组织生产和分享知识的能力，社会网络状况会影响到组织知识的产生和分享。Hansen（1999）通过实证研究揭示了知识管理实践中两种不同的策略：编码化策略和个性化策略。前者将知识编撰到知识数据库中以便于员工使用；后者的重点是促进成员之间通过直接接触来分享知识。

在企业家网络研究方面，Aldrich 和 Zimmer（1986）提出企业家是镶嵌在一个持续变化的社会网络中，因此只有把企业家的个人活动纳入更广泛的社会关系网络中考察才有意义。Birley（1985）、Jarillo（1988）、薛澜和陶海青（2004）、张玉利和杨俊（2003）等都对新创立的企业进行了研究，结果均表明，对于新创企业而言，创业者（企业家）的社会网络对企业的发展起到了至关重要的作用。企业家的社会网络解决了企业与企业所处社会环境的"接轨"问题。

(二) 基于网络位置的研究

对网络位置的研究主要集中在中心度和结构洞优势的研究上。在有关中心度的研究中，Powell 等学者 (1996) 认为，中心度高的企业在创新活动中将明显占据信息优势，因为中心度高的企业在网络中更容易获取并控制与创新相关的新信息。Brown 和 Duguid (1991) 从组织学习的角度提出，如果企业的中心度较高，这种企业就有机会接触到更多的信息，在频繁交互的信息中，企业的学习能力得到强化，在对新知识吸收和转化的基础上，企业可以整合自身已有的知识，从而有利于实现企业创新。Dougherty 和 Hardy (1996) 认为，中心度高的企业往往处于信息交会的关键点，因此企业可以通过比较不同来源的信息以鉴别信息的真伪和质量，也可以将大量信息进行不同的组合，或者与不同的合作者进行合作，以实现企业创新。通过与不同的合作者进行合作，可以弥补单个企业内部能力的不足 (王燕梅，2006)。由于中心度高的企业在合作伙伴网络中拥有更多选择和被选择的权利，因而能够更多地分享到中心位置带来的好处。

除了对中心度的研究以外，对结构洞的研究也引起了广泛的关注。中心度研究的关注点在于"直接联系"的优势，而结构洞的研究更加关注节点（企业）之间联系的模式。Uzzi (1997) 认为，当企业网络中连接并不紧密时，就会给结构洞的出现带来机会。通过结构洞的"桥梁"作用，可以使网络中彼此孤立的企业联系起来，从而发挥结构洞优势。结构洞就是行动者可以"玩弄"以获利的空间，一个网络间的"好位置"（罗家德，2010）。事实上，企业网络成员之间不可能都是两两直接联系的，因此结构洞在企业网络中是普遍存在的。Burt (1992) 的结构洞理论认为，结构洞丰富的企业可以获得多样化的信息，选择多样化的伙伴，从而具有信息优势。另一方面，由于结构洞能够使网络成员之间建立非冗余的关系，因此可以提高企业之间合作的效率。McEvily 和 Zaheer (1999)、Uzzi (1997)、Gnyawali 和 Madhavan (2001)、Soda 等 (2004) 都分别从这些角度证明了处于结构洞位置的企业有利于实现创新、规避风险、提高效率和获得机会。

二、对网络机制和企业行为的研究

社会网络视角对连锁董事问题的研究是社会网络理论和方法与战略管理问题相结合的典型。连锁董事网络研究不仅研究了网络特征对网络成员的影响，更为重要的是：这一企业网络形成的机制并不是基于企业间真实交易，而是基于企业之间的连锁董事关系。一个董事同时兼任超过两个公司的董事职务，即为连锁董事（interlocking director）。连锁董事现象的普遍存在为连锁董事网络的形成提供了前提。如果单纯从社会网络构建来看，研究者并不关心连锁董事的个体差异，只关注企业之间是否直接或者间接拥有连锁董事。连锁董事网络的实质应该是因为连锁董事关系而形成的企业网络。

（一）对连锁董事网络机制的研究

在连锁董事网络的嵌入性方面，连锁董事以及企业间的连锁董事网络是经济行为结构型镶嵌的重要形式之一。Pennings（1980）和 Burt（1983）认为美国企业的经济行为"镶嵌"于连锁董事网络中，同时认为，这样的镶嵌关系可以很好地解释企业面临的市场限制。连锁董事网络构成了一种环境，这种环境能够影响和塑造企业的经济行为，这也是镶嵌思想的意义所在。Useem（1983）进一步提出连锁董事网络是一种超越产权关系的治理机制，连锁董事的功能就在于通过这种网络机制，使身在其中的企业能够获取最新的商业信息，并从中获益。同时，连锁董事网络也可以促进企业之间的模仿，进而影响企业的经济行为。国内学者也通过对中国企业的研究得出了类似的实证结果。如任兵等（2004）从镶嵌的视角对广东和上海的连锁董事网络进行研究，得到两个地区的企业在网络的范围、形态、结构等方面的差异，并探讨了差异形成的原因。任兵（2005）进一步将镶嵌的视角引入到公司治理理论的研究范围，这就使连锁董事网络的研究在理论层面得到了提升。毛成林、任兵（2005）研究了连锁董事网络的作用机制，从经济学的意义上对"网络寻租"等问题进行了深入的探讨。在连锁董事网络的关系互惠性方面，互惠理论认为，通过连锁董事网络关系连接起来的企业在理论上可以为双方获利提供可能，但是否能够获益以及获益多少，则取决于企业自身的理性选择和决策（Koenig et al.，1979）。由此可见，互惠理论的观点从本质上是把连锁董事作为企业之间互惠交易的制度安排。该理论的核心是强调连锁董事的建立是公司理性决策的结果。一方面，公司认为建立连锁董事将有利于改善公司业绩；另一方面，在建立连锁董事关系时，也要通过理性决策来选择目标公司，而公司业绩则是其选择建立连锁董事关系的重要依据，因为没有哪家公司愿意和业绩差的企业建立连锁董事关系（卢昌崇等，2006）。

（二）对连锁企业行为的研究

在连锁董事网络影响方面的研究主要集中在对企业绩效的影响、对企业行为的影响和对董事个人的影响。在连锁董事与企业绩效的影响研究中，Boyd（1990）以销售增长率和权益报酬率作为绩效指标，实证检验了环境变动情况下二者的正相关关系。Rosenstein 和 Wyatt（1994）将企业区分为金融机构和非金融机构，其研究结果表明：当存在委派连锁董事的情况时，作为"派出方"，金融机构的企业价值会显著提升，而非金融机构的企业价值则会显著下降；但是，作为"接受委派方"，无论企业属于何种类型，企业价值并不会受到显著影响。在中小企业研究方面，Uzzi 和 Gillespie（2002）也证实了连锁董事关系对企业绩效的正相关关系。Haunschild（1993）通过对企业并购行为的研究,提出处于连锁董事网络中的企业更有可能发生模仿行为,从而有利于企业之间的组织学习。当然,也有研究证实了连锁董事关系与企业绩效的负相关关系,如 Fich 和 Shivdasani(2006)认为连锁董事与企业绩效的负相关关系可能是由公司治理机制恶化所导致的。Haunschild 和 Beckman(1998)指出,多种信息来源的可替代性和互补性决定了连锁董事的影响作用。Geletkanycz 等(1997)考察了不同性质的 CEO 连锁董事关系对企业战略选择的不同作用,并发现这种不同的作用与连锁董事所在企业的行业有关,即在行业间的连锁董事关系可能促使企业选择偏离本行业的战略决策,这与行业内连锁董事关系的情况截然相反。此外,Geletkanycz 等(2001)研究了企业多元化程度对连锁董事关系及 CEO 薪酬的影响;Burris(2005)运用社会网络分析方法,对连锁董事个人的社会关系进行了研究。

在中国背景下,陈仕华和王春林(2007)将 2003 年上市公司连锁董事情况与 1999 年上市公司连锁董事情况进行了对比研究,并系统分析了如下三个问题:一是嵌入连锁董事现象中的企业数;二是单个企业的连锁董事数;三是企业间的连锁董事数的规模边界问题。任兵、区玉辉、彭维刚(2007)研究了连锁董事关系与企业绩效之间的关系,并发现了二者的负相关关系。他们认为,连锁董事网络是一种非正式的公司治理机制,当正式的公司治理机制不能有效发挥其作用时,连锁董事网络中可能出现"利己"的代理人群体或管理者阶层利用其在连锁董事网络中的中心位置达到其个人目的,从而导致连锁董事网络成为一种失灵的治理机制,进而降低企业绩效水平。

(三)来自连锁董事网络研究的启示

连锁董事网络研究为社会网络研究与战略管理研究的结合提供了新的思路和空间。当一个董事同时在两家或两家以上企业担任董事,即为连锁董事,由此而形成的企业网络即为企业间连锁董事网络。从各国已有的研究中可以发现,连锁董事现象在实践中普遍存在,并且相关研究出现在经济学领域、管理学领域以及社会学领域。基于上述广泛存在的社会实践基础,国外诸多学者从不同的研究视角、应用不同的研究方法对企业连锁董事进行深层次探讨,而国内学者的相关研究甚少(任兵,2008)。究其原因,一方面可能是由于现有的连锁董事理论研究结论大多基于对西方发达国家或地区的实证研究得出,那么,能否将基于西方实践而构建的连锁董事理论和研究结论应用于中国背景下的企业,这一点确实值得考究。另一方面,更为重要的是,中国企业董事的生成机制与西方国家存在较大差异。在西方国家,董事会的组成是双向选择的结果,即企业是否邀请个人担任董事,个人是否同意在企业董事会任职,二者均是基于理性决策与主观选择的过程;在中国,董事生成机制中,企业更居于主导地位,董事个体往往是被动接受,董事个人的主观能动性难以有效地发挥(段海艳和仲伟周,2008)。

如何寻找到一个有意义的企业网络并进行深入研究,这是一个非常重要的问题。石秀印（1998）认为，在中国转型经济条件下，企业家作为企业与社会环境进行资源交换的关键"接点"，通过公务关系或私人关系等非市场机制，为企业获取所需的各种资源，并最终影响企业的战略选择，进而影响企业的成长。因此，本研究试图从这些"接点"之间的关系中寻找企业网络。学界通过对以往文献的研究发现：除了连锁董事网络研究外，也有研究者对企业因共同拥有一个或多个股东（投资者）而产生联系的现象进行了相应的研究（Brookfield, 2010）。与连锁董事网络不同，这一网络体现了企业间由于所有权相关联而形成的网络关系。在转型期的中国国情下，企业的重大战略决策事实上并非取决于作为董事的管理者，而是更大程度上取决于所有者的意志。因此，在我国，代表"所有权"的"股东交叉关系网络"也许更能够反映真实的企业网络结构。

（四）对所有权网络的已有研究

如同连锁董事一样，企业之间因为拥有共同的股东（股东可以为自然人或者机构）而建立了联系。这种企业网络的形成依赖于所有权连接（ownership ties）。对这一领域的研究尤其是实证研究，目前还不多见（Brookfield, 2010）。

Brookfield（2010）选取了中国台湾地区规模（营业收入总额）较大的200家企业，研究了其基于连锁董事和所有权连接而形成的企业网络。该研究除了选择连锁董事外，之所以还选择了所有权连接，是因为台湾具有这样的背景——市场基础发生了根本的改变，经济出现了高速增长，出现了像IT产业这样快速发展的产业；台湾作为大陆法系地区，其在股东保护、腐败和司法效率等问题的处理上相对英美法系相对较弱；地方政府对经济的干预也比较普遍；家族企业是整个经济的重要组成部分；私人收益控制指数（private benefits of control index）相对较低，公司控制权市场发展相对较为缓慢，控制私下交易（self dealing transactions）行为的法律规范相对较弱。也就是说，总体而言，台湾地区对股东的保护相对较弱。

正是在这样的背景下，Brookfield（2010）选取了台湾所有权连接形成的企业网络进行描述，结果发现，在样本企业由所有权连接形成的企业网络中，与1999年相比，2000年的网络中孤立点减少，最大成分子群（component）中所包含的企业基本没有变化。但是，在2000年的企业网络中其连接数增加了10%（由1999年的187个连接增加到了2000年的289个连接），这说明由所有权连接形成的企业网络密度有所增大，企业之间连接相对较为紧密。另外，在两个年份的各200个样本中，有69家公司是重合的。对于这69家公司，Brookfield（2010）从凝聚子群的角度对之加以比较和分析，结果发现，1999年和2000年台湾的69家上市公司，形成了一个稀疏的所有权网络。1999年，该网络中只有一个19个公司组成的最大成分，但这一成分在2000年瓦解了。在2000年，这69家公司形成的网络中只包含了两个成员数均为3的成分，一个是由3间银行组成，另一个是由台湾一大型企业集团下属的 3 个核心公司组成。这说明这些企业的所有权在这 10 年中发生了巨大变化。

Sinani 等（2008）以斯堪的纳维亚半岛的 3 个国家（丹麦、瑞典、挪威）的企业为样本，从公司治理的角度研究了企业网络。他们认为，这 3 个国家在执法、政治的稳定性、治理效率、法律、腐败控制等方面具有很强的相似性，因此，这 3 个国家的企业网络均具有小世界属性。在小世界网络中，信任、信息扩散和信誉机制都是有效的治理机制。他们认为，社会网络作为一种治理网络（governance network），可以被定义为一系列代理的组合，网络中的企业或者组织因为连锁董事或者所有权联系而建立连接。他们研究了基于企业间连锁董事、所有权连接而形成的 4 种网络，即企业－企业（连锁董事）、企业－企业（所有权连接）、董事－董事（企业）和股东－股东（企业）的两类小世界衡量指标，也即聚类系数（clustering coefficient）[①] 和平均途径长度（Average Path Length，APL）[②]，结果发现，在 3 个国家中，由所有权连接而形成的企业网络的聚类系数最大，APL 最小，所以，因所有权连接形成的企业网络更加容易形成"小世界"。这个研究表明，相对于连锁董事形成的企业网络，所有权连接形成的企业网络在这 3 个国家中更为紧密。

第三节　社会网络分析方法对企业网络研究的文献综述

社会网络研究的一个特色和优势表现在其研究方法上，即社会网络分析方法。利用这一方法，社会网络研究能够通过不断丰富和发展的运算法则、方案及程序等对网络关系、网络位置等特征进行详尽的分析。它的显著特征表现在：第一，网络研究的聚焦点是关系和关系模式，而不是行动者的属性；第二，网络研究中可以进行多层次的分析，从而可以在宏观和微观之间建立连接；第三，网络研究可以将定量资料、定性资料和图表整合起来，使得分析更加透彻和深入。这些特征是社会学领域的传统研究方法所不具备的（奇达夫和蔡文彬，2007）。

[①] 聚类系数是针对单个个体的，它等于一个行动者与其他行动者建立的直接连接数与它们理论上最大的连接数之比，用网络中所有行动者的聚类系数的平均数表示整个网络的聚类系数，高聚类系数表示行动者与它的直接连接者之间有更加紧密的联系。

[②] 平均途径长度是网络中两个行动者之间最短距离的平均数，这个指标可以衡量信息在网络中传递的速度。

一、网络形成的方式

社会网络分析法要求一旦搜集到全部社会研究资料,必须用某种数据矩阵(data matrix)的形式加以保存。如果行和列都代表来自于一个行动者集合的"社会行动者",那么矩阵中的要素代表各个行动者之间的"关系",即 1 - 模网络。如果行和列代表来自两个行动者集合的"社会行动者",那么矩阵中的要素就代表两个行动者集合中的各个行动者之间的"关系",即 2 - 模网络。如果行代表来自一个行动者集合的"社会行动者",列代表行动者所属的"事件",那么矩阵元素就代表行动者隶属于"事件"的情况,这种网络也是 2 - 模网络,亦即"隶属关系网络"。网络的形成其实就是基于列所代表的隶属关系。在对企业网络已有的研究中,这种隶属关系包括隶属于共同的产业而形成的关系网络、隶属于共同的行业而形成的关系网络、隶属于共同的地域而形成的关系网络、隶属于共同的企业性质而形成的关系网络、隶属于同种合作而形成的关系网络、隶属于同种活动而形成的关系网络、隶属于知识共享而形成的关系网络、隶属于连锁董事而形成的关系网络、隶属于股东交叉而形成的关系网络等。

对于网络形成机制,即企业是因为什么关系建立连接的,从诸多研究中可以发现,网络形成的机制是多样的,包括研发合作(Powell et al.,1996;Cross & Cummings,2004)、产业集群(Bell,2005)、连锁董事(Peng et al.,2001;Zaheer & Bell,2005;Ren et al.,2009;Brookfield,2010)等,也包括因为共同参与对某个项目的投资而建立的联系(Echols & Tsai,2005);此外,还有一些其他研究则是从相对比较松散的合作关系,如战略联盟和一般性合作出发进行的。这些把企业联系在一起的机制的信息获取方式,主要分为两种:一种是通过问卷直接获取样本之间的关系及其关系的种类和强度,这种方法的缺陷一是对关系的各种评价具有很大的主观性,二是难以在大范围开展研究;另外一种方式是事件分析法,通过收集二手资料,从资料中分析企业之间实际建立的联系,如连锁董事就是典型的事件分析法。

二、网络特征指标的选用

(一)网络中心性

在企业网络已有的研究中,Bell(2005)、Madhavan 等(1998)、Owen-Smith 和 Powell(2004)、Powell 等(1996)、Salman 和 Saives(2005)、Tsai(2001)、Tsai 和 Ghoshal(1998)等都对选取"中心性"作为网络结构的测量指标进行研究。

"中心性"是社会网络分析的研究重点之一。中心度指标有多种,按照弗里曼

（Freeman，1979）的标准，刻画中心度的指标包括：度数中心度、中介中心度、接近中心度。

1．度数中心度

度数中心度（point centrality）是一个较简单的指数。当某一个点与其他许多点直接相连时，这一点就具有较高的度数中心度。点 A 的度数中心度就是与点 A 直接相连的其他点的个数。行动者 X 的度数中心度可以分为绝对中心度和相对中心度两类。其中，绝对中心度就是与该点直接相连的点数，相对中心度是绝对中心度的标准化形式。当图的规模不同的时候，弗里曼提出用相对度数中心度，即点的绝对中心度与图中点的最大可能的度数之比，因为这样得出的数值才具有可比性。他认为，"如果一个行动者处于许多交往网络路径上，可以认为此行动者居于重要地位，因为处于这种位置的行动者可以通过控制或者曲解信息的传递而影响群体"（Freeman，1979）。

2．中介中心度

中介中心度（betweenness centrality）也是刻画某一个行动者中心度的指标，而它衡量的是行动者对资源控制的程度。如果一个点处于许多其他点对的捷径（最短的途径）上，该点就具有较高的中介中心度。

3．接近中心度

接近中心度（closeness centrality）是指一个点越是与其他点接近，该点在传递信息方面就更加容易，因而可能居于网络的中心。这就是接近中心度的思想。点 X 的接近中心度是一种针对不受他人控制的测度。弗里曼等学者根据点与点之间的距离（distances）来测量接近中心度。如果一个点与网络中所有其他点的距离都很短，则称该点具有较高的接近中心度（整体中心度）。一个点的接近中心度是该点与图中所有其他点的捷径距离之和。接近中心度的值越大，该点越不是网络的核心点（Freeman，1979）。

Powell 等（1996）研究了中心性产生的原因及其对企业的影响。其研究发现，企业以往曾参与联盟的数量和对外建立连接的多样性影响了企业未来在网络中的中心性，进而影响企业的增长速度和后续的研发合作。Tsai 和 Ghoshal（1998）也进行了类似的研究，他们发现业务单元的中心性与（业务单元间的）信任、愿景共享和资源交换的水平正相关，这将进一步提高产品创新的水平。Bell（2005）的研究发现位于管理连接网络（managerial tie network）的中心性提高了企业的创新水平，而位于制度连接网络（institution tie network）的中心性不存在这种效应。Owen-Smith 和 Powell（2004）对中心性作用的背景加以区分，他们研究发现，在同一地域范围内，中心性才会发生作用；另外，他们还发现，当网络中的公共机构（如学校、独立研究机构等）较多时，中心性不能够发挥作用，只有当网络中的商业组织较多时，中心性才能发生作用。Tsai（2001）研究了中心性和吸收能力的交互作用，结果发现它们的交互作用对企业绩效产生了积极的影响。Peng（2001）以泰国跨国公司为样本研究发现，具有跨国特征的企业在网络中占据更加中心的位置。Koka 和 Prescott（2008）在研究中心性的作用时，加入了外部环境变量和企业战略选择变量，结果发现，当外部的法律法规环境发生重大变化时，中心性对企业绩效产生了显著的消极影响，当企业倾向于进行多元化（产品和地域）战略时，中心性对企业绩效有显著的提高作用。Brookfield（2010）对台湾地区上市企业因为连锁董事形成的企业网络进行了描述，结果发现，金融企业相对其他行业企业来说，在网络中占据了更加中心的位置。在国内的研究中，杨锐和黄国安（2005）通过研究杭州手机产业集群的企业发现，企业在网络中的中心性显著影响了企业的创新绩效。吴剑峰和吕振艳（2007）研究了通过加入电子商务平台而形成的企业网络，结果发现，中心度越高的企业加入战略联盟的概率越大。彭正银和廖天野（2008）研究了中心性对企业治理绩效的影响。段海艳和仲伟周（2008）则研究了影响企业在网络中心性的因素，结果发现企业规模和国有企业性质都和中心性正相关，并发现长江三角洲地区（以下简称为"长三角"）的企业比珠江三角洲地区（以下简称为"珠三角"）的企业中心性更高。钱锡红等（2010a）研究了中心性和吸收能力的交互作用对企业创新绩效的影响。

（二）结构洞

在企业网络已有的研究中，Ahuja（2000a）、Dyer 和 Nobeoka（2000）、Walker（1997）等学者都选择结构洞作为网络结构的测量指标进行研究。

所谓结构洞，就是社会网络中的空隙（奇达夫和蔡文彬，2007）。在空隙周围的行动者之间无直接连接时，行动者（包括个人和组织）都可以通过这样的方式起到桥梁的作用：在两个原本不相连接的小集团之间担当联络员（liaison）的角色，或者在他们所隶属的群体和他们所参加的另外一个群体之间起桥梁作用。这些行动者也就因此获得了跨越该结构洞的信息流的控制（Burt，1992）。伯特用结构洞来表示非冗余的联系，认为"非冗余的联系人被结构洞所连接，一个结构洞是两个行动者之间的非冗余的联系"（Burt，1992）。结构洞就是行动者可以获利的空间，一个网络间的"好位置"（罗家德，2010）。占据或接近更多的结构洞有利于工具性行为的成功（Burt，1992）。通常情况下，处于结构洞位置的行动者会比处于其他位置的行动者表现更为出色（McEvily & Zaheer，1999）。Walker 等（1997）研究了结构洞能够发生作用的环境，结果发现，在交易关系中，结构洞能够发生作用；在合作关系中，则结构洞对企业绩效没有影响。这是因为结构洞主要是通过"第三方"角色获取收益，在合作关系中，企业之间的信任和真诚是取得成功的关键，因此这个时候结构洞发挥的作用就不明显，只是在交易关系这种需要"玩伎俩"的关系中，结构洞才能发挥其效益。Ahuja（2000a）的研究发现，结构洞对创新有消极的作用。Soda 等（2004）比较了结构洞对企业绩效影响的时间差异性，结果发现当前的结构洞比过去的结构洞更能对现在的企业绩效产生积极的影响。Zaheer 和 Bell（2005）的研究发现，创新能力强的企业，其结构洞位置能够更加积极地影响企业的绩效。Koka 和 Prescott（2008）在研究结构洞的作用时，加入了外部环境变量和企业战略选择变量，结果发现，当外部的法律法规环境发生重大变化时，结构洞对企业绩效产生了显著的积极影响，当企业倾向于进行多元化（产品和地域）战略时，结构洞对企业绩效有显著的提高作用，同时还发现，结构洞和中心性的交互作用对企业绩效有积极影响。杨锐和黄国安（2005）在研究杭州手机产业集群企业时发现，结构洞对企业创新绩效有显著的积极影响。钱锡红等（2010b）以深圳 IC 产业集群的企业为研究样本研究了结构洞对企业创新绩效的影响，结果发现，结构洞不管是单独发生作用，还是加入了吸收能力作为调节变量，都对企业创新绩效产生了显著的积极影响。

（三）关系强度

在企业网络已有的研究中，Ahuja（2000a）、Dyer 和 Nobeoka（2000）、Gilsing 和 Nooteboom（2005）、Hansen（1999）和 Kraatz（1998）、Levin 和 Cross（2004）、Reagans 等（2004）、Tsai 和 Ghoshal（1998）、Uzzi（1996）等都选取了连接强度作为网络关系的测量指标进行相应的研究。

连接强度是通过"在某一连接上所花的时间、情感投入程度、亲密程度（相互信任）以及互惠性服务等的综合"来定义的（Granovetter，1973）。连接的强度可以由弱到强而变化。根据"弱联系"假设，强度弱的连接比强度强的连接更可能带来多样化的信息。Hansen（1999）的研究发现，某些特定类型的强连接有助于复杂知识的传播。林南（Lin，1982；1990）强调了嵌入在弱关系中的其他资源，如权力、财富和声望等，可以通过由不同地位的人联系起来的弱关系来摄取。格兰诺维特和林南的系统阐述暗指：强关系在促进地位获得过程中不太有效，因为它们一般不能把（不同的）社会界限或等级层次连接起来。

边燕杰（Bian，1997）的研究却有不同的发现。在中国的背景下，边燕杰研究了通过网络而流动的实际资源，发现虽然弱关系在传播信息中是有效的，但基于信任和义务的强关系在接近代价更高和更难获得的影响时更有优势。伯特（Burt，1992）也指出，弱关系并不是一种关系充当桥梁的先决条件，但是拥有非剩余资源或占据不同网络位置的个人间的弱联系是关键。在公司领域，这种弱联系是深思熟虑的结果。因为，伯特认为弱联系给战略执行者提供了竞争经济回报中的信息和控制。"一个战略执行者的任务是建立一种有效的有作用的网络，以使资源集中于桥梁关系的维持方面"（Burt，1992）。确实，桥梁关系是社会资本的一种重要来源，它解释了那些与公司领域中的其他人没有联系的人，通过建立强关系或弱关系而获得成功的现象（Burt，1995）。

对关系强度的研究不同于对中心性和结构洞的研究，关系强度的研究不属于网络结构层面的问题，而是关系嵌入的问题。中心性和结构洞研究是基于对整个网络结构分析的基础上的，关系强度研究则只需要对个体所建立的连接进行分析。直观上来讲，关系强度不一定需要利用测量中心性和结构洞所必需的社会网络分析软件。因此，对关系强度的研究相对来说更加广泛。Uzzi（1996）将关系强度分为嵌入性连接（Embedded ties）和疏远性连接（Arm's-length ties），前者相当于建立了强关系，后者相当于建立了相对较弱的关系。他的研究发现，通过嵌入性连接与网络伙伴连接在一起的企业具有更高的存活率（probability of survival）；同时，他还发现通过建立包含嵌入性连接和疏远性连接的综合型网络，企业可以获取更高的存活率。Tsai 和 Ghoshal（1998）研究发现，建立信任关系能够帮助企业提高网络的中心性，这将提高企业的创新水平。Hansen（1999）研究发现，弱连接有助于企业搜索和发现有用的知识，但不利于传递（transfer）复杂知识，传递复杂知识需要强连接。Dyer 和 Nobeoka（2000）以及 Gilsing 和 Nooteboom（2005）的研究也得出了类似的结论。Ahuja（2000a）将强关系定义为直接连接，将弱关系定义为间接连接，其研究发现，直接连接和间接连接都对创新有正向的影响，但间接连接的影响受直接连接的调节。罗志恒、葛宝山和董保宝（2009）对长春、上海和天津三市经济开发区和高新技术开发区内的高科技和服务型中小企业研究后发现，关系强度对企业资源获取能力和获取结果有正向的影响，从而影响企业绩效。钱锡红等（2010a）研究发现弱关系正向影响企业创新绩效。从以上研究可以发现，关系强度对企业绩效的影响效果不一，这就需要对关系强度加以区分。当以亲密关系和疏远关系来衡量关系强弱时，强关系（亲密关系）能够形成企业之间的信任，也能够降低联系对象的投机行为，从而对企业有积极的影响；当以直接连接和间接连接来衡量企业之间关系强度时，直接连接相当于亲密关系，其作用机制也类似于亲密关系，但是这个时候的弱关系（间接连接）也同样可能会对企业绩效产生积极影响，因为间接连接增加了企业获取知识和信息的广度，建立更多间接连接，企业就能够获取更多异质知识和信息，从而帮助企业提高绩效。

（四）其他测量指标

在"企业网络"已有的研究中，Baum 等（2000）、Cross 和 Cummings（2004）、Gilsing 和 Nooteboom（2005）、Powell 等（1996）、Reagans 等（2004）分别就网络规模、伙伴多样性、结构多样性、网络集中度、网络密度、连接范围、连接多样性、外部范围、内部密度等测量指标对企业网络特征进行了相应的研究。

连接密度是指行动者之间实际连接的数目与他们之间可能存在的最大的连接数目的比值。比值越高，这一网络的连接密度就越大。如果该网络中所有的行动者都是孤立的，则密度为 0；如果每个行动者都与所有其他行动者相连，则密度为 1。需要指出的是，只有在网络的规模大致相同的前提下，才可能对不同网络的密度进行比较，因为随着网络中的行动者数量的增加，行动者之间可能的联系的关系数不会成比例增加，关于网络密度的相关研究发现了一些与直观认识相悖的结论。在某些情景下，一对嵌入在高密度网络中的行动者与一对嵌入在较低密度网络中的行动者相比，所受的约束程度可能更低（Krackhardt，1999）。结构多样性（structural diversity）、伙伴多样性（diversity）和连接范围（scope）都是指企业连接对象的多样性或者广度。多样性和广度可以表现在连接对象的不同特征上，如地域、行业、性质等。网络规模是指网络中成员的总数，网络规模越大，嵌入在网络中的资源越多。

Powell 等（1996）研究发现，企业的连接多样性越高，企业越会处于网络的中心位置。Baum 等（2000）研究发现伙伴的多样性与企业绩效正相关。Gilsing 和 Nooteboom（2005）研究发现，网络密度对知识转移的影响受到知识类型的调节。Soda 等（2004）研究发现，网络密度对企业绩效的影响具有时间差异性，过去的网络密度比当前的网络密度更能对现在的网络绩效产生积极的影响。Zaheer 和 Bell（2005）研究发现，企业处于高密度网络能够正向影响企业绩效。另外，也有研究者如 Ren 等（2009）以及任兵等（2004）对整体网络进行了派系或者成分划分，并对派系和成分的特征进行了描述。

三、网络分析层次的划分

在企业网络已有的研究中，学者分别对企业之间、业务部门之间和个人之间这三个层次进行了网络分析：企业层次的研究如 Ahuja（2000a）、Baum 等（2000）、Bell（2005）、Cross 和 Cummings（2004）、Dyer 和 Nobeoka（2000）、Gilsing 和 Nooteboom（2005）、Madhavan 等（1998）、Owen-Smith 和 Powell（2004）、Powell 等（1996）、Uzzi（1996）等；业务部门层次的研究如 Hansen（1999）、Reagans 等（2004）、Tsai（2001）、Tsai 和 Ghoshal（1998）等；个人层次的研究如 Levin 和 Cross（2004）等。

四、网络分析工具的选择

企业网络的研究运用了大量的社会网络分析方法，其中使用得最广泛的分析软件为 UCINET 软件。UCINET 软件包括大量的网络分析指标，如区域分析、中心度、个体网分析、结构洞分析，还包含众多基于过程的分析程序，如二方关系凝聚力测度、位置分析算法、派系分析、二模标度（奇异值分解、因子分析和对应分析）、角色和地位分析（结构、角色和正则对等性）、拟合中心-边缘模型、随机二方关系模型（stochastic dyad models）以及对网络假设进行检验的程序（包括 QAP 矩阵相关和回归、定类数据和连续数据的自相关检验等），还包括常见的多元统计分析工具，如多维量表

（multidimensional scaling）、对应分析（correspondence analysis）、因子分析（factor analysis）、聚类分析（cluster analysis）、针对矩阵数据的多元回归（multiple regression）等。除此之外，UCINET 软件还提供了数据管理和转换工具，可以从图论程序转换为矩阵代数语言。UCINET 可以画系统图、树状图和散点图，在可视化功能方面，UCINET 软件具有很好的兼容性，通过集成 NetDraw、Pajek 等软件实现可视化。

第四节 对现有研究的评述

一、现有研究对"网络"理解的局限性

对网络的认识是理解企业网络的起点，早期的社会学家把网络定义为联系跨界、跨社会的成员之间的相互关系。Laumann 等（1977）对社会网络所下的定义是一些由给定社会关系连接起来的个人或组织的节点，这种社会关系的纽带主要是血缘、地缘和业缘。Rogers 和 Kincaid（1981）认为网络就是在一个系统中每个个体之间的所有相关连接形成的整体。Aldrich 和 Zimmer（1986）认为社会网络是主体获取信息、资源、社会支持以便识别与利用机会的结构。尽管对"网络"这一概念的理解有所区别，但能够清楚地发现其中的共性：即节点和节点间的关系是构成网络的基础。相应地，在企业网络中，企业就是网络中的节点，而企业间纷繁复杂的网络关系是这些节点得以连接的基础，并最终形成了企业网络。

然而，在现有的研究中，尽管上述网络的概念得到了大多数学者的认同，但碍于学界对管理学观念中"网络"的已有认识，他们仍然把研究重点放在企业集群网络、价值链网络、供应链网络等上面。虽然这些网络也在一定程度上符合社会网络观念上对网络的定义，但是社会网络的含义远不仅如此。因为社会网络并不局限于企业之间的真实交易或契约关系，从更广泛的角度理解，社会网络观念中的企业网络应该是基于任何可能的"隶属"关系，而这些关系并非意味着现实世界中企业之间真实的交往与合作。

从内容上看，企业网络主体是利益相关者，包括股东（投资者）、债权人、管理者、企业雇员、消费者、政府、供应商、分销商等；从形式上看，企业网络早期以下包制、特许经营、战略联盟、虚拟企业、产业集群等形式出现。事实上，企业网络关系也是一种非正式的制度安排。企业网络可以存在于同种行业内的企业之间的联合；也可以存在于同一价值链上的不同企业由于相互之间的依存关系而形成纵向的联合；还可以存在于跨行业、跨地区、跨所有制、跨国界的不同企业之间的联合。

综上所述，我们可以发现，现有研究对"网络"理解的局限性，严重限制了企业

网络研究的发展。企业网络的研究应该从更广阔的社会环境背景下进行，社会网络对"企业网络"的研究是从"嵌入性"的角度进行考察的。也就是说，所谓的"企业网络"应该是企业的"社会"网络，因为行动者既不像独立原子一样运行在社会脉络之外，也不会奴隶般地顺从于他所依附的社会类别赋予他的脚本（Granovetter，1985）。准确的理解是，企业的社会行为"嵌入在真实、正在运作的社会关系系统当中"。

二、现有研究对整体网和个体网的混淆

总体来说，现有的社会网络研究主要集中在整体网研究和个体网研究两个领域。但就已有的研究来说，对于企业网络的研究忽视了整体网与个体网的差异。

社会网络研究应该包括整体网（whole network）、个体网（ego-networks）和局域网（partial networks）三个层次。整体网是由一个群体内部所有成员之间的关系构成的网络。个体网是指一个个体及与之直接相连的个体构成的网络。局域网由个体网加上与个体网络成员有关联的其他点构成。这种网络中的关系要比一个整体中的全部关系少，但比个体网络中的关系多。由于"局域网的边界是多少"这一问题取决于研究目的，且没有定论，所以大部分社会网络研究集中在整体网和个体网上。

在已有的企业网络研究中，大部分学者的研究属于整体网范畴。研究者首先选择一个封闭的群体作为个案，通过"个案-隶属"分析，形成企业网络；然后通过整体网研究，可以对整个网络有比较全面的了解并揭示其各种结构特征。显然，这是个体网研究所不能达到的。因为个体网只能分析社会连带（social tie），却不能分析网络结构（罗家德，2010）。

现有的企业网络研究混淆了整体网和个体网的概念，最突出的表现是在测量指标的混淆上。整体网需要研究的测度应该包括各种图论性质（graph properties）、密度（density）、子图（sub-groups）、角色（roles）和位置（positions）。个体网研究的测度应该包括相似性（similarity）、规模（size）、关系的密度（density）、关系的模式（pattern of ties）、同质性（homogeneity）和异质性（heterogeneity）。而这些指标在已有企业网络的研究中却未能明确地加以区分。

此外，很重要的一点是，大部分研究者基于企业网络研究得出的结论，目的都在于通过一定的方式进行推广，以使其具有广泛的理论意义和实践意义。但是，任何研究范式都不是万能的，而整体网研究最大的局限在于：首先，由于整体网的研究目的本身就是为了描述现象，揭示整体网的结构，而不是为了"推断"；其次，如果研究目的是为了推广的话，那么研究的结论到底在多大程度上可以推广。这些都是值得思考和探讨的问题。

三、现有研究对网络特征测量的欠缺

在对企业网络特征研究的文献中可以发现,现有研究对网络特征的测量不够深入。在网络位置研究方面,研究者主要关注网络的中心度研究。其中,度数中心度、接近中心度、中介中心性和特征向量中心性的衡量在相关研究中已经有较为广泛的应用。但除了网络中心度以外,集中度、可达性、平衡性也是值得关注的。其中,网络集中度(centralization)衡量的是某一网络围绕一个或者少数几个行动者发生连接的程度;网络可达性(reachability)表达了网络中信息传递的效率;网络平衡性(balance)主要考察网络是不是高度结构化的,因为结构化程度可以部分地通过包含相互性和传递性两个方面特征的平衡概念来体现。

在网络关系方面,研究者主要关注的是对连接强度的研究。除了连接的强度指标外,连接的对称性、关系的多重性也是评价网络关系的测度。连接的对称性是指在整体网络层次上,其个体行动者之间所发生的每一个连接都是相互的。这些连接可能是对称的,也可能是非对称的。关系的多重性(multiplexity)反映两个行动者之间的连接关系满足"多维兴趣点"的程度(Tichy et al.,1979)。利用关系的多重性概念,研究者可以用特定连接所代表的关系维数分别对每一维的关系赋值,这就意味着,越是多重的连接关系,其连接强度就被认为越高。关系的多重性也代表了两个行动者在多方面的社会活动被捆绑在一起。如果他们中的一个人打破了这种多重连接关系中的某一方面,那么,他们在面对原有关系中其他维度的连接时就会遇到困难。对这些指标的测量,在企业网络研究中同样具有重要意义。

四、现有研究对社会网络分析方法应用的缺失

(一)关系数据使用与 QAP 矩阵回归分析的缺失

在社会网络的相关研究中,关系数据居于核心地位,因为结构建立在关系的基础上,通过对关系数据的收集和分析来进行网络结构的研究,是社会网络分析方法的显著特征。令人感到荒谬的是,大多数现有的有关研究方法和数据收集方法的文献都很少关注这类数据,而关注用来研究属性数据的变量分析(罗家德,2010)。

社会网络研究提供了一种关系数据的假设检验方法。在研究"关系"与"关系"之间的关系的时候,QAP(Quadratic Assignment Procedure)提供了解决方案。通过 QAP 相关分析可以检验关系矩阵之间是否相关,QAP 回归分析可以研究多个矩阵和一个矩阵之间的回归关系,并且对判定系数 R^2 的显著性进行评价。然而,在现有的企业网络

研究中，却罕见对这一方法的应用。

（二）凝聚性和凝聚子群研究的缺失

整体网的规模越大，其结构越复杂，分派现象越普遍，但在现有的研究中，却缺乏对企业网络中"凝聚性和凝聚子群"的研究。在社会网络文献中，存在多种对凝聚子群进行量化处理的方法。从关系的互惠性考虑，"派系"（cliques）考察凝聚子群中任何一对成员是否相互"选择"，是否为邻接点。从子群成员之间的接近性或者可达性考虑，N－派系（N-cliques）考虑的是点与点之间的距离，通过设定一个临界值 n 作为凝聚子群成员之间距离的最大值。从子群内部成员之间关系的频次考虑，K－核（K-core）是建立在度数中心度基础上的凝聚子群。从子群内外关系考虑，"成分"（component）是建立在子群内部成员之间的关系密度相对于内、外部成员之间的关系密度基础上的凝聚子群。

在现有的研究中，关于凝聚性和凝聚子群的研究并不多见，个别的相关研究也仅停留在对"成分"的讨论上。但是，如果不对"成分"概念进行限定，仅针对"成分"进行研究也缺乏理论意义。因为"成分"的定义没有给出其内部可能独立存在的小群体究竟是怎样连接的。例如，该成分的内部成员之间的联系是多还是少，内部是否有"派别林立"的情况发生等其他信息（刘军，2009）。

五、现有研究对网络"小世界属性"的关注有限

"小世界网络"研究在管理学领域应用的文献并不多见。Kogut 和 Walker（2001）研究了 20 世纪 90 年代经济全球化发展期间德国企业之间所有权关系网络的变化情况，发现德国企业间所有权关系网络始终保持着小世界属性，即高聚类系数和较短平均路径长度。这说明在经济全球化背景下，小企业无法仅凭自身力量独立维持，而大企业由于机构、体制等原因也无法对市场变化做出快速反应。Wilhite（2001）通过构建双边贸易网络模型，分析了不同网络结构、交易成本和交易效率的关系，并提出具有小世界特征的贸易网络模型是最具有效率的。Baum 等（2003）对加拿大投资银行网络的小世界属性进行了研究，结果表明在小世界网络中，企业决策的结果可能是偶然连接导致的。Schilling（2005）对小世界联盟网络和企业绩效之间关系的研究表明，企业参与具有小世界网络特征的联盟网络越多，就越有可能获得对创新有重要作用的知识，从而对企业绩效产生影响。Jackson 和 Rogers（2005）通过小世界网络特征路径长度、聚类系数的计算方法，对小世界特征如何引起代理商成本和收益改变的问题进行了系统性研究。Walker（2008）通过分析 1980—1999 年美国风险投资企业联合组织的网络结构与电子商务产业兴起的关系，研究了电子商务产业兴起的机制，并发现与现有的"小世界疾

病扩散理论"一致。他的研究结果很好地解释了电子商务产业的孕育和成长过程。在我国，关于网络小世界属性的测量和相关研究匮乏，仅有的几篇文献也几乎停留在对小世界网络概念的初步探讨上。

六、企业网络领域有待研究的问题

通过文献回顾、归纳（见表1-2-1）和以上的分析评述，现有企业网络在以下领域仍亟待全面、系统、深入的研究：

（1）对我国企业网络结构的动态演变研究。
（2）对企业网络形成的影响因素研究。
（3）对企业不同网络结构存在差异原因的研究。
（4）从社会网络分析方法与战略管理理论融合角度对企业网络的研究。

表1-2-1 社会网络视角的企业网络研究文献列表

研究者	研究角度			网络形成	主要研究内容	应用工具软件
	整体结构角度	个体结构角度	关系/嵌入角度			
Uzzi（1996）	—	—	嵌入性连接；疏远性连接	企业间资源交换和企业间组成的商业小团体	通过对纽约服装业企业的研究发现，相对于疏远性连接来说，嵌入性连接的企业具有更高的存活率；建立包含嵌入性连接和疏远型连接的综合型网络，企业可以获取更高的存活率	UCINET
Powell et al.（1996）	—	中心性；连接多样性（网络连接对象或方式的多样性）	—	企业间研发合作、联盟	以生物工程行业为样本的研究发现，企业参与的联盟越多，连接多样性越高，开展的研发或合作越多，企业越可能在网络中处于中心位置；同时，企业越是处于中心位置，企业的成长越快，研发合作行为也越多	—

续表 1-2-1

研究者	研究角度			网络形成	主要研究内容	应用工具软件
	整体结构角度	个体结构角度	关系/嵌入角度			
Walker et al. (1997)	—	结构洞	—	—	在生物工程行业，企业与其他网络成员建立的关系越多，越可能增加其拥有的社会资本。此外，结构洞在交易关系网络中发生作用，在企业合作关系网络中没有发生作用	—
Tsai & Ghoshal (1998)	—	中心性	强关系（信任）	业务单元间的连接	业务单元的中心性与（业务单元间的）信任、愿景共享和资源交换的水平正相关，并可以进一步提高产品创新的水平	—
Hansen (1999)	—	—	连接强度	业务单元间的连接	弱连接有助于搜索和发现有用的知识，但不利于传递复杂知识，传递复杂知识需要强连接	—
Ahuja (2000a)	—	结构洞	间接联系；直接联系	企业间合作行为	通过对跨国化学行业企业的纵向研究发现，直接联系和间接联系都对创新有正向的影响，但间接联系的影响受直接联系的调节；结构洞对创新具有负向的影响	UCINET
Baum et al. (2000)	网络规模伙伴多样性	—	—	企业之间的战略联盟	新创企业（start-up）绩效随着联盟网络的规模和多样性（包括竞争对手）的增加而增加	—
Dyer & Nobeoka (2000)	—	结构洞	连接强度	企业间的合作网络	强连接的网络更适于利用（exploit）存在的知识而不适于探索（explore）新知识。创新网络一般从双边（dyadic）弱连接的集合向多边（multilateral）强连接的网状结构演化	UCINET

续表1-2-1

研究者	研究角度			网络形成	主要研究内容	应用工具软件
	整体结构角度	个体结构角度	关系/嵌入角度			
Peng & Luo (2000)	—	—	—	管理连接（高管之间建立连接，高管和政府部门建立的连接）	研究样本为中国江苏、广东、上海、山东和安徽的企业，对这些企业在所有权（国有和非国有）、行业（服务业和制造业）、规模、行业成长性进行了分类，研究结果发现，高管建立的两种管理连接都对企业绩效产生了显著的积极影响；在国有企业中，高管和政府部门建立的连接对企业绩效产生了显著的积极影响；在服务业中，高管和政府部门建立的连接对企业绩效有更大的积极影响；相对于大规模企业，在规模较小的企业中，高管建立的两种管理连接都对企业绩效产生更大的影响；在低成长性行业中，高管与其他公司高管建立的连接对企业绩效的影响更大	—
Peng (2001)	—	网络密度（个体）；中心性（中介和亲近）	—	连锁董事网络	通过对泰国跨国公司的研究发现，具有跨国特征的企业在连锁董事网络中，更加容易建立高密度网络和占据中心位置；另外，还发现这些跨国企业具有较多的中国董事	UCINET
Tsai (2001)	—	中心性	—	知识传递网络	通过对 Taiplex 公司和 Resident 两家公司的研究发现，中心性和吸收能力及其交互项对企业的创新绩效有显著的积极影响；中心性和吸收能力只有共同发生作用时，才会对企业经营绩效产生显著的积极影响	—

续表1-2-1

研究者	研究角度			网络形成	主要研究内容	应用工具软件
	整体结构角度	个体结构角度	关系/嵌入角度			
Bell (2005)	—	中心性	—	产业集群企业间的联系	位于管理连接网络（managerial tie network）的中心性提高了企业的创新水平，而位于制度连接网络（institution tie network）的中心性不存在这种效应	—
Cross & Cummings (2004)	结构多样性	—	—	企业间研发合作网络	外部知识共享的价值随着网络成员的结构多样性的增加而提高	—
Owen-Smith & Powell (2004)	—	中心性	—	企业间的合作关系	通过对美国波士顿生物工程行业的样本企业研究发现，在同一地域中，中心性对企业的创新绩效有积极影响，在跨地域网络中，中心性对创新绩效没有显著作用；另外还发现，当网络中的公共研究机构比较多时，中心性同样不起作用，但是当网络中的商业机构比较多时，中心性对企业创新绩效有积极影响	UCINET
Soda *et al.* (2004)	网络密度	结构洞	—	企业间的合作	通过对意大利电视生产企业的研究发现，结构洞和网络密度对企业绩效的影响具有时间差异性，即当前的结构洞比过去的结构洞更能对现在的网络绩效产生积极的影响，而网络密度则相反	UCINET
Echols & Tsai (2005)	—	—	嵌入性	企业共同进行IPO投资	通过对美国创投行业的研究发现，企业嵌入性连接（与其他企业的连接）与企业产品优势和管理优势发生交互作用，并对企业绩效产生积极影响	UCINET

续表 1-2-1

研究者	研究角度			网络形成	主要研究内容	应用工具软件
	整体结构角度	个体结构角度	关系/嵌入角度			
Gilsing & Nooteboom (2005)	网络密度；连接范围；网络集中度	—	关系强度（包括连接稳定性、连接持久度、交互频率、控制、信任与开放）	企业间的合作关系	通过案例研究发现，网络密度和强连接对知识转移的影响受研发活动类型（type）的调节，研发活动包括两种类型：技术探索（technological exploration）和技术开发（technological exploitation）	—
Zaheer & Bell (2005)	网络密度	结构洞	—	董事连接和管理连接	以加拿大基金公司为研究样本，结果发现，占据结构洞位置的企业和处于高密度网络中的企业绩效更高；创新能力高的企业，如果占据结构洞位置，其绩效更高	UCINET
Koka & Prescott (2008)	—	中心性；结构洞	—	通过持久的合作建立的战略联盟	以全球钢铁行业企业形成的战略联盟为研究对象，在研究过程中加入了外部环境变量（法律和技术）和企业战略变量（多元化或是专业化），结果发现，在环境发生了法律变革时，中心性对企业绩效有显著的消极影响，结构洞对企业绩效有显著的积极影响；在环境发生了技术变革时，中心性对企业绩效的影响不显著，结构洞对企业绩效有显著的积极影响；在企业倾向于进行多元化战略时，中心性和结构洞都对企业产生了显著影响；中心度和结构洞都较高的企业，企业绩效会变得更差	UCINET

续表 1-2-1

研究者	研究角度			网络形成	主要研究内容	应用工具软件
	整体结构角度	个体结构角度	关系/嵌入角度			
Ren et al. (2009)	派系；成分	网络密度（个体）距离	关系强度	连锁董事网络	研究样本为1999年中国沪深两市所有上市公司（共949家），对这些企业因为连锁董事形成的企业网络进行描述，对网络和网络中企业的各种属性，包括网络密度、关系强度（两个公司共用董事的数量）、距离、派系、成分、地区、企业规模、财务杠杆、所有权（股权集中度）、企业绩效，进行了描述、统计和比较	UCINET
Brookfield (2010)	—	中心性	—	连锁董事网络和所有权网络	通过对台湾地区销售收入排名前200名的企业研究发现，金融企业相对于其他行业企业，处在网络中更加中心的位置	—
Yang et al. (2011)	—	中心度；结构洞	—	联盟网络	基于学习和网络的视角探讨了联盟网络背景下企业的学习方式（探索式和利用式）及其网络相对嵌入性是如何影响它对联盟伙伴的并购决策的	UCINET
Sytch et al. (2012)			桥联系		基于动态的网络视角探讨了企业网络中"桥"联系形成和发展的影响因素与作用机理	
Shi et al. (2012)	—	中心度；结构洞	—	跨国合资企业网络	基于社会网络理论探讨了不同制度环境下企业网络结构属性（中心度和结构洞）作用的差异	UCINET
Baum et al. (2012)	—	结构洞；中介中心度	—	联盟网络	探讨联盟网络内部不同关系类型的特点和作用，并在此基础上分析了关系的持续性特征（age of ties）对企业绩效的影响	—

续表1-2-1

研究者	研究角度			网络形成	主要研究内容	应用工具软件
	整体结构角度	个体结构角度	关系/嵌入角度			
任兵等(2004)	网络规模；网络密度；子群和派系	中心性	直接联系；间接联系；联系紧密度	连锁董事网络	选择广东和上海两地上市公司，对因连锁董事形成的企业网络的各种特征变量进行描述和比较	—
杨锐、黄国安(2005)	—	结构洞；中心性	—	问卷描述关系的建立	研究的样本为杭州手机产业集群、政府和其他机构，结果发现，结构洞和中心性对企业创新性有正向影响	UCINET
吴剑峰、吕振艳(2007)	—	中心性	—	参与电子商务平台	研究发现，企业在社会网络中的结构中心度越高，其加入多方联盟的概率越大，并且中心度会对资源依赖与多方联盟形成的关系起到正向的调节作用	UCINET
段海艳、仲伟周(2008)	—	中心性	—	连锁董事网络	选取上海和广东的上市企业，研究连锁董事网络形成的原因，结果发现，企业规模和国有性质都和中心性正相关，并发现长三角的企业比珠三角的企业中心性更高	UCINET
彭正银、廖天野(2008)	网络规模	中心性	—	连锁董事网络	随机抽取我国上市公司为样本，研究发现，企业所处的连锁董事网络的规模和中心性与企业治理绩效正相关	—
巫景飞等(2008)	—	—	—	企业高管建立的政治关系	选择上市公司为研究对象，研究发现，企业高管建立的政治关系对业务多元化和地域多元化的开展都有促进作用；此外，在不同规模、地区（中部和东部）和企业性质（民营和国有）的企业中，企业高管建立的政治关系对多元化的影响不同	—

续表 1-2-1

研究者	研究角度			网络形成	主要研究内容	应用工具软件
	整体结构角度	个体结构角度	关系/嵌入角度			
罗志恒等（2009）	—	—	关系强度；网络密度	企业和其他组织间的合作关系	以长春、上海和天津三市经济开发区和高新技术开发区内的高科技和服务型中小企业作为研究样本，研究发现关系强度和网络密度对企业资源获取能力和获取结果有正向的影响，从而影响企业绩效	—
郑准、王国顺（2009）	—	网络规模	关系强度	问卷描述	选取广州地区具有国际化经营经验的样本企业，研究发现，网络规模和关系强度对企业知识的获取产生正向影响，从而影响企业国际化绩效	—
朱秀梅、费宇鹏（2010）	—	网络规模（个体）	关系强度（密切、信任）	—	选取吉林省范围内的企业为研究样本，研究发现，网络规模和关系强度对企业知识和运营资源的获取产生显著的正向影响	—
钱锡红等（2010a）	—	中心性；结构洞	弱联系（间接联系）	问卷描述	选取深圳 IC 产业企业为研究样本，研究发现，中心性、结构洞和弱联系对企业创新绩效都产生积极影响	UCINET
钱锡红等（2010b）	—	中心性；结构洞	—	问卷描述	选取深圳 IC 产业企业为研究样本，研究发现，中心性、结构洞和弱联系对企业创新绩效都产生积极影响，而吸收能力（知识获取和知识消化）对这些影响有积极的调节作用	UCINET

续表 1-2-1

研究者	研究角度			网络形成	主要研究内容	应用工具软件
	整体结构角度	个体结构角度	关系/嵌入角度			
朱秀梅(2011)	—	关系规模	关系强度；关系多样性	新创企业网络	通过问卷调查的方法对新创企业知识资源与网络关系强度等问题进行探讨	—
陈运森(2011)	—	中心性		连锁董事网络	从公司治理的角度着重对独立董事网络的治理机制进行研究	—
陈仕华(2011)	结构对等性	—	—	企业高管网络	通过上市公司对汶川地震捐款数据，对高管关系网络与捐款行为的一致性进行研究	—
周长辉(2011)	—	中心性	—	组织内部网络	以某大型企业的创新单元为样本，探索员工社会网络、创新单元网络、创新绩效的关系	—
边燕杰(2012)	—	网络规模	关系强度	体制跨越的社会网络	通过 2009 年中国 8 个城市的数据，对比体制跨越者与非跨越者的社会资本总量、家庭年收入、个人月均工资收入、获得工资以外的其他收入的机会等	—
姚铮(2013)	—	中心性		小微企业社会网络	以某银行为案例，探索信息不对称、网络约束、信息传递与融资支持网络的关系	—
Kogut & Walker (2001)	小世界网络	—	—	所有权网络	德国企业网络中存在小世界现象	—
Wilhite (2001)	小世界网络	—	—	双边贸易网络	具有小世界属性	—
Baum et al. (2003)	小世界网络	—	—	银行网络	加拿大投资银行网络存在小世界现象	—

续表1-2-1

研究者	研究角度			网络形成	主要研究内容	应用工具软件
	整体结构角度	个体结构角度	关系/嵌入角度			
Davis et al. (2003)	小世界网络	—	—	董事	经历变革的企业仍可以保持稳定的小世界网络属性	—
Verspagen & Duysters (2004)	小世界网络	—	—	战略联盟	化工、粮食和电力工业企业之间的联盟网络存在小世界现象	—
Schilling & Phelps (2005)	小世界网络	—	—	联盟	小世界网络特征对知识创新有积极作用,并可以对企业绩效产生影响	—
Jackson & Rogers (2005)	小世界网络	—	—	代理商网络	网络的小世界特征可以引起代理商成本和收益改变	—
Walker (2008)	小世界网络	—	—	电子商务产业	电子商务产业的成长过程体现了小世界网络属性	—
江可申等 (2002)	小世界网络	—	—	企业联盟	小世界网络属性能够反映动态企业联盟网络特征	—
冯锋等 (2006)	小世界网络	—	—	创新网络	企业创新网络具有典型的小世界网络特征	—
杨建梅等 (2006)	小世界网络	—	—	产品的竞争关系	广州软件产业具有小世界性特征	—
冯锋等 (2007)	小世界网络	—	—	集群	小世界网络有利于提高知识转移频率,促进集群发展	—
胡鲜等 (2008)	小世界网络	—	—	软件产业	广东省软件产业内所形成的企业网络具有小世界网络特征	—

资料来源:作者整理。

第三章 我国企业网络的动态演变

第一节 小世界网络

一、小世界网络现象

小世界现象,或称"六度分离",是社会网络中的一个基本现象,即每个人只需要很少的中间人(平均6个)就可以和全世界的人建立起联系(Watts & Stogatz, 1998)。无论是神经网络、生态网络、互联网还是销售网络等,从自然系统、社会系统到经济系统,都可以用具有复杂结构的社会网络模型来描述,并通过有序性和随机性并存的结构特征来刻画。

在动态变化的社会环境中,要建立一个能够精确描述经济问题和管理问题的数学模型并非易事。Watts 和 Stogatz(1998)认为,所谓的小世界网络现象是一种介于有序和随机之间的网络拓扑结构,从网络特征上表现在两个方面,一是高度聚类,即局部集团化;二是较短的平均路径长度。小世界网络可以较好地反映现实社会网络特征,即由一些行动者构成的某种网络表现出与整体网络相异的网络结构属性,尤其是可以动态地反映网络结构的变化规律和特征。小世界网络理论的提出是复杂网络系统研究的新突破,这一理论逐渐引起了国际学术界的广泛关注,小世界网络分析成为一种能够定量描述和分析现实社会网络的工具,为经济、管理决策提供参考。

二、网络的小世界属性

小世界网络(small world network)是网络动态学(dynamics on network)中一种重要思想,主要通过网络的聚类程度与网络传递速度来研究社会网络的关联性(Watts & Stogatz, 1998)。Watts(1999)指出,小世界网络现象对于社会系统的动态性质具有重要意义，即网络总体上的重大变化，可能来自于局部的不显著的网络变动。

金融机构、组织与企业之间相互协调和控制构成了一个全面的公司治理系统，企业网络也是其中的一部分。但公司治理的研究大多关注正式的制度，如国家的经济、政治、法律等。La Porta 等（1999）也认为，不同国家间不同的公司治理机制差异，源于各国的政治文化和法律传统差异，法律保护外部投资者的程度伴随政治和法律渊源的差异而变化。上述主流的研究强调正式制度的作用，如法律体系和投资者保护条例对公司治理的影响（Andrei & Vishny，1997；La Porta et al.，1998），政治制度对公司治理的影响（Roe，1994）等。Roe（1990）研究了美国法律体系限制金融机构控制大量股份的原因。他提供的证据表明，限制的动机部分来源于公众对金融整体稳定离不开各个组成部分稳定的精神信念，以及对强大金融机构缺乏信任等事实所形成的对政治家的巨大压力。Claessens 等（2000）、Denis 和 McConnell（2003）、Durnev 和 Kim（2005）等都通过实证研究证实了法律制度对公司治理的影响。

在近年来的公司治理文献中，一些学者开始研究企业网络作为非正式机制对正式制度的替代作用或补充作用。尤其是，信息通过网络的有效传递得到了广泛的关注（Sinani et al.，2008）。如 Franks 等（2009）发现英国股票市场以往的繁荣是基于股票交易中产生的信任，而与正式的投资者保护制度无关。Coffee（2001）认为，"信任"作为一种治理机制可以成为正式法律制度的替代品，在网络连接紧密的国家对保护小股东有重要作用。Dyck 和 Zingales（2004）提出媒体曝光也是一种重要的治理机制，主要是由于业绩较差公司的管理人员和董事会成员的声誉会受到损害。Kogut 和 Walker（2001）以及 Baum 等（2004）认为，企业网络作为一种公司治理机制，之所以在一些国家（如德国、挪威、丹麦、瑞典等）具有优势作用，是因为企业网络表现出小世界属性。

那么，我国的企业网络是否也具有小世界属性？我国的企业网络是怎样动态发展和演变的呢？通过小世界分析方法，本研究以所有权联系为切入点，对 2000 年、2004 年和 2009 年我国企业的所有权网络 10 年间的动态演变过程进行了分析。

第二节 数据收集与小世界指标测量

一、数据收集

为了对企业网络的动态演变进行分析，本研究从国泰安（CSMAR）数据库和万德（Wind）数据库获取了 2000 年、2004 年、2009 年三年我国沪深两市 A 股上市公司营业收入总额靠前的500家公司及各公司前三大股东的相关数据。考虑到可能出现的数据缺失或资料异常的情况，笔者首先选取了前600名的公司作为样本来源。每一个公司即为一个独立的研究单位，对单位是否为其他公司的子公司则不予考虑。经过资料比对，排除经营异常的T类公司和资料无法补全的公司，最终确定了营业收入总额排名前500家公司作为样本。

社会网络分析法要求一旦搜集到全部社会研究资料，必须用某种数据矩阵（data matrix）的形式加以保存。社会网络研究中涉及的数据属于关系数据，必须通过"个案－隶属"矩阵（case-by-affiliation matrix）来处理。其中个案是一些特定的行动者，他们构成了分析单位，隶属项则是这些行动者所卷入的组织、实践或者活动等（斯科特，2007）。"个案－隶属"矩阵表达的是个人（标记为1，2，3）参与事件（标记为A，B，C）的情况，其行和列表达的是不同的数据集合，属于"2－模"矩阵，如图1－3－1a所示。

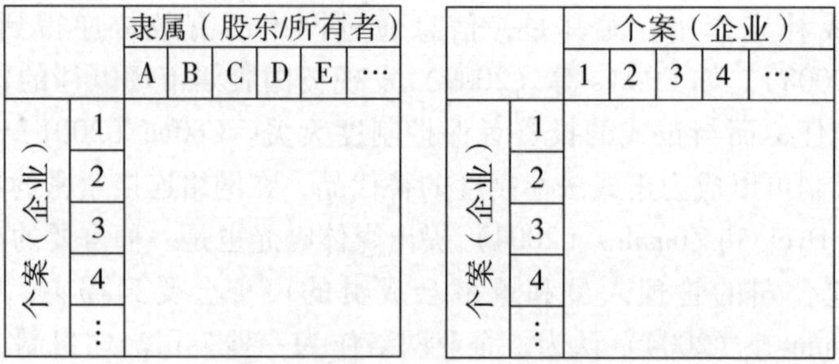

a. "个案－隶属"矩阵　　b. "个案－个案"矩阵

图1－3－1　"个案－隶属"（2－模）矩阵与
"个案－个案"（1－模）矩阵的转化

在本研究中，一个股东出现在两个（或多个）公司之中，这两个（或多个）公司之间就建立了联系，进而形成了企业之间由于拥有共同股东而建立的网络。也就是说，本研究所关注的是企业之间由于共享股东而建立的关系，因为企业的网络关系由其是否拥有共同股东而决定的。因此，本研究所需要的是行动者之间是否由于共同隶属于一个事项而关联在一起的信息，也就是"个案－个案"矩阵。在这一矩阵中，行和列都代表个案，属于"1－模"矩阵，如图1－3－1b。该矩阵展示了行动者之间实际存在的关系。"个案－个案"矩阵是"个案－隶属"矩阵的邻接矩阵，可通过UCINET6.0软件计算得到。在本研究中，将公司看成是个案（矩阵的行），股东看成是隶属项（矩阵的列）。"公司－股东"矩阵的每个格值用二进制数"1"或者"0"来表示，分别表达了每个股东是否出现在每个公司中。本研究首先分别统计出2000年、2004年、2009年各

500家样本公司，共1500个股东（含个人和机构），然后用EXCEL对数据进行初步整理和组织，剔除了在500家样本公司中不存在兼任情况的股东，形成"企业－股东"关系矩阵（即"个案－隶属"矩阵），然后利用UCINET6.0得出其邻接矩阵"企业－企业"矩阵（即"个案－个案"矩阵，矩阵规模为500×500）。"企业－企业"矩阵表达了样本中所有公司之间共享股东的情况。矩阵中每个格值不仅表示共享股东是否存在，还表达了每对公司之间共享股东的个数。每个格值包含的是实际数，而不仅仅是简单的二进制数，因为公司之间共享的股东可能多于一个。另外，在进行网络分析时，本研究认为企业间的联系是无方向性的，即A与B有联系即认为B与A有联系。

经过数据的初步整理，本研究剔除了重复（重名）的股东和不存在兼任的股东，最终分别得到了2000年、2004年、2009年的"个案－隶属"2－模网络（企业－所有者网络），它们的规模分别为：500×96、500×111、500×131。在此基础上，通过UCINET6.0软件，得到"个案－个案"（企业－企业网络）1－模邻接矩阵以及"隶属－隶属"（所有者－所有者网络）1－模邻接矩阵。即2000年、2004年、2009年"企业－企业"网络的规模均为500×500，"所有者－所有者"网络的规模为：96×96、111×111、131×131。为了进一步进行小世界研究，本研究分别对企业网络与所有者网络进行了成分分析，并在各网络所形成的最大成分的基础上对网络的小世界属性进行研究。

二、小世界指标测量

Watts和Strogatz（1998）在规则网络（actual network）和随机网络（random network）理论研究的基础上提出了著名的"小世界网络"模型，通过将规则网络中的每条边，以概率P随机连接到网络中的一个新节点上，构造出一种介于规则网络和随机网络之间的网络，即小世界网络。小世界网络的显著特点是它同时具有较小的平均路径长度和较大的聚类系数。按照这一理论的解释，规则网络和随机网络则分别是小世界网络在概率P分别为"0"和"1"时的特例。Watts和Strogatz（1998）认为，小世界通过平均途径长度（Average Path Length，APL）和聚类系数（Clustering Coffeeicient，CC）两个指标来测量，并通过与随机网络中相应指标的数值进行比较，得出结果。Davis等（2003）、Uzzi和Spiro（2005）也提出计算比率Q，$Q = (CC/CC')/(APL/APL')$，如果Q远大于1.0，则表明具有明显小世界网络特征。

根据Watts和Strogatz（1998）的描述，"网络的平均路径长度APL定义为任意两个节点之间距离的平均值，它描述了网络中节点间的分离程度。聚类系数CC用来描述网络局部特征，它代表了两个节点之间通过各自的相邻节点连接在一起的可能性，用来衡量网络中是否有相对稳定的子系统存在。"（罗家德，2010）整个网络的聚类系数等于各个点的个体网密度系数的均值。聚类系数CC值介于0~1之间，CC值越高，说明网络连接越紧密。APL是连接任何两个点之间最短途径的平均长度。APL值越高，意味着信息的传递需要通过大量的媒介，而不是直接在两个行动者之间进行的。Watts和Strogatz（1998）提出小世界指数的计算公式为：

$$SW = \frac{(CC_{actual}/CC_{random})}{(APL_{actual}/APL_{random})} \tag{3-1}$$

其中，SW为网络的小世界指数；

CC_{actual}为实际网络的聚类系数；

CC_{random}为随机网络的聚类系数；

APL_{actual}为实际网络的平均路径长度；

APL_{random}为随机网络的平均路径长度。

小世界指数是通过实际网络中的聚类系数（CC_{actual}）和平均途径长度（APL_{actual}）与随机网络中的聚类系数（CC_{random}）和平均途径长度（APL_{random}）相比较而得出的。如果小世界指数大于1.0，则表明具有明显小世界网络特征。小世界指数越大，说明网络中小世界的特征越明显，也就是说网络中聚类程度高且平均途径较短。

CC_{actual}是整个网络的聚类系数，等于各个点的个体网密度系数的均值。这一指标可以通过UCINET6.0计算得到。

APL_{actual}是关联网络中连接任何两个点之间最短途径的平均长度。这一指标也可以通过UCINET6.0计算得到。

CC_{random}是网络中每个节点的平均网络连接数（t）与网络节点数（n）的比率。

APL_{random}是$\ln n/\ln t$。

第三节　结果分析

一、小世界网络的国际比较分析

（一）我国企业网络与所有者网络的小世界属性检验

根据小世界指数的计算公式3-1，得到检验结果如表1-3-1和图1-3-2所示。

表 1-3-1　2000 年、2004 年和 2009 年我国企业网络与所有者网络小世界属性

网络类型	年份（年）	N	N_{max}	$N_{max}/N \times 100\%$	密度	CC_{actual}	CC_{random}	APL_{actual}	APL_{random}	SW
firm	2000	500	152	30.40	0.041	0.810	0.041	5.193	2.764	10.641
firm	2004	500	196	39.20	0.056	0.830	0.056	3.917	2.209	8.410
firm	2009	500	352	70.40	0.065	0.806	0.065	2.927	1.874	7.956
owner	2000	1272	57	4.48	0.050	0.375	0.049	5.019	3.966	6.093
owner	2004	1222	71	5.81	0.046	0.349	0.045	4.071	3.682	7.040
owner	2009	995	118	11.90	0.040	0.787	0.040	3.227	3.078	18.797

注：（1）firm（firm network），指企业之间由共享所有权关系而形成的企业网络。
（2）owner（owner network），指股东之间由共同投资同一家企业而形成的所有者网络。
（3）N 为该年份总样本数。$N_{max}/N \times 100\%$ 表示最大成分占该年份总样本的比例。
（4）SW 表示小世界指数。

在由所有权连接而形成的企业网络中，小世界指数（SW）从 2000 年的 10.641，到 2004 年的 8.410，再到 2009 年的 7.956。这说明，在我国，企业网络表现出明显的小世界属性。结果还表明，在所有者网络中，小世界指数（SW）从 2000 年的 6.093，到 2004 年的 7.040，再到 2009 年的 18.797。这说明，在我国所有者网络也表现出明显的小世界属性。上述数据还表明，10 年间，我国企业网络的小世界指数出现了下降的趋势，而所有者网络的小世界指数出现了上升的趋势，尤其是在 2004—2009 年间，出现了显著的增长，约为 2000 年水平的 3 倍，如图 1-3-2 所示。

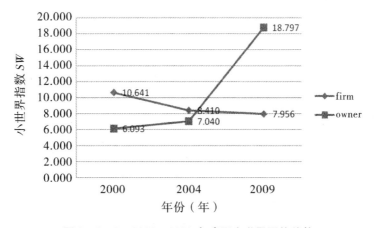

图 1-3-2　2000—2009 年我国小世界网络趋势

(二) 2000年小世界指数的国际比较

根据小世界指数的计算公式,得到2000年小世界指数的国际比较结果,见表1-3-2和图1-3-3所示。

表1-3-2 2000年小世界指数的国际比较

国家	网络类型	N	N_{max}	$N_{max}/N \times 100\%$	密度	CC_{actual}	CC_{random}	APL_{actual}	APL_{random}	SW
中国	firm	500	152	30.40	0.041	0.810	0.041	5.193	2.764	10.641
丹麦	firm	323	51	16.00	0.360	0.910	0.350	1.840	1.360	1.920
挪威	firm	323	106	33.00	0.110	0.710	0.110	2.580	1.870	4.550
瑞典	firm	323	269	86.00	0.300	0.780	0.280	1.910	1.290	1.850
德国	firm	538	291	54.00	0.020	0.840	0.022	5.640	3.010	20.377
中国	owner	1272	57	4.48	0.050	0.375	0.049	5.019	3.966	6.093
丹麦	owner	456	109	24.00	0.060	0.910	0.060	2.280	2.550	17.760
挪威	owner	822	478	58.00	0.020	0.900	0.020	3.210	2.640	34.470
瑞典	owner	869	669	80.00	0.020	0.910	0.020	2.950	2.810	57.520
德国	owner	N/A	429	N/A	0.010	0.830	0.008	6.090	5.160	87.906

注:由于对小世界指数的研究较少,所以数据获取难度较大,以上数据中,除德国数据为1998年数据外,其他国家数据均为2000年数据。其中,丹麦、挪威、瑞典数据来源于Sinani et al.(2008),德国数据来源于Kogut & Walker(2001)。

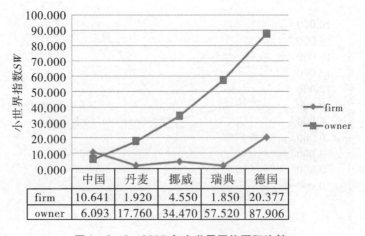

图1-3-3 2000年小世界网络国际比较

与丹麦、挪威、瑞典、德国三国企业网络和所有者网络的小世界指数相比，在企业网络中，中国企业网络的小世界指数较高，这说明我国企业并没有形成大型的企业集团，也就是说不存在网络核心。在所有者网络中，我国的所有者网络小世界指数最低，这说明在我国，所有者投资较为集中，并没有出现投资多元化的现象。

二、2000—2009 年我国企业网络的动态演变

（一）网络总体结构的演变

如果一个网络巨大，其中的关系稀疏，不存在核心但是高度聚类，这样的网络就叫做小世界。那么，通过对小世界现象的研究，说明我国网络结构发生了怎样的动态变化？10 年间，在企业网络中，同样是以 500 家企业为样本，网络中存在的最大成分所包含的企业个数在 2000 年、2004 年、2009 年分别为 152 家（30.4%）、196 家（39.2%）、352 家（70.4%）。这说明，越来越多的企业通过直接联系或间接联系参与到企业网络中来。也就是说，网络中节点数有显著的增加，但整体网络密度数据结果表明网络并没有因为节点数的增加而变得紧密。从网络连接数量来看，10 年间网络连接的数量有显著的增加。为什么网络连接数量的显著增加却没有使整个网络的密度有显著增加呢？这与网络节点的连接方式有重要关系。极有可能的一种情况是：网络连接数量的增加使得网络中个体网的密度增加，形成了高度聚类的网络，但由于整体网络中缺乏网络核心，所以网络中整体密度并没有显著增加，仍然处于关系稀疏的状态。而这恰恰是小世界网络的显著特征所在。

为了进一步验证这一结论，本研究利用 UCINET6.0 软件分析了我国 2000 年、2004 年、2009 年的企业网络和所有权网络结构，通过网络结构图，揭示我国企业网络与所有者网络的动态演变趋势。如图 1-3-4 至图 1-3-9 所示。

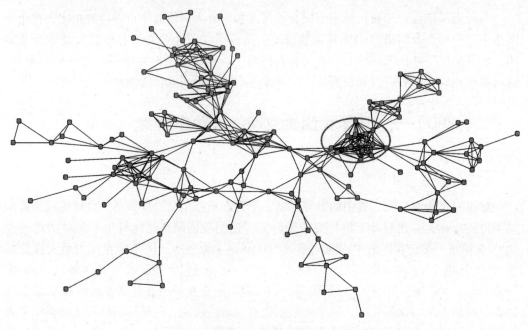

图1-3-4 2000年我国企业网络（$N=152$）

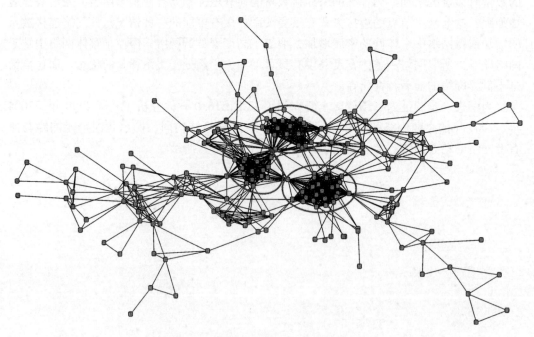

图1-3-5 2004年我国企业网络（$N=196$）

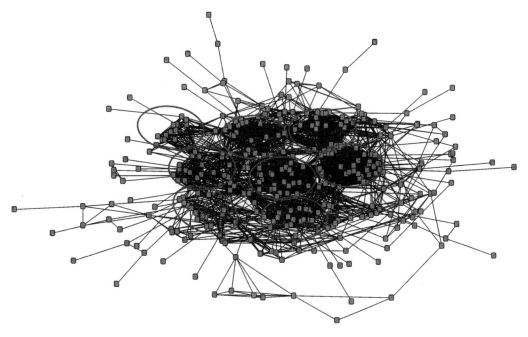

图1-3-6 2009年我国企业网络（$N=352$）

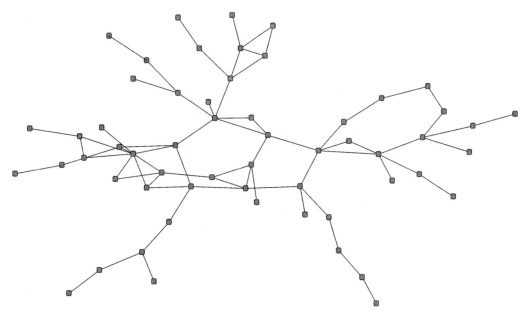

图1-3-7 2000年我国所有者网络（$N=57$）

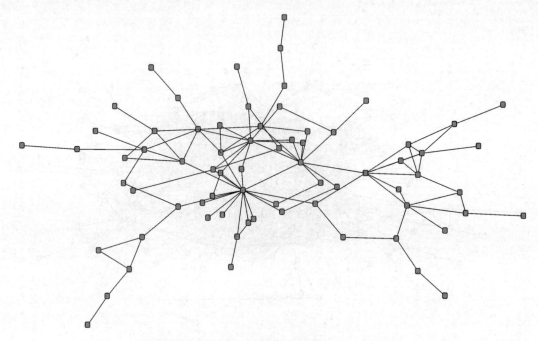

图1-3-8 2004年我国所有者网络（$N=71$）

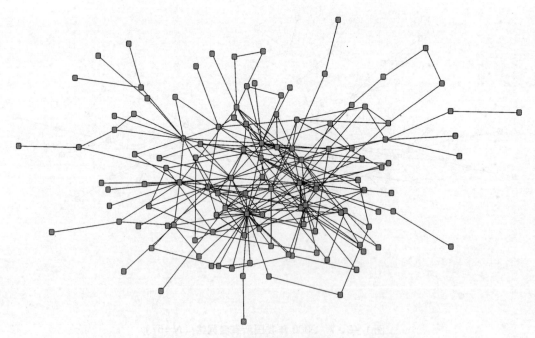

图1-3-9 2009年我国所有者网络（$N=118$）

以上企业网络和所有者网络图展示了2002—2009年10年间我国小世界网络属性的不同发展趋势。即在企业网络中，网络核心逐渐形成，聚类现象渐趋于不明显；而在所有者网络中，网络核心趋于不明显，而聚类现象渐趋于明显。本研究通过图1-3-10和图1-3-11对这一趋势进行进一步分析说明。图1-3-10和图1-3-11均包含12个节点和15个连接，但联系方式明显不同。在图1-3-10中，可以清晰地计算和分辨出该图具有处于网络中心（核心）的节点，但在图1-3-11中，却无法区分哪一点是网络的中心。图1-3-11关系稀疏，网络核心不明显，高度聚类，显示出明显的小世界特征。也就是说，从2000年至2009年10年间，我国企业网络的小世界指数逐年降低，这说明在企业网络中，小世界现象越来越不明显。从网络结构上来说，我国企业网络正在由类似图1-3-11的结构转向类似图1-3-10的结构。企业网络结构的动态演变同时也说明，在企业网络中，逐渐形成了核心企业，大型的企业集团日渐形成。相反，小世界指数的结果表示我国的所有者网络在10年间的演化却表现出不同的趋势。2009年，我国所有者网络的小世界指数显著增加，表明我国所有者网络趋于稀疏，网络不存在核心。这说明投资者（所有者）在我国企业中的投资由集中趋于分散，投资者的投资趋于多样化。从网络结构上来说，所有者网络结构正在由类似图1-3-10的结构转向类似图1-3-11的结构。

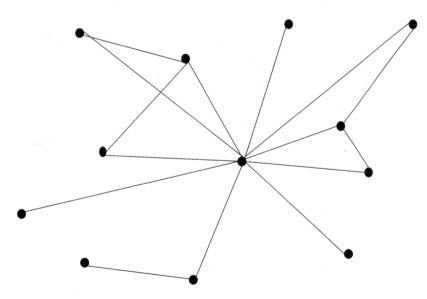

图1-3-10　网络核心明显的结构

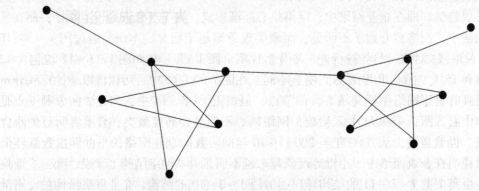

图1-3-11 网络核心不明显的结构

(二) 网络成员的动态变化

网络是一个不断变化的系统,除了网络结构的动态演变外,作为网络成员的企业,也在发生这样的变化。为了考察我国企业网络成员10年间的动态变化,本研究选取2000—2009年为时间段,同时也选取了2000—2009年间的中间年份2004年,以2000年为起点,对企业"进入"、"退出"网络的动态情况进行分析和研究。虽然总体样本为各年营业收入总额排名靠前的500家沪深A股上市公司,但这一部分的研究仍是基于各年各500家企业所形成的最大成分进行的。因为成分是网络中最大的凝聚子群。

在2000年、2004年、2009年中,各年企业网络中最大成分所包含的企业数量分别为152家、196家和352家。剔除重复出现的企业后,统计出这一期间企业数量为480家。据此,进一步对企业在不同年份"进入"、"退出"网络的情况进行研究,并得到了表1-3-3所提供的研究结果。在表1-3-3中,将结果用"1"和"0"在2000年、2004年、2009年的不同组合来表示。其中,对企业赋值为"1"表示该企业处于该年企业网络(最大成分,下同)中;对企业赋值为"0"表示该企业未出现在该年企业网络中。代码的不同组合表达了不同的含义(图1-3-12)。

表1-3-3　2000—2009年网络成员动态变化情况

序号	代码	00	04	09	序号	代码	00	04	09	序号	代码	00	04	09	序号	代码	00	04	09
1	000001	0	1	0	25	000090	1	0	1	49	000554	1	1	1	73	000659	0	1	1
2	000002	0	1	1	26	000157	0	1	0	50	000559	0	0	1	74	000666	1	1	1
3	000006	1	0	0	27	000158	0	0	1	51	000562	0	0	1	75	000668	1	1	0
4	000009	0	0	1	28	000338	0	1	1	52	000568	0	1	0	76	000679	0	0	1
5	000011	1	0	0	29	000400	1	1	1	53	000572	0	0	1	77	000680	0	0	1
6	000012	0	0	1	30	000401	0	0	1	54	000578	0	1	0	78	000682	1	0	0
7	000016	1	1	1	31	000402	1	0	1	55	000581	1	0	1	79	000698	0	0	1
8	000021	1	0	1	32	000404	0	0	0	56	000585	0	0	0	80	000701	0	0	0
9	000022	0	1	1	33	000410	0	0	1	57	000589	0	0	1	81	000707	0	1	1
10	000027	1	0	1	34	000417	0	0	0	58	000591	0	0	0	82	000708	1	1	0
11	000028	1	0	1	35	000422	0	0	1	59	000597	0	0	1	83	000715	1	0	1
12	000029	1	0	1	36	000425	1	0	0	60	000599	1	0	1	84	000717	1	0	1
13	000035	1	1	1	37	000488	1	1	0	61	000600	0	0	0	85	000729	1	1	1
14	000037	1	0	1	38	000501	1	0	0	62	000612	0	0	1	86	000733	1	0	0
15	000042	1	0	0	39	000520	0	0	0	63	000616	1	1	0	87	000751	1	1	1
16	000043	1	0	1	40	000521	1	0	0	64	000619	0	0	1	88	000756	0	0	1
17	000059	0	0	0	41	000522	0	0	1	65	000625	0	0	0	89	000758	1	1	1
18	000060	1	0	1	42	000523	0	0	0	66	000626	0	0	1	90	000759	1	0	0
19	000062	0	0	0	43	000525	0	0	0	67	000628	1	0	1	91	000761	0	1	1
20	000063	0	0	1	44	000527	0	0	0	68	000629	0	0	0	92	000767	0	0	0
21	000066	0	0	0	45	000528	0	1	0	69	000630	0	0	1	93	000768	1	1	1
22	000069	0	0	0	46	000533	0	1	1	70	000651	1	1	0	94	000778	0	0	0
23	000078	0	0	0	47	000541	1	0	0	71	000652	0	1	1	95	000780	0	0	1
24	000089	1	0	0	48	000550	0	0	1	72	000657	1	0	0	96	000782	0	0	0
97	000783	1	1	1															
98	000785	1	1	1															
99	000786	1	0	0															
100	000789	0	0	1															
101	000792	0	1	1															
102	000797	0	0	0															
103	000800	0	1	1															
104	000807	1	0	0															
105	000816	1	0	1															
106	000822	0	1	0															
107	000823	1	0	1															
108	000825	0	0	1															
109	000830	1	1	1															
110	000831	0	0	0															
111	000839	0	1	1															
112	000856	0	0	1															
113	000858	1	0	0															
114	000860	1	0	1															
115	000869	0	0	1															
116	000877	0	1	0															
117	000878	0	0	1															
118	000883	0	1	1															
119	000885	1	0	1															
120	000890	0	1	0															

注：
(1) 表头中"代码"为证券代码；
(2) 表头中"00"、"04"、"09"分别代表2000年、2004年和2009年。因为版面有限，故简约写。后同。

续表 1-3-3

序号	代码	00	04	09	序号	代码	00	04	09	序号	代码	00	04	09	序号	代码	00	04	09	序号	代码	00	04	09
121	000893	0	0	1	145	000962	1	0	0	169	600009	0	1	1	193	600058	1	1	1	217	600126	0	1	1
122	000895	1	1	1	146	000963	1	0	1	170	600010	1	1	1	194	600060	1	0	1	218	600128	1	0	0
123	000898	1	1	1	147	000966	0	1	1	171	600011	1	1	1	195	600062	1	0	1	219	600129	0	1	1
124	000903	0	0	1	148	000968	0	1	1	172	600012	1	1	0	196	600066	1	0	0	220	600135	0	0	0
125	000906	1	1	1	149	000969	0	1	0	173	600015	0	0	1	197	600067	0	0	1	221	600141	0	0	1
126	000910	1	0	1	150	000977	1	1	1	174	600016	0	1	1	198	600075	1	0	1	222	600150	1	1	1
127	000911	1	0	1	151	000983	0	1	1	175	600017	0	0	0	199	600078	0	0	1	223	600153	1	1	0
128	000912	0	0	0	152	000987	0	1	1	176	600018	0	0	0	200	600085	0	0	1	224	600160	0	0	1
129	000917	1	1	1	153	000989	0	1	1	177	600019	0	0	0	201	600087	0	1	0	225	600162	1	1	0
130	000918	1	1	1	154	000990	0	1	1	178	600020	0	0	0	202	600096	1	0	0	226	600163	0	0	1
131	000920	0	0	0	155	000999	0	1	1	179	600021	0	0	1	203	600098	1	1	1	227	600166	1	1	1
132	000921	0	1	1	156	001696	0	0	0	180	600022	0	0	1	204	600100	0	1	1	228	600169	0	0	0
133	000926	0	1	1	157	002001	0	0	0	181	600026	0	1	1	205	600102	0	1	0	229	600170	0	0	1
134	000927	0	1	1	158	002078	0	0	0	182	600027	0	1	1	206	600103	1	1	1	230	600171	1	0	1
135	000928	0	1	1	159	002110	0	0	0	183	600028	0	1	1	207	600104	1	1	1	231	600176	0	0	1
136	000930	0	1	1	160	002251	0	0	0	184	600029	0	1	1	208	600105	0	1	1	232	600178	0	1	0
137	000932	0	1	1	161	002264	0	0	0	185	600030	0	1	1	209	600109	0	1	1	233	600182	0	1	1
138	000937	0	1	1	162	002269	0	0	0	186	600031	0	1	1	210	600111	0	0	1	234	600186	1	1	1
139	000938	0	1	1	163	600000	0	0	0	187	600033	0	1	0	211	600115	0	0	0	235	600188	1	0	1
140	000949	0	0	1	164	600004	0	0	0	188	600036	0	1	1	212	600117	0	0	0	236	600192	0	1	1
141	000951	0	0	1	165	600005	0	0	0	189	600039	0	1	1	213	600118	0	0	0	237	600195	1	1	1
142	000959	0	0	1	166	600006	1	1	1	190	600050	0	0	1	214	600120	0	1	0	238	600196	1	1	1
143	000960	0	0	1	167	600007	0	0	1	191	600051	1	0	1	215	600121	1	0	0	239	600198	0	0	1
144	000961	0	0	1	168	600008	0	0	1	192	600052	1	1	1	216	600123	0	1	1	240	600203	1	0	0

第三章 我国企业网络的动态演变

续表 1-3-3

序号	代码	00	04	09	序号	代码	00	04	09	序号	代码	00	04	09	序号	代码	00	04	09
241	600207	1	1	0	265	600288	0	1	0	289	600380	0	1	1	337	600612	1	1	1
242	600210	0	1	1	266	600292	0	0	1	290	600383	0	1	0	338	600616	1	1	0
243	600215	1	0	0	267	600295	0	1	1	291	600386	0	1	0	339	600618	1	0	0
244	600216	0	0	1	268	600299	0	1	1	292	600395	0	0	1	340	600619	1	1	1
245	600219	0	1	0	269	600302	1	0	0	293	600399	0	0	1	341	600621	1	0	0
246	600220	0	0	0	270	600303	0	1	0	294	600408	0	0	1	342	600623	1	0	1
247	600223	0	1	1	271	600306	1	1	0	295	600409	0	0	1	343	600626	0	1	1
248	600227	1	1	0	272	600307	0	1	1	296	600416	0	1	1	344	600628	0	1	0
249	600230	1	0	0	273	600308	0	0	1	297	600418	0	0	0	345	600630	1	0	0
250	600231	1	1	1	274	600309	0	0	1	298	600426	0	1	1	346	600631	1	1	0
251	600236	0	0	0	275	600315	0	1	0	299	600428	0	0	1	347	600635	0	0	1
252	600238	0	1	1	276	600320	0	1	0	300	600438	0	1	1	348	600636	1	1	0
253	600246	0	0	0	277	600325	0	1	0	301	600469	0	0	1	349	600637	1	0	1
254	600258	1	1	1	278	600327	0	1	1	302	600470	0	0	1	350	600638	1	1	0
255	600266	1	1	0	279	600331	0	0	1	303	600480	0	1	1	351	600639	1	0	1
256	600267	0	0	0	280	600332	1	1	0	304	600481	0	0	1	352	600642	1	1	0
257	600269	0	0	1	281	600336	0	1	1	305	600482	0	1	1	353	600643	1	0	1
258	600270	1	1	0	282	600348	0	0	1	306	600489	0	0	1	354	600649	0	1	0
259	600271	0	0	1	283	600350	0	1	1	307	600496	0	1	1	355	600653	0	0	1
260	600276	1	1	0	284	600361	0	0	1	308	600497	0	0	1	356	600654	1	1	1
261	600277	0	0	1	285	600362	0	1	1	309	600498	0	1	1	357	600655	0	0	1
262	600278	0	1	0	286	600372	0	0	1	310	600500	1	1	0	358	600663	1	1	1
263	600281	1	0	1	287	600376	0	1	0	311	600507	1	1	1	359	600664	1	0	0
264	600282	0	1	1	288	600377	0	1	1	312	600508	1	1	1	360	600665	1	0	0

续表 1-3-3

序号	代码	00	04	09	序号	代码	00	04	09	序号	代码	00	04	09	序号	代码	00	04	09
361	600675	1	0	1	385	600740	0	1	0	409	600825	0	0	0	433	600893	0	0	1
362	600676	0	0	1	386	600741	0	0	1	410	600827	1	0	1	434	600894	0	0	1
363	600677	0	0	1	387	600742	0	0	1	411	600828	1	0	0	435	600898	1	0	0
364	600679	1	0	0	388	600744	1	1	1	412	600829	0	0	1	436	600900	0	0	1
365	600680	1	0	0	389	600747	0	0	0	413	600835	0	0	0	437	600963	0	0	1
366	600685	1	1	0	390	600754	1	0	1	414	600839	1	0	1	438	600966	0	0	1
367	600688	1	0	1	391	600755	0	0	0	415	600841	0	0	1	439	600970	0	0	1
368	600689	0	1	0	392	600761	1	0	1	416	600843	1	0	0	440	600971	0	0	1
369	600690	0	0	1	393	600775	0	0	1	417	600845	0	0	0	441	600973	0	0	1
370	600694	0	0	0	394	600776	0	1	0	418	600848	1	0	0	442	600997	0	0	1
371	600697	1	0	0	395	600779	1	0	0	419	600853	0	0	0	443	600999	0	0	1
372	600704	0	0	1	396	600780	0	0	1	420	600858	0	0	1	444	601001	0	0	1
373	600710	0	0	0	397	600782	0	0	0	421	600859	1	0	0	445	601003	0	0	1
374	600717	0	0	1	398	600784	0	0	1	422	600860	0	0	1	446	601005	0	0	1
375	600718	0	0	0	399	600785	0	0	0	423	600863	0	0	1	447	601006	0	0	1
376	600720	1	0	0	400	600787	0	0	0	424	600870	1	0	1	448	601088	0	0	1
377	600722	1	0	1	401	600795	1	0	1	425	600871	0	0	0	449	601111	0	0	1
378	600723	1	1	0	402	600797	1	0	0	426	600874	1	0	1	450	601139	0	0	1
379	600725	0	0	0	403	600808	0	0	0	427	600875	1	0	0	451	601186	0	0	1
380	600726	0	1	1	404	600810	0	0	1	428	600876	0	0	1	452	601299	0	0	1
381	600729	1	0	0	405	600811	0	0	0	429	600877	1	0	0	453	601328	0	0	1
382	600736	1	0	0	406	600812	1	1	0	430	600884	0	0	1	454	601333	0	0	1
383	600737	0	0	1	407	600820	0	0	0	431	600886	1	0	0	455	601390	0	0	1
384	600739	0	0	1	408	600822	1	1	1	432	600887	0	0	1	456	601398	0	0	1
															457	601588	0	0	1
															458	601600	0	0	1
															459	601607	1	0	0
															460	601618	0	0	1
															461	601628	0	0	1
															462	601666	0	0	1
															463	601668	0	0	1
															464	601699	0	0	1
															465	601727	0	0	1
															466	601766	0	0	1
															467	601808	0	0	1
															468	601857	0	0	1
															469	601866	0	0	1
															470	601888	0	0	1
															471	601898	0	0	1
															472	601899	0	0	1
															473	601918	0	0	1
															474	601919	0	0	1
															475	601939	0	0	1
															476	601958	0	0	1
															477	601988	0	0	1
															478	601989	0	0	1
															479	601991	0	0	1
															480	601998	0	0	1

第三章 我国企业网络的动态演变

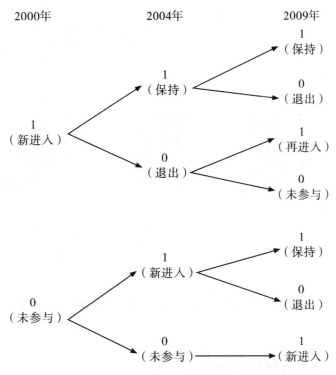

图 1-3-12 2000—2009 年网络成员动态变化代码的解释

结果表明，2000—2009 年 10 年间，始终稳定地处于企业网络中的企业共 49 家，占所有参与到网络中的企业总数的 10%。这说明，我国的企业网络在 10 年间一直处于动态变化的趋势中。本研究进一步对企业"新进入"、"退出"和"再进入"网络的情况进行了统计，如图 1-3-13 所示。需要强调的一点是，本研究将 2000 年选定为起点，因此并未考察 2000 年之前企业网络的情况，并默认 2000 年企业网络中的成员企业为"新进入"企业。

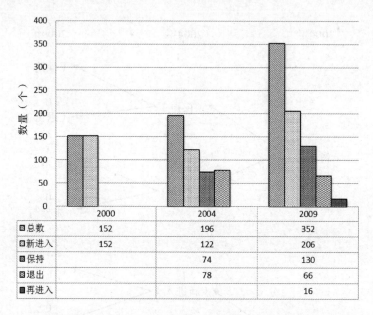

图1-3-13　2000—2009年企业网络成员动态变化趋势

三、对网络结构变化的思考

本研究进一步分析了2009年中国（股东交叉关系）企业网络结构图（图1-3-14和图1-3-15），根据国家统计局提供的分类标准，在图中，红色节点代表东部地区（包括北京、天津、河北、辽宁、上海、江苏、浙江、福建、山东、广东、广西、海南）；黄色节点代表中部地区（包括山西、内蒙古、吉林、黑龙江、安徽、江西、河南、湖北、湖南）；蓝色节点代表西部地区（包括重庆、四川、贵州、云南、西藏、陕西、甘肃、宁夏、青海、新疆）。节点的大小由企业规模决定，节点大代表企业规模大。从网络结构图上可以发现，图1-3-14中的整体网络结构与图1-3-15中的东部企业网络结构趋于相似；同时也可以发现，规模大的企业分布较为集中并大多占据了网络中心的位置。那么，网络结构的变化受哪些因素的影响？我国企业网络形成和结构变化的影响因素又具有怎样的特点？在第四章中，本研究试图从网络关系和网络位置两个层次给出合理的解释。

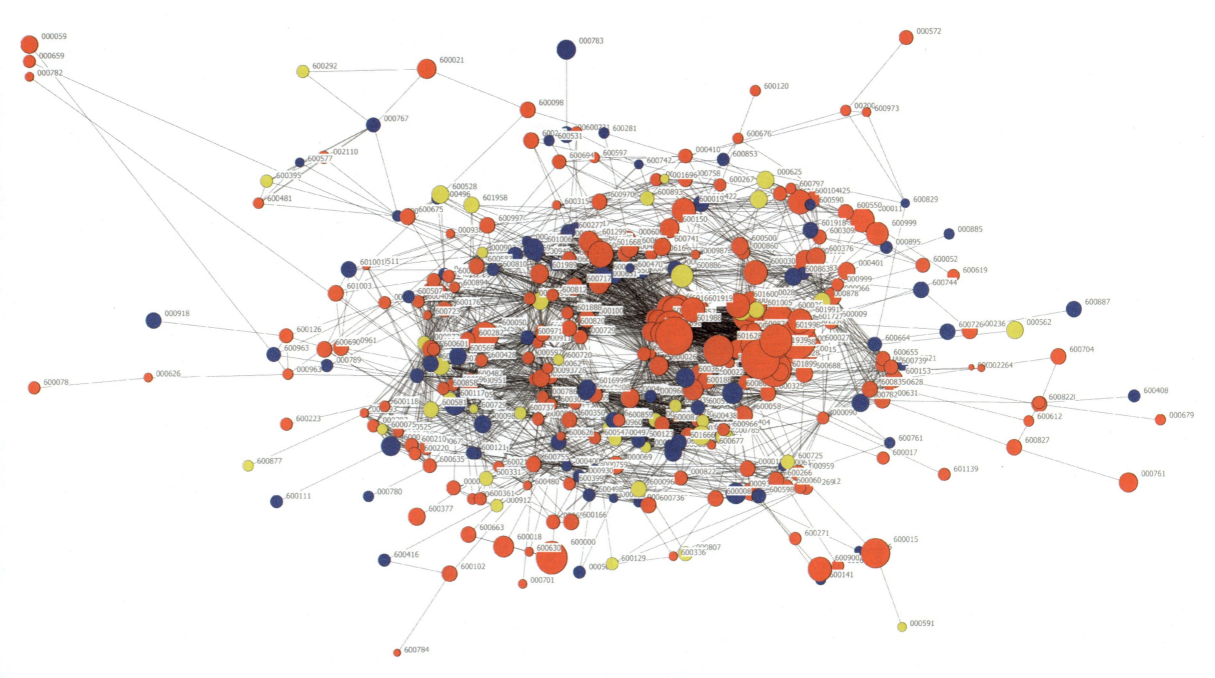

图1-3-14 2009年中国企业网络结构图（N=352）

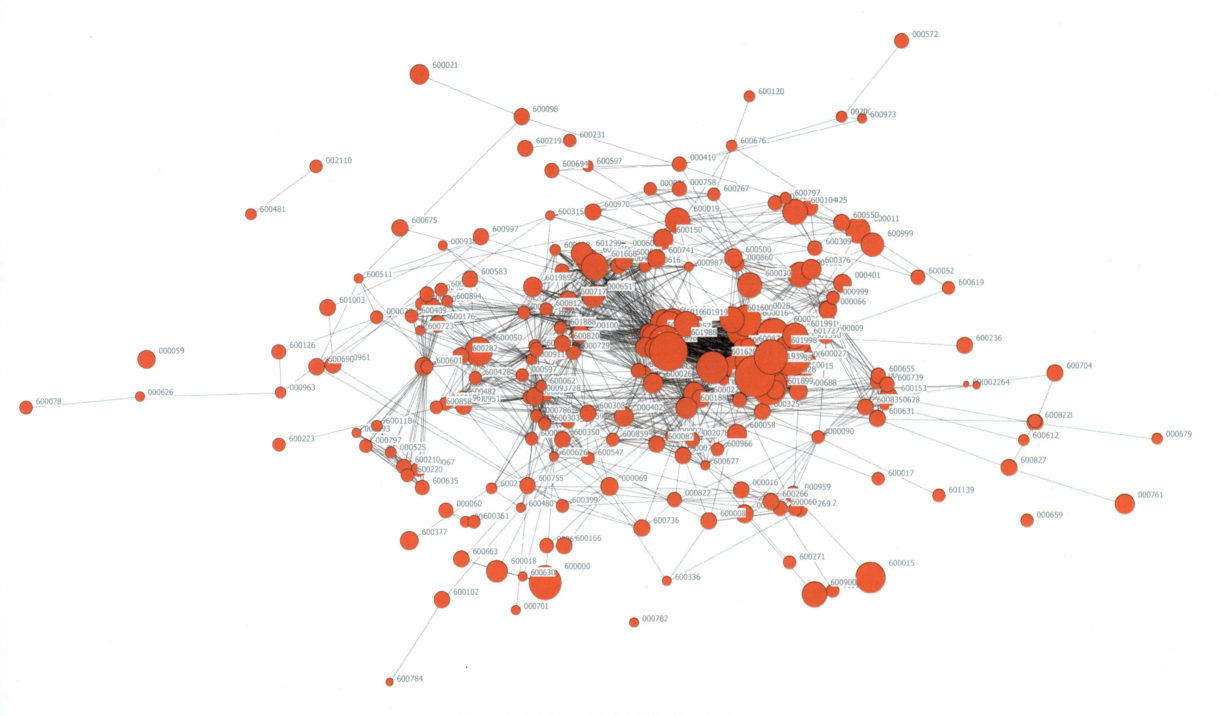

图1-3-15 2009年中国东部企业网络结构图（$N=227$）

第四章 我国企业网络形成的影响因素分析

第一节 理论基础与研究假设

一、企业网络关系的影响因素研究

经济行为嵌入于社会结构之中,而社会结构的核心就是人们生活在其中的网络。企业的经济行为具有社会嵌入性,即嵌入在它与外部组织建立的各种关系网络之中。通过这些网络渠道,企业可以获得所需要的信息、知识和资金等资源,并以此为基础进一步提高创新能力和竞争能力(Granovetter,1985)。企业的社会网络越密集,信息和资源交流的频率和广度就越大,这种共享机制不断得到强化,进而推动企业发展。借助网络关系在特定的地理范围内迅速获取和共享网络资源以寻求网络化成长,已成为企业在复杂的全球化商业环境下的重要成长方式和策略(Peng & Heath,1996)。

Hakansson 和 Johanson(1988)将企业网络视作企业间关系的复杂组合。无论社会环境多么复杂,动态网络体系中的企业总是处于一定位置之上,并与其他行动者(企业)相互交往或交换资源。企业的经济行为和其他社会行为一样,并非孤立存在,而是深深地嵌入在社会网络之中。Laumann 等(1977)认为社会网络是一些由给定社会关系联系起来的个人或组织的节点,而社会关系的纽带可以是血缘、地缘和业缘。Uzzi(1996)的研究结果表明,人们可能更加愿意选择与自己有友谊或者血缘关系或连接的人进行生意来往,将他们视为长期缔约的伙伴或者合作者,而不是在完全自由竞争的公开市场上寻找交易伙伴。奇达夫和蔡文彬(2007)通过对家族企业的研究发现,有关技术进步的重要知识在由家族成员所掌管的事业部中相互传递,这些事业部在知识传递网络中处于核心地位,并趋于集聚在网络的中心区域,进而得出企业内的知识网络是嵌入于血缘关系中的结论。

对于企业个体来说，企业的血缘、地缘和业缘可以表现为企业所属性质、企业所处地域以及企业所在的行业。企业可以通过这些纽带，建立复杂交错的关系，并最终形成企业网络。因此，本研究提出如下假设：

H1：企业所处的行业联系越紧密，越有可能形成企业网络。

H2：企业所处的地域联系越紧密，越有可能形成企业网络。

H3：企业性质越相似，越有可能形成企业网络。

二、企业网络位置的影响因素研究

在企业网络中，各企业占据着不同的网络位置。不同的网络位置代表不同的获得资源、信息、知识的机会，而这些机会的获得是企业成长、发展、创新的关键所在，因此，网络位置对企业创新绩效有重要影响（Tsai，2001）。国内学者王宇露和李元旭（2009）也支持这一观点，他们的研究结果表明企业的网络位置是影响企业学习效果的重要因素。黄中伟和王宇露（2008）甚至认为，占据良好网络位置所拥有的资源通常比个人所拥有的资源更为有用，因为网络位置带来的资源是嵌入于组织网络中的，即使个体有所变化，资源依然依附在网络位置上，因此他们认为网络位置是企业的一种重要社会资本（位置资本）。那么，企业在网络中所处的位置是如何形成的呢？

网络位置是行动者之间关系建立的结果，在社会网络分析中是一个关键性变量。在社会网络分析中，描述网络特征的指标通常分为两类，一类是衡量整体网络特征的指标，如网络密度、网络中心势、网络对等性等；另一类是衡量网络中个体位置的指标，如中心度、结构洞。在相关研究中，中心度和结构洞从不同角度对企业个体网络位置进行刻画，受到研究者的广泛关注（Zaheer & Bell，2005），进而将企业所处的网络位置划分为网络的中心位置和网络的中介位置。

在网络分析中，中心度是衡量个体行动者在网络中重要程度的变量，可用来考察企业充当网络中心枢纽的程度（Burt，1992）和对资源获取与控制的程度（Wasserman & Faust，1994）。企业在网络中的中心度反映了企业处在网络中心位置的程度，中心度高说明企业处于网络的核心位置，而中心度低则表明企业处在网络的边缘。当行动者之间无直接连接时，行动者可以通过这样的方式起到桥梁的作用：在两个原本不相连接的小集团之间担当联络员的角色，或者在他们所隶属的群体和他们所参加的另外一个群体之间起桥梁作用。这一桥梁即为"结构洞"。在结构洞位置上的行动者，往往在其社会网络中拥有较高的中介中心性（betweenness centrality）。也就是说，他们为那些并不直接连接的行动者充当中间人。结构洞就是行动者可以获利的空间，一个网络间的"好位置"（罗家德，2010）。占据或接近更多的结构洞有利于工具性行为的成功（Burt，1992）。McEvily和Zaheer（1999）认为，处于结构洞位置的行动者会比处于其他位置的行动者表现更为出色。

(一) 企业规模对网络位置的影响

大规模的企业相对于小规模的企业而言具有更强的位势效应,其与各方的博弈能力更强,获取资源的可能性更大。大规模企业往往能借助外源融资更有效地开发市场机会,抵御市场风险。在企业网络中,大规模的企业往往掌握着大量的资源、信息和技术,它们的发展和战略变化可能会给其他企业,尤其是一些对其依赖程度较高的中小企业,带来更大的不确定性。因此,其他企业为了最大化规避风险,会尽可能地与大规模企业建立联系。另一方面,大规模企业的股东通常会拥有更丰富的知识、技能和经验,无疑会对其他企业及政府部门产生更大的个人影响力,因而更容易成为中小企业期望与之建立联系的对象。所以,大规模企业在网络中可能会具有较多的直接或间接联系,即占据网络的中心位置和网络的中介位置(段海艳和仲伟周,2008)。已有研究结果表明,公司规模越大,与其他企业之间建立联系的数量会越多(Ong et al., 2003)。因此,本研究提出如下假设:

H4a:在企业网络中,企业的中心位置与企业规模正相关。

H4b:在企业网络中,企业的中介位置与企业规模正相关。

(二) 企业年龄对网络位置的影响

在对企业年龄的研究中,大部分学者发现,企业的年龄与企业的成长性负相关。也就是说,企业的年龄越大,成长性越弱。Evans(1987)发现企业年龄是企业成长速度的一个重要的决定因素,随着年龄增大,企业成长速度会下降。从仿生学的角度来看,企业是一个生命体,随着年龄增长,企业会逐渐老化,其成长速度会变慢(Yasuda,2005)。对于投资者而言,成长性越强的企业,越具有吸引力,越可能拥有更多的交叉股东。Shan等(1994)研究表明,新创企业为了尽快适应市场,获取更多的信息,会千方百计地与其他企业积极建立直接联系和间接联系。Barley等(1992)的研究也证明新创企业更可能处于网络的中心,具有较高的中心度。这些结论在Walker、Kogut和Shan(1997)关于产业网络形成的研究中也得到了证实。因此,本研究提出如下假设:

H5a:在企业网络中,企业的中心位置与企业年龄负相关。

H5b:在企业网络中,企业的中介位置与企业年龄负相关。

(三) 企业盈利能力对网络位置的影响

Powell等(1996)研究发现,中心度高的企业在创新活动中将明显占据信息优势,因为中心度高的企业在网络中更容易获取并控制与创新相关的新信息。Dougherty和Hardy(1996)认为,创新绩效水平高的企业往往处于中心度高的位置,即企业往往处于信息交会的关键点，因此企业可以通过比较不同来源的信息以鉴别信息的真伪和信息的质量，也可以将大量信息进行不同的组合，或者与不同的合作者进行合作。Burt（1992）的结构洞理论认为，结构洞丰富的企业可以获得多样化的信息，选择多样化的伙伴，从而具有信息优势。另一方面，由于结构洞能够使网络成员之间建立非冗余的关系，因此可以提高企业之间合作的效率。McEvily 和 Zaheer（1999）、Uzzi（1997）、Gnyawali 和 Madhavan（2001）、Soda 等（2004）分别从这些角度证明了企业绩效与企业所处结构洞位置之间的关系。在国内的研究中，杨锐和黄国安（2005）通过研究杭州手机产业集群的企业发现，企业在网络中的中心性与企业绩效有关。吴剑峰和吕振艳（2007）、彭正银和廖天野（2008）的研究也均证实了绩效与网络位置的相关关系。

企业的盈利能力越强，企业越容易吸引投资者的投资兴趣，因此也更有可能获取更多的资金支持。其他盈利能力差的企业为了降低企业风险和克服外部环境的不确定性，必然会积极谋求与盈利能力强的企业建立关系以获取资源与改善经营绩效。所以，企业盈利能力越强，越有可能获取更多的直接联系和间接联系。国外学者 Carrington 和 Heil（1981）研究结果显示，企业网络化程度与盈利能力二者之间呈正相关。因此，本研究提出如下假设：

H6a：在企业网络中，企业的中心位置与企业盈利能力正相关。

H6b：在企业网络中，企业的中介位置与企业盈利能力正相关。

（四）企业所处地域对网络位置的影响

Brookfield（2010）选取了中国台湾地区规模（营业收入总额）排名靠前的 200 家企业，研究了其基于连锁董事和所有权连接而形成的企业网络。Sinani 等（2008）以斯堪的纳维亚半岛三个国家的企业为样本，从公司治理的角度研究了企业网络。他们认为，这三个国家在执法、政治的稳定性、治理效率、法律、腐败控制等方面具有很强的相似性，因此，这三个国家的企业网络均具有小世界属性。

当前，中国正处于由计划经济向市场经济转型的过渡时期，各地市场化进展程度不均衡，从全国范围来说，长三角和珠三角两个经济带的市场化程度均属前列。但是，企业所在地的市场化程度越高，企业生产要素或产品的交易越倾向于由市场决定，企业资源配置与发展战略更依赖市场规则；相应地，对非正式制度安排的需求以及非正式制度安排所能发挥作用的空间都相对较小（任兵等，2004；段海艳和仲伟周，2008）。所以，企业所在地的市场化程度越低，越有可能倾向于依赖企业间非正式的制度安排。因此，本研究提出如下假设：

H7a：在企业网络中，与其他企业相比，长三角企业与珠三角企业可能远离中心位置。

H7b：在企业网络中，与其他企业相比，长三角企业与珠三角企业可能远离中介位置。

（五）企业性质对网络位置的影响

Rosenstein 和 Wyatt（1994）将企业区分为金融机构和非金融机构，其研究结果表明，当存在委派连锁董事的情况下，作为"派出方"，金融机构的企业价值会显著提升，而非金融机构的企业价值则会显著下降；但是，作为"接受委派方"，无论企业属于何种类型，企业价值并不会受到显著影响。Geletkanycz 等（1997）考察了不同性质的 CEO 连锁董事关系对企业战略选择的不同作用，发现这种不同的作用与连锁董事所在企业的行业有关，即在行业间的连锁董事关系可能促使企业选择偏离本行业的战略决策，这与行业内连锁董事关系的情况截然相反。

国有企业在中国经济发展中的地位具有举足轻重的作用。作为与之并存的非国有企业，也同样在经济发展中发挥着不可或缺的作用。但是，就行政化色彩而言，国有企业比非国有企业会更重一些。这主要是由于国有企业特有的产权性质，决定了其获取信息、技术、资源等方面具有相对优势，因而国有企业对网络中其他企业的控制能力和影响能力会超出非国有企业（段海艳和仲伟周，2008）。因此，本研究提出如下假设：

H8a：在企业网络中，国有企业比非国有企业更可能处于中心位置。

H8b：在企业网络中，国有企业比非国有企业更可能处于中介位置。

第二节　数据收集与变量测量

一、数据收集

为了获取关系数据以进行网络分析，本研究选取由股东（包括个人和机构）所形成的所有权网络关系。也就是说，当两个或两个以上的公司拥有至少一个共同的股东时，它们就因此而产生了联系。在企业网络形成的影响因素研究中，如前述方法，选取了 2009 年营业收入总额排名靠前的 500 家企业中每家企业的前三大股东，先后剔除重复（重名）的股东和不存在兼任的股东，得到符合条件的股东（包括个人和机构）共 131 个。通过对这个规模为 500×131 的 2－模矩阵进行转换（这个过程由 UCINET6.0 软件完成），就可以得到本研究最终需要的"企业－企业"关系矩阵（矩阵规模为 500×500）。

二、变量测量

(一) 企业网络关系的影响因素研究中的变量测量

在这一部分,本研究拟检验"关系"与"关系"之间的关系。因此采用 QAP 回归分析的方法。QAP(Quadratic Assignment Procedure,二次指派程序)是一种对两个(或多个)方阵中对应的各个元素值进行比较的方法,它通过比较各个方阵对应的格值,给出两个矩阵之间的相关系数,同时对系数进行非参数检验。它以对矩阵数据的置换为基础。QAP 回归的目的是研究多个矩阵和一个矩阵之间的回归关系,并且对 R^2 的显著性进行评价。在具体计算的时候要经过两步:首先,针对自变量矩阵和因变量矩阵的对应元素进行标准的多元回归分析;其次,对因变量矩阵的各行和各列进行(同时)随机置换,然后重新计算回归,保存所有的系数值以及判定系数 R^2 值(刘军,2009)。

在数据的处理方面,按照 QAP 的要求,自变量和因变量都应属于等规模的矩阵形式才可以进行运算。也就是说,需要将属性变量转化为关系变量。在这一转化过程中,本研究首先利用了 EXCEL 进行数列相乘,得出 2-模矩阵,然后将该 2-模矩阵通过 UCINET6.0 软件进行转置,得到规模为 500×500 的"企业-企业"1-模矩阵,再进行 QAP 回归检验。

1. 因变量的测量

企业网络关系矩阵。这一矩阵是由股东交叉关系形成的规模为 500×500 的"企业-企业"关系矩阵。若公司之间存在相同的股东,则标记为"1",否则标记为"0"。

2. 自变量的测量

(1) 行业关系矩阵。根据中国证监会 2001 年 4 月颁布的《上市公司分类指引》,企业行业可划分为如下 13 类:农、林、牧、渔业,采掘业,制造业,电力、煤气及水的生产和供应业,建筑业,交通运输、仓储业,信息技术业,批发和零售贸易,金融、保险业,房地产业,社会服务业,传播与文化产业,综合类。本研究采用与形成企业网络关系矩阵类似的方法进行处理。首先,通过 EXCEL 得出规模为 500×13 的"企业-行业"2-模矩阵,然后通过 UCINET6.0 软件对其进行转置处理,得到由行业之间关系而形成的规模为 500×500 的"企业-企业"1-模矩阵。若两公司属于同一行业,则标记为"1",否则标记为"0"。

(2) 地域关系矩阵。由于样本中未出现所在地为西藏的企业,将地域按企业所属的省份及直辖市,分为 30 个。本研究仍然采用与形成企业网络关系矩阵类似的方法进行处理。先通过 EXCEL 得出规模为 500×30 的"企业-行业"2-模矩阵,然后通过 UCINET6.0 对其进行转置处理,得到由地域之间关系而形成的规模为 500×500 的"企业-企业"1-模矩阵。若两公司属于同一地域,则标记为"1",否则标记为"0"。

(3) 企业性质关系矩阵。需要特别指出的是,在矩阵中,若两公司属于同一性质,则标记为"1",否则标记为"0"。对于这一矩阵的获得,本研究采用的方法是:首先,将企业性质分为国有和非国有两种,利用 EXCEL 分别形成两个数列,其一是规模为 500×1 的"企业-国有性质"数列,以"1"标记为国有性质,以"0"标记为非国有性质,其二是规模为 1×500 的"非国有性质-企业"数列,以"2"标记为非国有性质,以"0"标记为国有性质,并将两个数列相乘;然后,得到了一个规模为 500×500 的矩阵,矩阵中,有"1""2""4"这3个数字,它们的含义分别为,"1"表示企业同属于国有性质,"2"表示企业分属于国有和非国有性质,即性质不同,"4"表示企业同属于非国有性质;最后,由于本研究需要得到的是性质相同的"企业-企业"矩阵,因此将"1"和"4"重新标记为"1"代表企业性质相同,而将"2"标记为"0",代表企业性质不同。最终,得到本研究需要的规模为 500×500 的"企业-企业"1-模矩阵。若两企业性质相同,则标记为"1",否则标记为"0"。

(二) 企业网络位置的影响因素研究中的变量测量

在这一部分,本研究对样本中 500 家企业进行了二次筛选。这与本部分的研究目的有关。由于网络位置的研究需要在一个连通的网络中进行,本研究进一步对 500 家企业进行成分分析,得到了一个规模最大的连通子群。因此,这一部分的研究是基于对数据筛选后的最大规模连通子群——"成分"进行的。

1. 因变量的测量

(1) 中心位置($Cents$)的测量。中心度描述的是节点在网络中核心位置的主要指标。鉴于度数中心度有绝对度数中心度和相对度数中心度两个指标,本研究选用"相对度数中心度",即某行为者实际存在的关系数与最大可能的关系数之比作为测量的标准,并通过 UCINET 6.0 软件得到这一计算指标。处于网络中心位置的点具有较多的直接联系。中心度是衡量节点在网络中直接联系数的关键指标,包括度数中心度和接近中心度,但是二者的相关度也非常高(刘军,2009)。在大部分已有的研究中,研究者习惯于采用度数中心度,原因是接近中心度这一指标要求在连通的网络中进行测量(罗家德,2010)。由于本研究样本是基于企业网络中最大的成分进行的,也就是说,属于连通图,所以,本研究可以采用接近中心度来测量中心位置。该指标数值可通过 UCINET 6.0 软件计算得到。

(2) 中介位置($Betw$)的测量。中介位置衡量的是企业在网络中具有"桥"作用的位置。通过占据中介位置的企业,其他企业可以获得间接联系。本研究利用 UCINET6.0 软件计算网络中各企业的中介中心度作为中介位置测量的指标。中间性(betweenness)的概念主要是由弗里曼(Freeman,1979)提出,这一指标测量的是一个点在多大程度上位于图中其他点的"中间"。假设在一个点对（pair of points）X 和 Z 之间存在 n 条捷径。若存在一个点 Y 处于点 X 和点 Z 之间，中间性就是衡量该点处于此点对的捷径上的能力的指标，即经过点 Y 并且连接这两点的捷径数与这两点之间的捷径总数之比。它测量的是 Y 在多大程度上位于 X 和 Z 的"中间"，也就是"中间中心度"。点的中间中心度测量的是该点在多大程度上控制他人之间的交往。如果一个点的中间中心度为"0"，意味着该点不能控制任何行动者，处于网络的边缘；如果一个点的中间中心度为"1"，意味着该点可以100%地控制其他行动者，处于网络的核心，拥有很大的权力（罗家德，2010）。

2. **自变量的测量**

（1）企业规模（$Size$）的测量。选用企业总资产来测度企业规模，为保证其正态性，对总资产取对数。

（2）企业年龄（Age）的测量。从企业注册之日起至2009年年末止所历经的年度。

（3）企业盈利能力（$Prof$）。选用净资产收益率（ROE）这一指标来测量。

（4）地区。采用虚拟变量测量，当企业为长三角地区企业时，$D1=1$，其他为0；当企业为珠三角地区企业时，$D2=1$，其他为0；当 $D1$ 和 $D2$ 均为0时，表示企业处于长三角和珠三角以外的地区。

（5）企业性质（$Char$）。采用虚拟变量测量，选用2009年年末最终直接或间接控制人性质为标准将样本企业划分为国有企业与非国有企业，即当企业为国有性质时，$X_i=1$；当企业为非国有性质时，$X_i=0$。

3. **控制变量的测量**

长期偿债能力（$Leve$）。选用资产负债率，即负债总额/资产总额的比值来衡量。

第三节 描述性统计

一、网络总体结构的描述性统计

（一）网络总体特征描述

本研究首先通过 UCINET6.0 测算企业股东交叉关系网络（规模为 500×500 的"企业-企业"矩阵），密度（density）为 0.0324，说明这一网络分布并不是非常紧密。网络中可能存在多个凝聚子群（cohesive sub-groups）。凝聚子群是满足如下条件的一个行动者子集合，即在此集合中的行动者之间具有相对较强、直接、紧密、经常的或者积极的关系（Wasserman & Faust, 1994）。为此，本研究对该矩阵进行区域（region）分析，目的是发现和区分这500家企业所形成的不同"成分"(component)。同一成分的特点是内部任意两个成员之间存在关联,但各个成分之间没有任何关联。也就是说,同一成分之间都存在通路,通路可以通过直接或者间接联系形成,同一成分构成了一个真正意义的社会网络(Hanneman & Riddle,2005)。

通过对500×500矩阵的区域分析发现(结果见表1-4-1),样本中500家企业形成了133个"成分"。但由于区域分析通常限定了最小的成分网络规模为3,同时设定网络成员之间的联系为强联系,即只要A与B有联系即认为B和A也存在联系,因此剔除单个企业和两家企业形成的联系,存在4个符合要求的成分,共包含379家企业,如表1-4-1所示。其余121家企业在整体网络中属于孤立点。在4个成分中,存在1个最大关联的成分,由352家企业组成,占整个样本企业的70.4%。通过UCINET6.0软件,采用前述方法得到了研究中使用的"企业-企业"矩阵(规模为352×352)。可以发现,该成分的整体网络密度为0.0651,即实际直接关系数与理论上最大直接关系数之比为0.0651,这表明,与整体网络密度相比,该成分内部成员的联系比较紧密。

表1-4-1 成分分析结果

成分	成员数量(个)	比例(%)
成分1	352	70.4
成分2	5	1.0
成分3	3	0.6
成分4	3	0.6
成分5	2	0.4
成分6	2	0.4
成分7	2	0.4
成分8	2	0.4
成分9	2	0.4
成分10	2	0.4
成分11	2	0.4
成分12	2	0.4
孤立点	121	24.2
合计	500	100

1. 网络成员的行业分布描述

根据中国证监会2001年4月颁布的《上市公司分类指引》，将网络成员按照如下行业和代码进行分类统计（见表1-4-2）：农、林、牧、渔业（A）；采掘业（B）；制造业（C）；电力、煤气及水的生产和供应业（D）；建筑业（E）；交通运输、仓储业（F）；信息技术业（G）；批发和零售贸易（H）；金融、保险业（I）；房地产业（J）；社会服务业（K）；传播与文化产业（L）；综合类（M）。

表1-4-2 网络成员的行业分布

行业	成分1		成分1~12		总样本		孤立点	
	公司数（个）	比例（%）	公司数（个）	比例（%）	公司数（个）	比例（%）	公司数（个）	比例（%）
A	4	1.136	4	1.055	4	0.80	0	0
B	28	7.955	28	7.388	31	6.20	3	2.479
C	182	51.705	197	51.979	260	52.00	63	52.066
D	20	5.682	21	5.541	25	5.00	4	3.306
E	14	3.977	15	3.958	23	4.60	8	6.612
F	17	4.830	17	4.485	19	3.80	2	1.653
G	13	3.693	16	4.222	20	4.00	4	3.306
H	36	10.227	39	10.29	50	10.00	11	9.091
I	14	3.977	17	4.485	23	4.60	6	4.959
J	15	4.261	15	3.958	25	5.00	10	8.264
K	4	1.136	5	1.319	8	1.60	3	2.479
L	1	0.284	1	0.264	2	0.40	1	0.826
M	4	1.136	4	1.055	10	2.00	6	4.959
合计	352	100	379	100	500	100	121	100

2. 网络成员的地域分布描述

在本研究中，将网络成员按其所在的省、自治、直辖市共计30个统计如下（见表1-4-3）。

表1-4-3 网络成员的行业分布

省份	成分1		成分1～12		总样本		孤立点	
	公司数（个）	比例（%）	公司数（个）	比例（%）	公司数（个）	比例（%）	公司数（个）	比例（%）
安徽	14	3.977	15	3.958	19	3.8	4	3.306
北京	53	15.057	56	14.776	63	12.6	7	5.785
福建	8	2.273	10	2.639	15	3.0	5	4.132
甘肃	3	0.852	3	0.792	3	0.6	0	0
广东	35	9.943	36	9.499	58	11.6	22	18.182
广西	4	1.136	4	1.055	4	0.8	0	0
贵州	3	0.852	3	0.792	4	0.8	1	0.826
海南	1	0.284	1	0.264	3	0.6	2	1.653
河北	11	3.125	11	2.902	13	2.6	2	1.653
河南	12	3.409	12	3.166	15	3.0	3	2.479
黑龙江	5	1.420	5	1.319	6	1.2	1	0.826
湖北	14	3.977	15	3.958	17	3.4	2	1.653
湖南	9	2.557	9	2.375	14	2.8	5	4.132
吉林	3	0.852	3	0.792	5	1.0	2	1.653
江苏	16	4.545	20	5.277	37	7.4	17	14.050
江西	9	2.557	9	2.375	11	2.2	2	1.653
辽宁	14	3.977	15	3.958	17	3.4	2	1.653
内蒙古	6	1.705	7	1.847	9	1.8	2	1.653
宁夏	1	0.284	1	0.264	1	0.2	0	0
青海	3	0.852	3	0.792	4	0.8	1	0.826
山东	26	7.386	28	7.388	34	6.8	6	4.959
山西	13	3.693	13	3.430	14	2.8	1	0.826
陕西	2	0.568	2	0.528	4	0.8	2	1.653
上海	40	11.364	49	12.929	53	10.6	4	3.306
四川	8	2.273	8	2.111	11	2.2	3	2.479
天津	7	1.989	7	1.847	9	1.8	2	1.653
新疆	5	1.420	5	1.319	9	1.8	4	3.306
云南	7	1.989	8	2.111	8	1.6	0	0.000
浙江	12	3.409	13	3.430	32	6.4	19	15.702
重庆	8	2.273	8	2.111	8	1.6	0	0
合计	352	100	379	100	500	100	121	100

(二) 网络特征图

根据上述区域分析的结果，本研究得到了成员数量为 352 的最大成分。也就是说，在总体数量为 500 的样本企业中，70.4% 的企业通过直接联系和间接联系形成了一个最大的连通图。这样的结果说明了我国企业化网络发展的广泛性。因此，进一步根据行业、地域等条件对我国企业网络形态进行深入分析是非常有意义的。在本研究中，借助 UCINET6.0 软件，通过提供网络形态图像的方式，分别对网络总体特征、行业特征、地域特征进行研究。此外，由于在我国，珠三角和长三角地区是我国经济发展最为突出的两大区域，本研究也对其网络特征进行了比对（图 1-4-1 至图 1-4-11 特征图仅包含最大成分中的成员企业，$N=352$）。在各种分类的特征图中，本研究重点比对的是网络中的桥点（cutpoint，亦称切割点）和 K-核（K-core）。桥点表示的是一种在网络中占有极其重要地位的点，是构成一个成分的各要素之间起到中枢作用的关键点，即如果去掉它，原有的成分就会分为两个或多个独立的子群，并且各个子群之间无关联。它构成了不同群体之间唯一的联系纽带，因而具有战略重要性。K-核是网络中凝聚性的衡量指标之一。

本研究在对成分 1 网络总体特征分析中发现，网络中桥点数量为 43，K-核数量为 19 个。与此同时，本研究进一步以行业和地域为分类标准分别提供了相应的网络特征图，并揭示了在不同行业、不同地域网络中桥点和凝聚性的情况。需要说明的是，为了尽可能清晰地展现网络形态特征，在这一部分，我们仅提供各网络的桥点图，并未标明网络中节点的代码。

1. 网络特征图——按行业分类

根据中国证监会 2001 年 4 月颁布的《上市公司分类指引》，按照如下行业进行分类和比对（见图 1-4-1 至图 1-4-11，图中三角形表示桥点位置节点），并将其结果归纳如表 1-4-4 所示。

由于样本中（$N=352$）传播与文化产业（L）仅包含一个企业，而综合类（M）虽包含四个企业，但其行业特征并不明显，因此在本研究中未提供其网络特征图。

表 1-4-4　成分 1 网络特征描述——按行业分类　　　　（单位：个）

行业	公司数量	桥点数量	凝聚性（K-核数量）
制造业	182	14	12
批发和零售贸易	36	10	3

续表1-4-4

行业	公司数量	桥点数量	凝聚性（K-核数量）
采掘业	28	4	4
电力、煤气及水的生产和供应业	20	7	2
交通运输、仓储业	17	0	3
房地产业	15	0	1
建筑业	14	0	2
金融、保险业	14	1	3
信息技术业	13	1	1
农、林、牧、渔业	4	0	0
社会服务业	4	0	1
传播与文化产业	4	—	—
综合类	1	—	—
合计	352	37	32

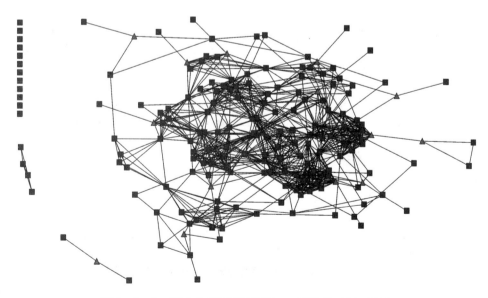

图1-4-1 行业分类网络特征图——制造业（$N=182$）

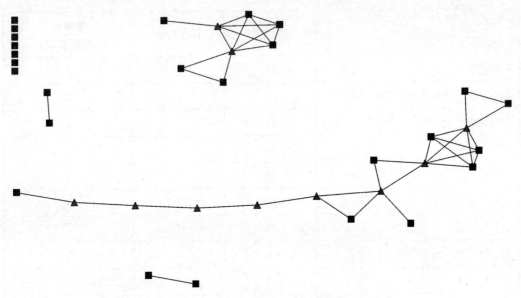

图1-4-2 行业分类网络特征图——批发和零售贸易（$N=36$）

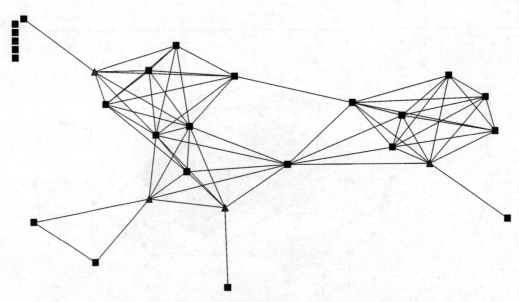

图1-4-3 行业分类网络特征图——采掘业（$N=28$）

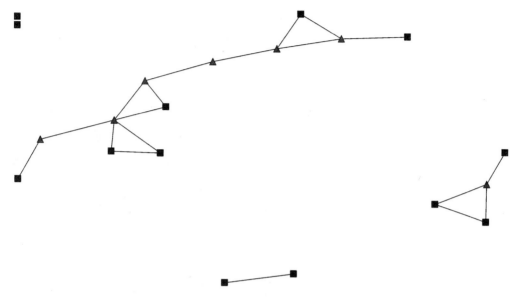

图1-4-4 行业分类网络特征图——电力、煤气及水的生产和供应业（$N=20$）

图1-4-5 行业分类网络特征图——交通运输、仓储业（$N=17$）

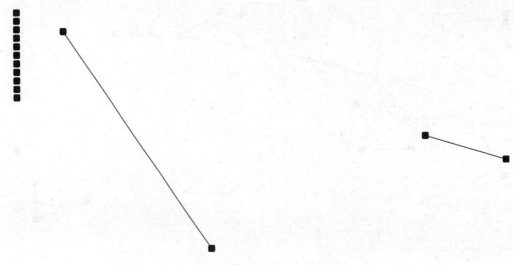

图1-4-6　行业分类网络特征图——房地产业（$N=15$）

图1-4-7　行业分类网络特征图——建筑业（$N=14$）

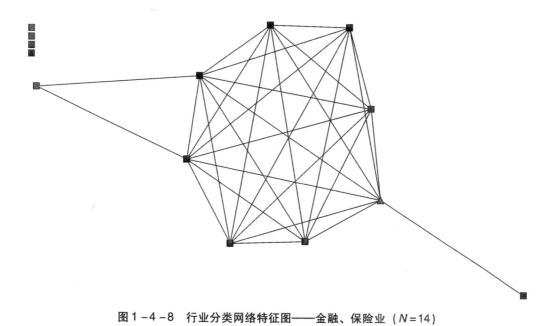

图1-4-8 行业分类网络特征图——金融、保险业（$N=14$）

图1-4-9 行业分类网络特征图——信息技术业（$N=13$）

图1-4-10 行业分类网络特征图——农、林、牧、渔业（N=4）

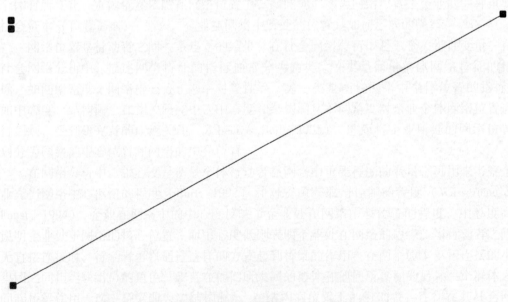

图1-4-11 行业分类网络特征图——社会服务业（N=4）

2. 网络特征图——按地域分类

根据国家统计局提供的分类标准,我国大陆区域整体上可划分为三大经济地区(地带)。东部地区包括北京、天津、河北、辽宁、上海、江苏、浙江、福建、山东、广东、广西、海南12个省、自治区、直辖市;中部地区包括山西、内蒙古、吉林、黑龙江、安徽、江西、河南、湖北、湖南9个省、自治区;西部地区包括重庆、四川、贵州、云南、西藏、陕西、甘肃、宁夏、青海、新疆10个省、自治区、直辖市。据此,本研究按东、中、西三个区域提供了相应的网络特征图(见图1-4-12至图1-4-14,图中三角形表示桥点位置节点),并将结果归纳如表1-4-5所示。

表1-4-5 成分1网络特征描述——按地域分类　　　　（单位:个）

地域	公司数量	桥点数量	凝聚性（K-核数量）
东部	227	30	14
中部	85	13	7
西部	40	8	4
合计	352	51	25

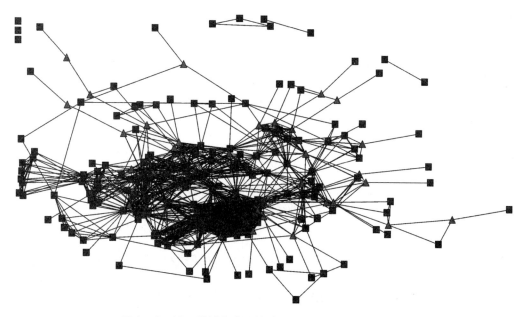

图1-4-12 地域分类网络特征图——东部（$N=227$）

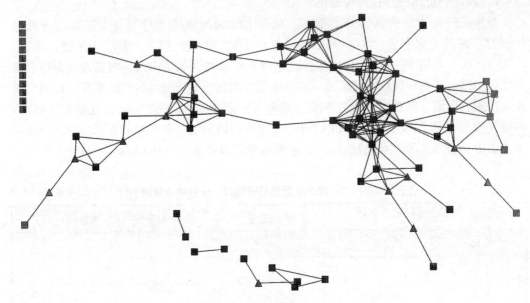

图1-4-13 地域分类网络特征图——中部（$N=85$）

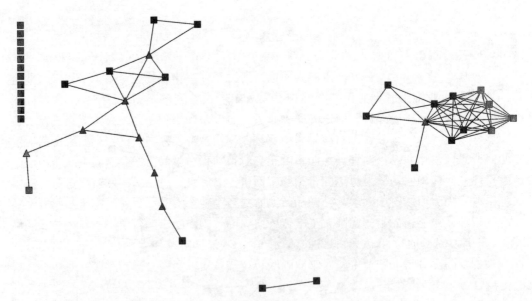

图1-4-14 地域分类网络特征图——西部（$N=40$）

二、网络成员特征的描述性统计

本研究分别对样本总体（$N=500$）、网络中非孤立点（$N=379$）、成分 1（$N=352$）成员在各自网络中的度数中心度和中介中心度进行描述，提供了其各自的平均值、标准差、总和、方差、最小值、最大值以及网络中心度的情况（见表 1-4-6）。

表 1-4-6　网络成员特征描述

	度数中心度			中介中心度		
平均值	16.152	238.148	314.179	338.264	21.309	22.835
标准差	19.301	457.298	501.994	513.016	19.534	19.444
总和	8076	119074	119074	119069	8076	8038
方差	372.517	209121.400	251998.200	263185.000	381.564	378.086
最小值	0	0	0	0	1	1
最大值	79.000	3438.354	3438.354	3438.354	79.000	79.000
网络中心度（%）	6.32	2.58	4.40	5.06	7.67	8.05
N（样本数，个）	500	379	352	500	379	352

第四节　假设检验与回归分析

一、企业网络关系的影响因素研究

在进行 QAP 矩阵回归分析之前，首先需要进行矩阵相关性分析。由表 1-4-7 可知，地域关系与企业网络关系正相关，行业关系与地域关系负相关。

表 1-4-7　矩阵相关分析（$N=500$）

	行业关系	地域关系	企业性质关系	企业网络关系
行业关系	1.000 (0.000)	—	—	—

续表 4-7

	行业关系	地域关系	企业性质关系	企业网络关系
地域关系	-0.020** (0.003)	1.000 (0.001)	—	—
企业性质关系	0.001 (0.476)	0.003 (0.350)	1.000 (0.000)	—
企业网络关系	-0.003 (0.409)	0.052*** (0.000)	0.001 (0.480)	1.000 (0.000)

注：(1) "***"表示 $p<0.001$；"**"表示 $p<0.05$（双尾检验）。
(2) 样本量为 500。

从表 1-4-8 回归分析结果可知，在行业关系、地域关系和企业性质关系中，只有地域关系与企业网络关系显著正相关（$p<0.001$）。而行业关系和企业性质关系与企业网络关系均无显著的影响。这说明企业网络关系的形成与企业所处的地域关系有显著的影响，企业所处地域关系越紧密，越可能形成企业网络。但行业关系趋同和企业性质趋同，对企业网络关系的形成并无显著的影响。因此，接受假设 H2，拒绝假设 H1 和假设 H3。

表 1-4-8 回归分析

变量	标准化系数	p 值	标准差
截距	0.030	—	—
行业	-0.002	0.429	0.018
地域	0.052***	0.001	0.014
企业性质	0.001	0.463	0.017
Adj-R^2	0.003***	0.000	—
N		500	

注：(1) "***"表示 $p<0.001$（双尾检验）。
(2) 样本量为 500。

二、企业网络位置的影响因素研究

表 1-4-9 至表 1-4-12 分别是网络中心位置和网络中介位置影响因素研究的相

关系数表和回归分析结果。结果表明，企业规模和地域与网络的中心位置和中介位置均显著正相关；而企业年龄和股权集中度与网络的中心位置和网络的中介位置显著负相关。

为了避免因变量和自变量之间出现多重共线性问题，本研究建立了不同的模型，分别以中心位置和中介位置为被解释变量，将各自变量逐个进行回归。表1-4-10和表1-4-12回归分析结果表明：

（1）企业规模与度数中心度和中介中心度均在$p<0.001$水平上显著正相关。这说明，企业的规模越大，企业越有可能处于网络的中心位置以及网络的中介位置。因此，接受假设H4a和H4b。

（2）企业年龄与度数中心度在$p<0.001$水平上显著负相关，而与中介中心度在$p<0.05$水平上显著负相关。这说明，企业的年龄越小，企业越有可能处于网络的中心位置以及网络的中介位置。因此，接受假设H5a和H5b。

（3）企业盈利能力与度数中心度和中介中心度关系均不显著。这说明，企业的盈利能力对企业在网络中所处位置无显著影响。因此，拒绝假设H6a和H6b。

（4）在有关企业所处地域的研究中，与假设H7a和H7b相符的是，长三角地区企业与企业的网络中心位置和网络中介位置均表现出显著的负相关关系。这说明，长三角地区的企业远离网络中心位置和网络中介位置，但是，这并未在珠三角地区企业中得到实证结果的支持。这可能是由于随着长三角地区经济的迅速崛起，珠三角地区企业的发展势头相对减弱，加之金融危机等多种因素的影响，珠三角地区的企业也开始逐渐向网络这种非正式的治理机制中寻求出路。

（5）企业性质与度数中心度和中介中心度关系均不显著。这说明，企业性质对企业在网络中所处位置无显著影响。因此，拒绝假设H8a和H8b。

表1-4-9　企业网络中心位置影响因素研究中自变量与因变量的相关分析

($N=352$)

	Cent	Leve	Size	Age	Prof	D1	D2	Char
Cent	1							
Leve	-0.056 (0.297)	1						
Size	0.374*** (0.000)	0.315*** (0.000)	1					
Age	-0.180*** (0.001)	-0.054 (0.309)	-0.209*** (0.000)	1				

续表1-4-9

	Cent	Leve	Size	Age	Prof	D1	D2	Char
Prof	0.017 (0.753)	-0.012 (0.823)	0.047 (0.381)	-0.054 (0.312)	1			
D1 (长三角=1)	-0.117** (0.028)	-0.058 (0.280)	-0.023 (0.665)	0.135** (0.011)	0.060 (0.261)	1		
D2 (珠三角=1)	0.046 (0.388)	-0.009 (0.873)	0.024 (0.654)	0.239** (0.000)	0.031 (0.557)	-0.163** (0.002)	1	
Char	0.045 (0.399)	0.063 (0.239)	0.014 (0.793)	-0.047 (0.378)	-0.090 (0.092)	-0.049 (0.362)	-0.001 (0.979)	1

注：(1)"***"表示$p<0.001$；"**"表示$p<0.05$（双尾检验）。
(2)样本量为352。

表1-4-10 网络中心位置回归结果（$N=352$）

	M1	M2	M3	M5	M6
Leve	-0.218*** (0.000)	-0.052 (0.383)	-0.063 (0.300)	-0.071 (0.243)	-0.067 (0.273)
Size	0.492*** (0.000)				
Age		-0.202*** (0.001)			
Prof			0.018 (0.762)		
D1 (长三角=1)				-0.335** (0.031)	
D2 (珠三角=1)				0.101 (0.621)	
Char					0.138 (0.362)
Adj-R^2	0.168	0.029	-0.002	0.010	0.000
F	36.493*** (0.000)	6.261** (0.002)	0.589 (0.555)	2.176* (0.091)	0.961 (0.384)

注：(1)"***"表示$p<0.001$；"**"表示$p<0.05$；"*"表示$p<0.1$（双尾检验）。
(2)样本量为352。

表1-4-11 企业网络中介位置影响因素研究中自变量与因变量的相关分析（$N=352$）

	Betw	Leve	Size	Age	Prof	D1	D2	Char
Betw	1							
Leve	-0.081 (0.130)	1						
Size	0.313*** (0.000)	0.315*** (0.000)	1					
Age	-0.143** (0.007)	-0.054 (0.309)	-0.209*** (0.000)	1				
Prof	0.035 (0.513)	-0.012 (0.823)	0.047 (0.381)	-0.054 (0.312)	1			
D1 （长三角=1）	-0.123** (0.021)	-0.058 (0.280)	-0.023 (0.665)	0.135** (0.011)	0.060 (0.261)	1		
D2 （珠三角=1）	0.063 (0.241)	-0.009 (0.873)	0.024 (0.654)	0.239** (0.000)	0.031 (0.557)	-0.163** (0.002)	1	
Char	0.031 (0.560)	0.063 (0.239)	0.014 (0.793)	-0.047 (0.378)	-0.090 (0.092)	-0.049 (0.362)	-0.001 (0.979)	1

注：（1）"***"表示$p<0.001$；"**"表示$p<0.05$；"*"表示$p<0.1$，双尾检验。
（2）样本量为352。

表1-4-12 网络中介位置回归结果（$N=352$）

	M1	M2	M3	M5	M6
Leve	-1.231*** (0.000)	-0.453 (0.167)	-0.497 (0.132)	-0.541 (0.100)	-0.514 (0.121)
Size	2.320*** (0.000)				
Age		-0.859** (0.009)			
Prof			0.210 (0.524)		
D1 （长三角=1）				-1.899** (0.024)	

续表1-4-12

	M1	M2	M3	M5	M6
D2（珠三角=1）				0.870 (0.432)	
Char					0.560 (0.496)
Adj-R^2	0.129	0.020	0.002	0.016	0.002
F	26.886*** (0.000)	4.619** (0.010)	1.352 (0.260)	2.937** (0.033)	1.381 (0.253)

注：(1) "***"表示$p<0.001$；"**"表示$p<0.05$（双尾检验）。
(2) 样本量为352。

第五节 对实证结果的分析

一、企业网络关系的影响因素研究实证结果分析

从企业所处的行业、地域和性质等社会属性出发，通过属性之间的关系寻求企业网络关系形成的机制，这一思想与格兰诺维特（Granovetter，1985）的镶嵌理论是吻合的。"经济行为的社会镶嵌"思想强调社会关系、家庭关系等社会关系结构对经济行为的制约与影响。它超越了经济学对经济行为的孤立的分析角度，关注到现实中经济个体所面临的社会、经济、政治、文化、制度等因素对经济行为的影响。"镶嵌"思想为企业网络形成机制的研究提供了一个独特的角度，这一理论强调企业面临的生态环境对企业的经济行为具有重要作用。

表1-4-13 H1-H3假设检验结果归纳

假设	结果
H1：企业所处的行业联系越紧密，越有可能形成企业网络	不支持
H2：企业所处的地域联系越紧密，越有可能形成企业网络	支持
H3：企业性质越相似，越有可能形成企业网络	不支持

实证结果表明，假设 H2 得到了支持，而假设 H1 和假设 H3 未得到支持（见表 1-4-13）。也就是说，地域关系是形成基于交叉股东关系的企业网络的重要原因。而行业和企业性质关系对企业网络关系形成的影响并不显著。这说明，在我国，地域关系越紧密，则企业网络关系越强。或者说，我国的企业网络仍未能打破地域的界限。对这一结果的进一步研究，可以为企业网络与区域经济发展的关系问题提供有利的解释。

本研究进而对基于地域关系而形成的企业网络进行凝聚性对比研究（表 1-4-14）。在由 500 家企业形成的企业网络中，共发现 19 个凝聚子群，分别是：45-核、34-核、27-核、25-核、20-核、16-核、15-核、14-核、12-核、11-核、10-核、9-核、7-核、6-核、5-核、4-核、3-核、2-核、1-核。在对我国东部、中部、西部按照地域划分的网络进行凝聚性分析时，结果表明，在东部地区 227 个企业形成的网络中，共发现 14 个凝聚子群，分别是：40-核、20-核、16-核、14-核、13-核、11-核、10-核、9-核、6-核、5-核、4-核、3-核、2-核、1-核。在中部地区 85 个企业形成的网络中，共发现 7 个凝聚子群，分别是：10-核、7-核、6-核、4-核、3-核、2-核、1-核。在西部地区 40 个企业形成的网络中，共发现 4 个凝聚子群，分别是：8-核、3-核、2-核、1-核。

表 1-4-14　地域关系形成的企业网络的凝聚性对比

网络	凝聚子群数（个）	成员企业数（个）	凝聚性比例（%）	密度
网络整体	19	500	3.800	0.0324
东部地区	14	227	6.167	0.0768
中部地区	7	85	8.235	0.0571
西部地区	4	40	10.000	0.0808

二、企业网络位置的影响因素研究实证结果分析

在"企业网络位置的影响因素"研究中，实证结果表明，假设 H4、假设 H5 均得到支持，假设 H7 部分支持，而假设 H6 和假设 H8 未能通过实证检验（见表 1-4-15）。本研究的实证结果为企业所处的网络位置为什么会产生差异提供了合理的解释。

表1-4-15 H4-H8假设检验结果归纳

假设	结果
H4a：在企业网络中，企业的中心位置与企业规模正相关	支持
H4b：在企业网络中，企业的中介位置与企业规模正相关	支持
H5a：在企业网络中，企业的中心位置与企业年龄负相关	支持
H5b：在企业网络中，企业的中介位置与企业年龄负相关	支持
H6a：在企业网络中，企业的中心位置与企业盈利能力正相关	不支持
H6b：在企业网络中，企业的中介位置与企业盈利能力正相关	不支持
H7a：在企业网络中，与其他地区相比，长三角与珠三角企业远离中心位置	部分支持
H7b：在企业网络中，与其他地区相比，长三角与珠三角企业远离中介位置	部分支持
H8a：在企业网络中，国有企业比非国有企业更可能处于中心位置	不支持
H8b：在企业网络中，国有企业比非国有企业更可能处于中介位置	不支持

第一，企业规模是企业网络位置产生差异的原因之一。根据资源依赖理论，规模大的企业通常拥有更多的资源，因而成为规模小的企业建立联系的目标，从而将大规模企业推向了网络的关键位置，即网络的中心位置和中介位置。

第二，企业年龄也是企业网络位置产生差异的原因之一。实证研究结果表明，企业年龄与企业网络位置之间存在负相关的关系。也就是说，新创企业为了尽快融入市场环境，积极地参与企业的交往之中，从而拥有更多的联系。而随着企业年龄增大，这种积极性会随之消减。这一点与企业生命周期理论是一致的。

第三，企业所处的地域是企业网络位置产生差异的另一个原因。实证研究结果表明，与其他企业相比，长三角企业更可能远离网络中心位置和网络中介位置。

根据国家统计局提供的分类标准，珠江三角洲经济区包括以下城市：广州市、深圳市、珠海市、佛山市、江门市、东莞市、中山市、惠州市、肇庆市；长江三角洲经济区包括上海市、无锡市、宁波市、舟山市、苏州市、扬州市、杭州市、绍兴市、南京市、南通市、泰州市、常州市、湖州市、嘉兴市、镇江市、台州市。据此，本研究进一步分析了长三角和珠三角两个经济区的网络特征。

在图1-4-15和图1-4-16中，三角形表示"桥点"（cutpoint）。在长三角地区的58家企业中，存在17个"桥点"；在珠三角地区的34家企业中，存在6个"桥点"。"桥点"是使得网络可以连通的关键位置，已有研究表明"桥点"通常是处于整个网络的中心位置和中间位置的点（表1-4-16提供了长三角和珠三角桥点企业的详细信息）。

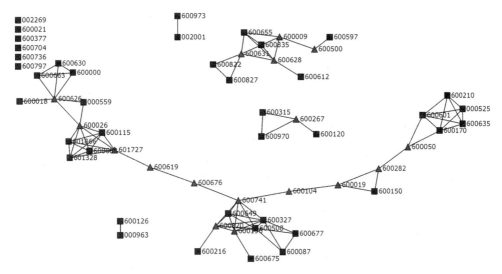

图1-4-15 长三角经济区分类网络特征图（$N=58$）

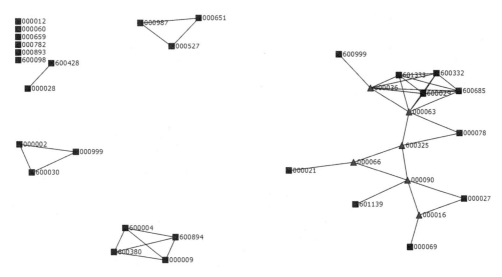

图1-4-16 珠三角经济区分类网络特征图（$N=34$）

表1-4-16 长三角与珠三角"桥点"企业名称、所在地及行业

股票代码	公司名称	所在地	行业	经济区域
600009	上海机场	上海市	交通运输、仓储业	长三角
600019	宝钢股份	上海市	制造业	长三角
600026	中海发展	上海市	交通运输、仓储业	长三角

续表1-4-16

股票代码	公司名称	所在地	行业	经济区域
600050	中国联通	上海市	信息技术业	长三角
600104	上海汽车	上海市	制造业	长三角
600196	复星医药	上海市	制造业	长三角
600267	海正药业	台州市	制造业	长三角
600282	南钢股份	南京市	制造业	长三角
600500	中化国际	上海市	批发和零售贸易	长三角
600619	海立股份	上海市	制造业	长三角
600626	申达股份	上海市	制造业	长三角
600628	新世界	上海市	批发和零售贸易	长三角
600631	百联股份	上海市	批发和零售贸易	长三角
600676	交运股份	上海市	制造业	长三角
600741	华域汽车	上海市	制造业	长三角
600820	隧道股份	上海市	建筑业	长三角
601727	上海电气	上海市	制造业	长三角
000016	深康佳A	深圳市	制造业	珠三角
000063	中兴通讯	深圳市	信息技术业	珠三角
000066	长城电脑	深圳市	信息技术业	珠三角
000090	深天健	深圳市	建筑业	珠三角
600036	招商银行	深圳市	金融、保险业	珠三角
600325	华发股份	珠海市	房地产业	珠三角

在此基础上，本研究根据度数中心度、接近中心度和中介中心度指标的计算结果（表1-4-17和表1-4-18），对长三角和珠三角企业网络中占据网络中心位置和中介位置的企业进行研究，考察在这两个企业网络中核心企业的情况。

表1-4-17 长三角企业度数中心度、接近中心度和中介中心度前10名列表

排名	代码	中心度	代码	接近度	代码	中介度
1	600741	华域汽车	600741	华域汽车	600741	华域汽车
2	600508	大厦股份	600676	交运股份	600676	交运股份

续表 1-4-17

排名	代码	中心度	代码	接近度	代码	中介度
3	600327	上海能源	600619	海立股份	600619	海立股份
4	600026	中海发展	600104	上海汽车	601727	上海电气
5	600820	复星医药	600508	大厦股份	600104	上海汽车
6	600196	隧道股份	600327	上海能源	600019	宝钢股份
7	601727	上海电气	600820	复星医药	600026	中海发展
8	600626	申达股份	600196	隧道股份	600282	南钢股份
9	600631	百联股份	601727	上海电气	600050	中国联通
10	600170	上海建工	600649	城投控股	600626	申达股份

注：表头中的"代码"为证券代码，因版面有限，故采用简称，后同。

表 1-4-18 珠三角企业度数中心度、接近中心度和中介中心度前 10 名列表

排名	代码	中心度	代码	接近度	代码	中介度
1	000063	**中兴通讯**	600325	华发股份	600325	华发股份
2	600036	招商银行	000063	**中兴通讯**	000063	**中兴通讯**
3	000090	深天健	000090	深天健	000090	深天健
4	600029	南方航空	000066	长城电脑	000066	长城电脑
5	600332	广州药业	000078	海王生物	600036	招商银行
6	601333	广深铁路	600036	招商银行	000016	深康佳 A
7	600685	广船国际	600029	南方航空	—	—
8	600325	华发股份	600332	广州药业	—	—
9	000066	长城电脑	601333	广深铁路	—	—
10	000016	深康佳 A	600685	广船国际	—	—

结果表明，在长三角区域中，华域汽车是网络中最具核心地位的企业，交运股份和海立股份次之。相比之下，珠三角企业网络中的核心企业并非如此显著。中兴通讯、华发股份和深天健是较具核心地位的企业。同时，值得注意的是，在珠三角企业网络中，中介中心度的排名只有前 6 家企业，其余企业的中介中心度均为"0"，与网络中介位置无缘。以上的分析结果都可以与实证检验中的结果相互印证。

第四，在企业盈利能力对网络位置的影响研究中，实证结果表明盈利能力对企业的网络位置无显著影响。这说明，企业之间建立的交叉股东网络关系，也许并不是出于改

善经营绩效的考虑。这一实证结果与段海艳和仲伟周（2008）关于连锁董事网络成因的分析是一致的。

第五，在企业性质对网络位置影响的研究中，实证结果表明企业性质对企业的网络位置也不存在显著影响。在这一点上，从"企业网络关系的影响因素"研究中可以找到相应的解释。在假设 H3 的检验结果中，发现企业性质对股东交叉企业网络关系形成并无显著影响。另外，由股东交叉关系而形成的企业网络还隐含着社会资本的问题，企业间的关系和网络位置都可以理解为社会资本中的一部分，而对于企业绩效与社会资本之间的关系研究以及国有企业在中国意味着丰富的社会资本等研究，都是较为复杂的问题，可能还需要进一步分析才能给出定论。

三、对"中兴通讯"和"江西铜业"个体网的进一步分析

为了进一步说明地域关系对企业网络关系形成的影响，本研究对网络中度数中心度最高的企业个体网（ego net）情况也进行了研究。在整体网中，中兴通讯（000063）和江西铜业（600362）是 500 个企业中度数中心度最高的企业，其度数中心度均为 79。也就是说，在二者的个体网中，共包含 79 个成员，中兴通讯与江西铜业均与其各自个体网中的其他成员（78 个）建立了直接联系。通过对二者个体网的研究发现，中兴通讯与江西铜业二者的网络结构完全对等，其个体网的成员完全一致。本研究进一步提供了二者的个体网成员信息及网络结构图。从表 1-4-19 中可以发现，网络中的企业从行业分布来看涵盖较为广泛，包括除社会服务业、传播与文化产业和综合类以外的所有行业。但是，其地域的分布却非常集中。其中，东部地区 55 个，约占这一网络成员比例的 70%。

表 1-4-19　中兴通讯和江西铜业个体网成员名称、地域和行业

股票代码	证券简称	区域	行业
000063	**中兴通讯**	**东部**	信息技术业
000078	海王生物	东部	制造业
000338	潍柴动力	东部	制造业
000402	金融街	东部	房地产业
000488	晨鸣纸业	东部	制造业
000666	经纬纺机	东部	制造业
000717	韶钢松山	东部	制造业

续表 1-4-19

股票代码	证券简称	区域	行业
000898	鞍钢股份	东部	制造业
002078	太阳纸业	东部	制造业
600016	民生银行	东部	金融、保险业
600026	中海发展	东部	交通运输、仓储业
600027	华电国际	东部	电力、煤气及水的生产和供应业
600028	中国石化	东部	采掘业
600029	南方航空	东部	交通运输、仓储业
600036	招商银行	东部	金融、保险业
600058	五矿发展	东部	批发和零售贸易
600087	长航油运	东部	交通运输、仓储业
600115	东方航空	东部	交通运输、仓储业
600188	兖州煤业	东部	采掘业
600308	华泰股份	东部	制造业
600325	华发股份	东部	房地产业
600327	大厦股份	东部	批发和零售贸易
600332	广州药业	东部	制造业
600508	上海能源	东部	采掘业
600535	天士力	东部	制造业
600600	青岛啤酒	东部	制造业
600677	航天通信	东部	制造业
600685	广船国际	东部	制造业
600688	S上石化	东部	制造业
600859	王府井	东部	批发和零售贸易
600871	S仪化	东部	制造业
600966	博汇纸业	东部	制造业
601088	中国神华	东部	采掘业
601111	中国国航	东部	交通运输、仓储业
601186	中国铁建	东部	建筑业
601328	交通银行	东部	金融、保险业

续表1-4-19

股票代码	证券简称	区域	行业
601333	广深铁路	东部	交通运输、仓储业
601390	中国中铁	东部	建筑业
601398	工商银行	东部	金融、保险业
601588	北辰实业	东部	房地产业
601600	中国铝业	东部	制造业
601618	中国中冶	东部	建筑业
601628	中国人寿	东部	金融、保险业
601727	上海电气	东部	制造业
601766	中国南车	东部	制造业
601808	中海油服	东部	采掘业
601857	中国石油	东部	采掘业
601866	中海集运	东部	交通运输、仓储业
601898	中煤能源	东部	采掘业
601899	紫金矿业	东部	采掘业
601919	中国远洋	东部	交通运输、仓储业
601939	建设银行	东部	金融、保险业
601988	中国银行	东部	金融、保险业
601991	大唐发电	东部	电力、煤气及水的生产和供应业
601998	中信银行	东部	金融、保险业
000589	黔轮胎A	西部	制造业
000792	盐湖钾肥	西部	制造业
000960	锡业股份	西部	制造业
600039	四川路桥	西部	建筑业
600438	通威股份	西部	农、林、牧、渔业
600497	驰宏锌锗	西部	采掘业
600519	贵州茅台	西部	制造业
600785	新华百货	西部	批发和零售贸易
600839	四川长虹	西部	制造业
600875	东方电气	西部	制造业

续表 1-4-19

股票代码	证券简称	区域	行业
601005	重庆钢铁	西部	制造业
000404	华意压缩	中部	制造业
000630	铜陵有色	中部	制造业
000968	煤气化	中部	采掘业
600031	三一重工	中部	制造业
600123	兰花科创	中部	采掘业
600348	国阳新能	中部	采掘业
600362	**江西铜业**	**中部**	**制造业**
600585	海螺水泥	中部	制造业
600595	中孚实业	中部	制造业
600697	欧亚集团	中部	批发和零售贸易
600808	马钢股份	中部	制造业
601666	平煤股份	中部	采掘业
601699	潞安环能	中部	采掘业

在此基础上，本研究利用 UCINET6.0 描绘了其网络特征图，该特征图（图 1-4-17）直观地反映了地域关系对网络关系的重要性。在该网络特征图中，红色节点表示该企业处于我国东部地区，蓝色节点表示该企业处于我国中部地区，黄色节点表示该企业处于我国西部地区。节点大小表示企业规模大小。

结果表明，中兴通讯（000063）和江西铜业（600362）的个体网络结构是对等的，即结构对等性。虽然二者所属地域不同，但网络特征图中都显示出其各自所属地域的凝聚性。同时，二者的规模相似，在网络特征图中，也显示了规模趋同表现出的凝聚性。二者在整体网中的中心度是最高的，这或许能够反映处于我国企业网络中心的成员企业，其个体网络结构相似，或者说，其非正式的治理结构——网络治理结构趋同。

四、对网络关系和网络位置问题的思考

企业在网络中的位置是企业作为经济行为主体的一个重要特征。而镶嵌于企业网络中的每一个企业都有其独特的位置特征。这些位置特征决定了企业在网络中所发挥的作用和影响。一般来说，处于中心位置的企业可能拥有较多的信息与资源禀赋；而处于中

介位置的企业也有可能拥有控制其他企业甚至整个网络的资源、信息流动的能力。

同样，企业在网络中所附着的关系是其另外一个重要的网络特征。无论是强关系还是弱关系，均能从不同的侧面反映出企业在网络中所具有的能力。正如网络关系特征与网络位置特征并不是矛盾的，强关系和弱关系之间也是相辅相成的。无论具有哪种特征优势，都能够使企业更容易获取资源与信息，更容易了解环境的变化，更有能力协调与控制其他的企业，更容易产生组织学习。这一结论与美国学者 Uzzi 的发现也是一致的，即在企业网络中比较核心的企业具有较持续的企业间交易（1996）；网络关系越多的企业，其生存能力越强（1997），对资金的获取也越容易（1999）。这些都是企业得以生存和发展的重要条件。

企业的生存离不开其对企业间关系的依赖，但相互依赖的企业之间因经济或其他利害关系也会互相制约，从而使企业间的关系变得复杂。既然企业是嵌入在股东交叉的网络关系中的，这种镶嵌的联系会对身处其中的企业产生怎样的影响呢？对于企业个体而言，是否应该一味地追求与其他企业建立直接联系呢？对于这一问题，本书将在接下来的研究中给出答案。

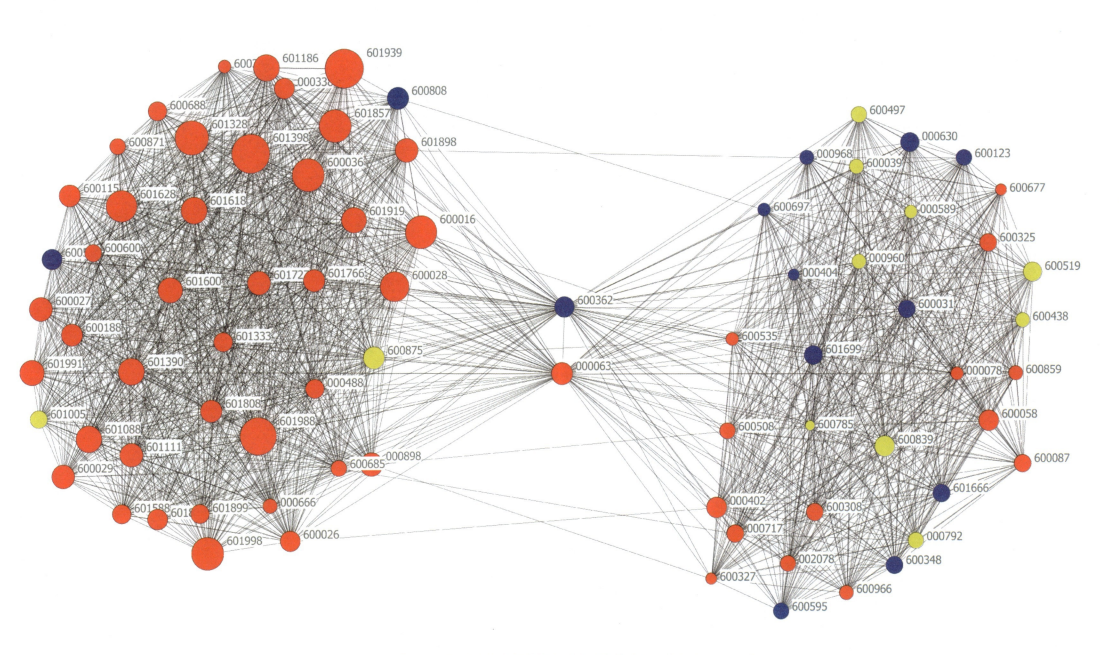

图1-4-17 中兴通讯和江西铜业个体网络结构（N=79）

第五章　企业网络特征的作用研究
——以联盟为例

无论用怎样的视角来看待和理解"企业网络"这一概念，持有资源观的战略管理学者都认为，企业网络之所以能够发挥作用，最本质的还是基于企业自身的资源。诚如资源基础理论所言，获取资源是企业不息的追求。正是那些不可见的、模糊的资源集合对企业竞争力起着主要的作用，而这些资源集合会进一步影响企业的战略决策。企业总是在成长过程中积累资源，而在遇到困境或资源需求快速增加时消耗，以满足生存和竞争需要（李晓翔和刘春林，2010），因此企业资源并不总是处于最优状态。当企业资源匮乏时，资源约束影响着企业的成长（张建君和李宏伟，2007）；当企业资源冗余时，不同资源的过剩情况会导致企业选择不同的战略（陈传明和孙俊华，2008）。

当然，如果企业仅靠内部化获取和调动资源，则不仅效率低下，而且往往缺乏竞争力。因此，借助企业间网络关系迅速获取和共享网络资源以寻求网络化成长，已成为企业当前重要的成长方式和策略。网络中的组织往往通过知识学习、规模经济、范围经济等途径，在信息、资源、市场、技术等方面获得竞争优势（Jarillo，1988）。然而，仅凭网络关系的强弱去理解错综复杂的网络结构也存在潜在的不良影响：它可能使企业陷入无效的网络关系之中，而失去与别的组织建立有效联系的机会。因此，只有全面分析企业所处的网络结构，才能全面分析与理解企业网络化成长的作用机制。

在接下来的研究中，沿用前述研究的部分样本，本研究拟将战略管理视角与社会网络视角相结合，在资源—网络—绩效的框架下，以联盟为例，对企业网络特征的作用进行深入研究。

第一节　派系和联盟

联盟是企业网络中最普遍的一种形式，它既是一种组织安排，也是一种经营策略。作为一种组织安排，它具有不同的组织形式，如合资、合作、联合研究开发、供应商合约、交互许可等；作为一种经营策略，联盟是企业之间经过合作，为获取竞争优势而采取的一种战略（郭劲光，2008）。据统计，全球500强企业中有60%的企业采用了战略联盟的形式（Dyer et al.，2001）。通过联盟，企业之间的合作打破了企业的传统疆界，企业间能够建立明显的社会性联系。但是，迄今为止，关于联盟并没有一个明确的定义。实际上，这是一个动态发展的概念，其内容和形式都处于不断变化的过程中。在现有的英文文献中，关于联盟的表述主要有：alliance，strategic linkage，partnering 等。联盟的概念也大量出现在网络、战略群组（strategic group）、战略群（strategic block）、企业集团（business group）等研究领域的文献中。

虽然缺乏一个统一而明确的概念，但是，无论是主流经济学、交易费用理论、资源依赖理论，还是组织学习理论和战略管理理论，都对联盟的相关问题进行了一系列研究。本研究将从已有文献对联盟的不同界定出发，通过社会网络分析方法来定义联盟，并以联盟成员企业为样本，在资源—网络—绩效的框架下对企业网络特征的作用进行实证研究。

一、"联盟"定义的回顾

为了进一步通过社会网络理论中的"派系"思想对联盟进行界定，本研究首先回顾了以往文献中"联盟"的定义（表1-5-1），以发现其中的共性。

表1-5-1 "联盟"定义的回顾

来源	定义
Child，1980	联盟是合作双方企业为了提高各自能力而进行的战略合作过程
Porter，1985	联盟是建立在长期合作基础上的一种组织形式，可以通过许可、协议、合资等方式实现
Badaracco，1991	联盟是基于降低成本和学习知识的一种合作形式
Williamson，1991	联盟是介于市场与科层组织之间的一种混合治理结构
Teece，1992	联盟是以合作双方信任和承诺为基础的合作形式
李国津，1994	联盟是一种共担风险、共享利益的企业战略行动
Gulati，1995	联盟是企业之间自愿发起的合作协议
Preiss et al.，1996	联盟是企业价值链的整合
Beamish & Killing，1997	联盟是企业交易时契约不完备性的一种治理结构
Dunung，1998	联盟是企业之间股权和非股权形式的合作，可以通过合并、合资、合作等形式实现

续表 1-5-1

来源	定义
Stuart，1998	联盟是企业间互补性、互惠性的合作活动
滕维藻和冼国明，1999	联盟常见于企业间研发、合作生产和销售等合作形态
Das & Teng，2000	联盟是为实现相互的战略目标而形成的企业间合作安排
Pellicelli，2003	联盟是企业为了一个共同的目标而达成的协议，以企业间的合作为基础
杜尚哲和加雷特，2006	联盟不等同于企业合作，因为联盟中每个参与合作的企业都保持了独立性
林季红，2006	联盟是一种组织结构创新

资料来源：作者整理。

二、派系思想与"联盟"

尽管学界对联盟的界定各有不同，但在本质上存在共性之处，即联盟是企业为实现特定战略目标而结成的一种合作关系，而差异则表现在对联盟所应该包含的具体形式方面。总体来说，联盟就是两家或者两家以上的企业为实现特定的战略目标，如互相学习、分担风险、共享资源以及加强市场地位等，在保持各自独立性的基础上，建立的以资源与能力共享为基础、以共同实施项目或活动为表征的合作关系，这种关系既可以通过成立合资企业或进行股权投资实现，也可以通过只签订联盟协议实现（郭劲光，2008）。Gulati 和 Singh（1998）认为，企业联盟是一种特殊类型的企业网络，对它的研究可以从内外两个角度来进行。前者主要分析社会网络对联盟形成的影响，后者主要考察联盟所累积下来的网络资源对联盟产生的影响。

综合上述对联盟已有概念的描述，不难发现：众多概念中最显著的特点为"两个及以上企业之间共同的合作关系"。那么，社会网络学者对这样的合作关系是如何进行刻画的呢？首先，两个及以上企业。也就是说，企业所在的网络规模（网络成员数）大于或等于 2。其次，共同的合作关系。在同一个网络中，网络成员之间的连接是完备的，即企业之间拥有直接联系。

从社会网络研究的凝聚性与凝聚子群角度考察，建立在关系互惠性基础上的凝聚子群可以作为刻画"联盟"的切入点。斯科特（2007）和刘军（2014）的相关研究结果表明，"关系互惠性"即网络中各个成员之间关系的相互性。这类凝聚子群称为"派系"（cliques）。在一个图中，派系指至少包含三个点的最大完备子图（maximal complete sub-graph)。派系的特征有三点：第一，派系的成员至少为三个，因为一个互惠对（mutual dyad）不构成派系；第二，派系是完备的，即其中任何两点之间都是直接相关的，都是邻接的，并且不存在任何与派系中所有点都有关联的其他点；第三，派系是"最大"的，其含义在图中的表达是，不能向其中加入新的点，否则将改变完备这个性质。由此，根据派系思想，利用社会网络分析方法，划分出样本企业的联盟。

在这一部分的研究中，笔者对样本进行了进一步的筛选。首先通过 UCINET6.0 软件对成分进行了派系处理，目的在于将成分中的企业划分为不同规模的互惠关系凝聚子群以体现联盟的思想。

第二节 理论假设

一、冗余资源与企业绩效

（一）冗余资源的内涵与分类

Barnard 最初在他的早期作品中曾讨论过冗余资源的相关问题，但直到 1958 年 March 和 Simon 公开发表了他们的研讨集，"冗余"这一独特的概念才真正被刻画成形。冗余资源被认为是"超出实际需要而保存在组织内部并为个人或小团体所控制的资源，用于应对环境变化的冲击"（Cyert & March, 1963）。现行关于冗余资源的一种广为接受的定义，由著名学者 Bourgeois (1981) 提出。他从冗余资源维护企业生存的角度出发，将其定义为：一种由企业现实资源或潜在资源构成的可以抵减企业内外部压力的缓冲垫，它既可以帮助企业顺利适应内部或外在的压力并做出有益的战略调整和改变，同时也能促成企业根据外部环境的变化开展相应的战略调整。在 Bourgeois (1981) 定义的基础上，Sharfman 等 (1988) 从两方面进一步修正和完善了对冗余资源的理解：一方面，被视为冗余的资源对管理者来说必须是能够观察到的，是可以在将来被利用的；另一方面，在保护企业承受来自内外部环境的压力上，不同冗余资源的作用各有不同。

总体而言，组织理论学者对冗余资源大都秉持认可的态度，认为冗余资源的存在对企业的生存与发展十分必要，企业可通过有效利用冗余资源对抗来自内外部的压力与挑战。然而，代理理论视角下有关冗余资源的认识却与组织理论的观点截然不同（Davis & Stout, 1992）。他们认为冗余资源只是对作为企业代理人的管理者们有利，而对企业而言是没有充分利用的资源，是一种低效率的表现（Jensen & Meckling, 1976）。

冗余资源究竟在企业中扮演了怎样的角色？通过从不同的角度对冗余资源的划分，冗余资源也更加清晰地呈现在世人面前。目前，对于冗余资源的分类可以归纳为四种主要的方式。按照冗余资源存在的形式，分为财务冗余、技术冗余和人力资源冗余（Meyer，1982）；按照冗余资源的可用性，分为可用冗余（available slack，即流动性较强但未经特定配置的冗余）、可恢复冗余（recoverable slack，即已经转化为成本和费用的冗余），以及潜在冗余（potential slack，即因负债经营而形成的冗余）（Cheng & Kesner，1997）；按照冗余资源自身的稳定性，分为吸入性冗余（absorbed slack，即不易被重新调配的冗余）以及非吸入性冗余（unabsorbed slack，即易于被重新调配的冗余）（Singh，1986）；按照对冗余资源的管理灵活性，分为高流动性冗余（high-discretion slack）和低流动性冗余（low-discretion slack）（Sharfman，1988）。此外，也有学者按照冗余资源自身灵活度（George，2005）和资源的稀缺度（Voss，2008）等进行划分。总的来说，研究的需要不同，对冗余资源的划分也不尽相同。国内学者通常是借鉴上述分类方法对冗余资源进行研究（李晓翔，2010，2011；邹国庆，2010；刘冰，2011）。表1-5-2综合了历年来学者们对冗余资源的分类与测量的情况。

表1-5-2 冗余资源分类与测量指标汇总

冗余类型	定义	测量	来源
非吸入性冗余	自由流动资源	速动比率	Singh, 1986; Ju & Zhao, 2009; Geiger & Cashen, 2002
		（流动资产－流动负债）/总资产	Peng et al., 2010
非吸入性冗余	自由流动资源	管理者主观评估	Tan & Peng, 2003; Liu et al., 2013
		折旧基金、储备基金、借贷能力、销售费用、未分配利润	Tan & Peng, 2003
		未分配利润与总资产比率	Tan, 2003
		资产负债率的倒数	Su et al., 2009; Peng et al., 2010
		权益负债比	Wan & Yiu, 2009; Hambrick & D'Aveni, 1988
		营运资本与销售收入比	Hambrick & D'Aveni, 1988
		现金与销售收入比	Wan & Yiu, 2009
可用冗余	可立即获得的未开发资源	流动比率	Bourgeois & Singh, 1983; Bromiley, 1991; Cheng & Kesner, 1997
		现金/流动资产账面价值	Latham & Braun, 2009
		现金余额	Bradley et al., 2011

续表 1-5-2

冗余类型	定义	测量	来源
高流动性冗余	易于支配的资源	现金余额	George, 2005
财务冗余	满足流动性需要的营运资本	流动资产－流动负债	Mishina et al., 2004
		利润率	O'Brien, 2003
		现金余额/总费用	Voss et al., 2008
吸入性冗余	额外成本费用，限制性资源	应收账款/销售收入	Stan, Peng & Bruton, 2014
		存货/销售收入	Stan, Peng & Bruton, 2014
		销售费用、一般费用与管理费用之和/销售收入	Singh, 1986; Love & Nohria, 2005
		销售费用、一般费用与管理费用之和的绝对值	Love & Nohria, 2005
		营运资本/销售收入	Singh, 1986
		管理者主观评估	Tan & Peng, 2003; Liu et al., 2013
		主要修理基金、存货基金、应付款项	Tan & Peng, 2003
可恢复冗余	已经作为额外成本费用被吸收的资源	折旧与总资产的比率	Tan, 2003
		应收账款/销售收入，存货/销售收入，销售费用、一般费用与管理费用之和/销售收入	Bromiley, 1991; Miller & Leiblein, 1996; Reuer & Leiblein, 2000
		销售费用、一般费用与管理费用之和/销售收入	Bourgeois & Singh, 1983; Geiger & Cashen, 2002; Ju & Zhao, 2009
		一般费用和管理费用之和与销售收入比	Cheng & Kesner, 1997
低流动性冗余	不易支配的资源	应收账款+存货	Bradley et al., 2011
		负债/所有者权益	George, 2005

通过梳理上述文献可以发现，虽然冗余资源有着不同的表现形式，但根据资源的吸收性（absorptiveness）将冗余资源划分为非吸入性冗余和吸入性冗余两类，可以较为全面地描述企业内部资源的冗余水平（Peng, 2003；George, 2005）。其中非吸入性冗余是指那些未投入使用且能立即投入使用的企业资源（Voss et al., 2008），吸入性冗余是指那些内嵌于企业内部且很难被重新调配的企业资源（Chen & Huang, 2009）。遵循上述分类方式，本研究在企业网络背景下分别探讨不同类型的冗余资源和企业绩效的关系，并深入分析企业外部网络特征的作用机制。

（二）冗余资源与企业绩效研究述评

资源依赖理论认为资源是约束企业生存与发展的重要因素，某些稀缺资源甚至决定了企业有无核心竞争能力。企业战略选择弹性以其拥有的资源为基础，资源越丰富，可供选择的战略范围就越大，更容易实施战略转移。但当组织资源超过了维持组织运行的最佳规模时，就会产生资源的冗余。Bourgeois（1981）将冗余定义为"一种过量的、能随意使用的资源（以缓冲组织内外部环境的变化）"；Nohria 和 Gulati（1996）则比较具体地提出了冗余的一些特征，认为冗余是组织在生产一种给定水平的产出时，超出最低必需的投入所产生的资源存积，它包括多余的人员、未使用的资本和不必要的资本费用等超额的投入，同时也包括未开发的、能增加产出的各种机会。

企业在任何时候都有未被充分利用的资源（Penrose, 1959），因而冗余资源在企业中是普遍存在的。对冗余资源持负面观点的学者将冗余等同于低效率和浪费，然而越来越多的学者开始考虑冗余资源对企业的长期生存和发展的重要性。Bromiley（1991）认为，当企业的冗余资源较多时，企业有充分的能力开发利用环境提供的机会，冗余多的企业比冗余少的企业拥有更多的战略选择。冗余资源能够使组织成功地适应外部环境变化，有助于组织调整其战略选择，从而改善公司的业绩，因此可以作为环境变化的缓冲器。在动态的经营环境中，企业拥有的丰富资源往往会削弱外部环境变化对企业造成的威胁，并降低决策者受外部环境变化的影响程度，从而在一定程度上降低企业风险。

对冗余资源与企业绩效之间关系的研究存在着较大争论，其焦点是二者之间到底是线性关系还是非线性关系。支持线性关系的学者有：Singh（1986）、McArthur 和 Nystrom（1991）、Miller 和 Leiblein（1996）、Davis 和 Stout（1992）以及 Cheng 和 Kesner（1997）等。但越来越多的研究表明，冗余资源与企业绩效存在着较为复杂的非线性关系。如 Bromiley（1991）提出冗余资源和企业绩效之间存在着一种 U 型关系；Tan 和 Peng（2003）认为，冗余资源和企业绩效之间存在着一种倒 U 型关系；而蒋春燕和赵曙明（2004）认为，在转型经济中，冗余与企业绩效之间并不总是线性或非线性的关系，也可能是 U 型或倒 U 型的关系，他们构建了一个冗余资源与企业绩效之间关系的三阶段模型，研究结果表明当企业处于不同的阶段时，冗余资源与企业绩效之间的关系可能表现出不同的特点。在 Tan 和 Peng（2003）、蒋春燕和赵曙明（2004）研究的基础上，本研究将冗余资源与企业绩效的已有结果研究归纳如见表 1-5-3 所示。

由于非吸入性冗余具有较高的管理自主性（managerial discretion）特征，它不仅能快速地为企业所利用，帮助企业搜寻并把握良好的市场机遇，还有助于企业创新战略的实施（Peng et al.，2010），进而提升企业的创新能力（Bradley et al.，2011）。而且在当前中国市场的快速发展和变化的转型经济背景下，非吸入性冗余能帮助企业在应对外部环境挑战时做出快速有效的战略改变，积极地应对市场风险，帮助企业应对外部环境的冲击。然而，当这类冗余资源过多时，不仅会增加企业持有这些资源的成本，降低这类资源的使用效率（Daniel et al.，2004），还会导致管理者滋生自满和盲目乐观的情绪（Kim et al.，2008），进而催生管理者不合理利用冗余资源的现象，最终导致企业绩效的恶化；此外，非吸入性冗余资源过多，必然会引起企业内部利益相关者对其使用决策的关切，而这些利益相关者由于自身动机的不同而对具体战略的形成、制订和实施表达不同的意见，容易加剧企业内部的代理问题，增加企业内部的代理成本和协调成本（Fitza et al.，2009），进而导致企业绩效下降。

吸入性冗余由于其资产专用性的特征，不易为企业重新调配和使用（Love & Nohria，2005），企业对此类资源的使用主要采用利用式行为（exploitation），而非探索式行为（exploration）（Voss et al.，2008）。因此，随着此类资源的增加，企业能通过风险、成本较低的利用式行为为企业带来稳定的收益，进而推动企业绩效的上升。然而，当此类资源增加到一定程度以后，其带来的收益会逐渐饱和，而过多的吸入性冗余资源会导致企业内部的组织结构和运营模式固化，使得其在面临外部环境剧烈变化和市场激烈竞争的冲击时，很难迅速调整其产品和生产模式。当企业不得不利用此类冗余资源时，会迫使企业对其组织运营进行重组（Stan et al.，2014），这种重组会耗费企业大量的精力，从而降低企业绩效（如表 1-5-3 所示）。

基于此，本文提出如下假设：

H9a：非吸入性冗余资源和企业绩效之间存在显著的倒 U 型关系。

H9b：吸入性冗余资源和企业绩效之间存在显著的倒 U 型关系。

表 1-5-3 冗余资源与企业绩效的相关研究

关系类型	研究	样本	冗余资源指标	绩效指标	主要研究内容或结论
U 型	Danneels (2008)	77 家美国私有企业	以财务和人力为基础的规模冗余	营销能力和二阶能力	冗余资源对企业营销能力和二阶能力有 U 型的滞后影响

续表 1-5-3

关系类型	研究	样本	冗余资源指标	绩效指标	主要研究内容或结论
倒 U 型	Nohria & Gulati (1996)	一家日本跨国公司的 178 个业务单元和一家欧洲跨国公司的 78 个业务单元	基于两个问卷项目来衡量冗余资源的一项综合指标	创新	冗余资源与企业创新存在倒 U 型的关系：冗余资源过多或过少都可能对创新造成不利影响
倒 U 型	Tan & Peng (2003)	57 个中国国有企业调查样本和 1532 个中国国有企业档案样本	(1) 吸入性冗余和非吸入性冗余（管理者主观评估）；(2) 吸入性冗余（主要修理基金、存货基金、应付款项）和非吸入性冗余（折旧基金、储备基金、借贷能力、销售费用、未分配利润）	(1) 税后 ROA 和市场地位主观评估；(2) 利润率	冗余资源对企业绩效存在倒 U 型的影响关系
倒 U 型	Tan (2003)	17000 家大中型中国国有企业	吸入性冗余（折旧与总资产比率）和非吸入性冗余（未分配利润与总资产比率）	ROA	冗余资源对企业绩效有正向的影响，呈 U 型
倒 U 型、线性、凹面	George (2005)	900 家私有企业	高流动性冗余、低流动性冗余、暂时性冗余（transient）	销售毛利	低流动性冗余与企业绩效呈倒 U 型关系；高流动性冗余与企业绩效呈正向的线性关系
倒 U 型	Kim et al. (2008)	253 家韩国私有企业	财务冗余	研发强度	财务冗余与研发投入呈倒 U 型关系。家族所有权对二者的相关关系有正向调节作用
倒 U 型	Su et al. (2009)	967 家中国私有和国有企业	非吸入性冗余（资产负债率的倒数）	ROA	非吸入性冗余对企业持续竞争优势有重要影响，尤其是在制度转型情况下，企业面临环境动态性和资源稀缺的时候
倒 U 型	Bradley et al. (2011)	951 家瑞典私有企业	可用冗余（财务冗余：现金储备）、可恢复冗余（应收账款+存货）、潜在冗余（权益负债比取对数）	EBIT	对于新企业，(1) 在稳定的环境下，财务冗余与企业绩效相关；(2) 在不利的动荡环境中，财务冗余起到缓冲的作用；(3) 在包容和动态环境中，财务冗余具有灵活性

续表1-5-3

关系类型	研究	样本	冗余资源指标	绩效指标	主要研究内容或结论
倒U型	陈晓红和王思颖（2012）	中国515家制造业上市公司	（流动比率+资产负债率+费用收入比）/3	ROA、ROE	在中国转型经济情境下，冗余资源在一定范围内能够帮助企业应对外部环境压力、提升绩效，而由于高额成本及代理问题，过量的冗余资源会损害企业绩效。企业内部治理制度的完善和内部治理水平的提高，会减弱冗余资源对企业绩效的影响
倒U型	郑丹辉等（2013）	中国147家民营高科技上市公司	已吸收冗余（管理费用销售收入比）、未吸收冗余（净流动资产比率与负债资产比率合成因子）	风险投资活动	冗余资源对民营企业风险投资活动是一把"双刃剑"，创始人及其家族对民营企业的心理所有权有重要作用，使企业战略决策更具有长期导向性
线性	Davis & Stout（1992）	467家美国大型公司	现金流	收购风险	现金流越大，被收购风险越大
线性	Singh（1986）	64家美国和加拿大的大型公司	吸入性冗余（销售费用、一般费用和管理费用之和与销售收入比、运营资本/销售收入）和非吸入性冗余（现金和有价证券/流动负债）	资产报酬率和主观评估绩效指标	可吸收冗余和不可吸收冗余与企业绩效正相关
线性	Hambrick & D'Aveni（1988）	57家破产企业和相应的57家存活企业	非吸入性冗余（权益负债比率、运营资本与销售收入比）	税后资产报酬率	破产企业比幸存企业拥有更少的冗余资源
线性	Bromiley（1991）	288家美国企业	可用冗余（流动比率），可恢复冗余（销售费用、一般费用和管理费用之和与销售收入比），潜在冗余（负债股权比）	资产报酬率、权益报酬率和销售报酬率	冗余资源，尤其是可用冗余和潜在冗余，与企业绩效呈正相关关系

续表 1-5-3

关系类型	研究	样本	冗余资源指标	绩效指标	主要研究内容或结论
线性	Miller & Leiblein (1996)	4个样本阶段中的295～445家美国企业	可恢复冗余（应收账款与销售收入比，存货与销售收入比，销售费用、一般费用和管理费用之和与销售收入比）	资产报酬率	冗余资源有助于增强企业绩效
线性	Reuer & Leiblein (2000)	332家美国企业	可恢复冗余（应收账款与销售收入比，存货与销售收入比，销售费用、一般费用和管理费用之和与销售收入比）	资产报酬率和权益报酬率	冗余资源与企业跌价风险负相关
线性	Cheng & Kesner (1997)	30家美国航空公司	可用冗余（流动比率）、潜在冗余（权益负债比）和可恢复冗余（一般费用和管理费用之和与销售收入比）	企业对环境变化的反应	随着环境的变化，冗余资源会相应地正向或者负向影响企业绩效
线性	Greenley & Oktemgil (1998)	134家英国企业	生产性冗余（六项指标）和投资性冗余（四项指标）	ROE、ROI、ROA、ROS	只有在高绩效企业中，冗余资源和绩效才存在正相关关系；而对于低绩效企业，这种关系并不存在
线性	Daniel et al. (2004)	从66种关于私有企业和国有企业研究中选取80个样本进行荟萃分析	可用冗余、可恢复冗余、潜在冗余	ROA、ROE、ROI、EPS、ROS、运营边际、利润率增长率等	这些冗余类型都与绩效存在正相关关系。对行业进行控制会增强潜在冗余与绩效的关系。延迟冗余没有增强作用
线性	Love & Nohria (2005)	前100家最大的美国私有工业企业	吸入性冗余（销售费用、一般费用与管理费用之和，销售费用、一般费用与管理费用之和与销售收入比）	ROA（以资产账面价值为分母）、ROA（以资产市场价值为分母）	对于冗余资源较高且业务范围广的企业，缩小规模可能促进绩效的提升
线性	Chen & Miller (2007)	美国私有企业	可用冗余	研发强度	冗余资源与企业研发强度正相关

续表 1-5-3

关系类型	研究	样本	冗余资源指标	绩效指标	主要研究内容或结论
线性	Voss et al. (2008)	163家美国私有非营利专业剧院	财务冗余（现金储备/总费用）、客户关系冗余（定金收入/总费用）、运营冗余（闲置位置数/总位置数）、人力冗余（全职导演、设计师和演员数/所有人员数）	产品探索与开发	客户关系冗余和运营冗余与企业产品探索负相关。人力冗余和运营冗余与企业开发正相关
线性	Iyer & Miller (2008)	6302家参与并购的美国私有企业	吸入性冗余、非吸入性冗余、潜在冗余	并购行为	潜在冗余和不可吸收冗余对企业并购行为有正向的影响
线性	Ju & Zhao (2009)	12189家中国境内企业（66%国企、18%私企、16%外企）	吸入性冗余（销售费用、一般费用和管理费用之和与销售收入比）和非吸入性冗余（速动比率：现金流与有价证券之和与流动负债比）	ROA	相比于国企和外企，私企中的冗余资源与绩效之间有更强的关系
线性	Latham & Braun (2009)	327家非营利美国私有企业	可用冗余	创新	在面临衰退的时候，企业冗余资源和管理层持股的共同作用会导致企业创新减少
线性	Peng et al. (2010)	300家中国境内企业，其中国企163家、私企137家	非吸入性冗余（资产负债率倒数）	ROA	冗余资源与绩效之间存在正相关关系。CEO的兼任情况在国企中会弱化冗余资源与绩效的关系，在私企中则会强化二者的相关关系
线性	Mellahi & Wilkinson (2010)	258家中型和大型的英国存在裁员情况的私有公司	人力冗余	创新	裁员导致的冗余资源陡降对企业创新存在暂时的负面影响。企业能及时适应新的冗余资源水平
线性	Liu et al. (2013)	308家中国私有和国有企业	吸入性冗余和非吸入性冗余（管理者主观评估）	创新	在高科技背景下，非吸入性冗余比吸入性冗余与企业创新有更强的正相关关系

续表 1-5-3

关系类型	研究	样本	冗余资源指标	绩效指标	主要研究内容或结论
线性	李晓翔和刘春林（2013）	中国 484 家 A 股上市公司	非沉淀冗余（流动比率）、沉淀冗余（管理费用与销售收入比）、潜在冗余（权益负债比）	投资强度	冗余资源能够增加投资强度，进而影响企业绩效
调节	O'Brien（2003）	16358 家美国私有上市公司	财务冗余（利润率）	企业层面杠杆：负债账面价值/公司整体市场价值；市账比：企业市场价值/总资产账面价值	财务冗余对创新基础战略很重要
调节	Simsek et al.（2007）	495 家中小型私有企业	任意性冗余（discretionary）	创新	任意性冗余调节一些管理观念之间的关系：（1）环境包容性和动态性；（2）企业创新精神
调节	Wan & Yiu（2009）	78 家在中国香港地区（48 家）和新加坡（30 家）的私有企业	非吸入性冗余（负债股权比、现金流与销售收入比）	ROA、ROE	在环境动荡期间，冗余资源有助于提高企业绩效，并增强并购活动与企业绩效之间的正相关关系。在动荡开始之前和结束之后，冗余资源会降低企业绩效，并弱化并购活动与企业绩效之间的相关关系
调节	于飞和刘明霞（2014）	1932 家非国有企业的子公司	非沉淀冗余（流动比率）、未吸收冗余（权益负债比）	子公司的生存状况	对冗余资源的使用能力和利用效率与子公司股权结构的关系

资料来源：在 Tan 和 Peng（2003）、蒋春燕和赵曙明（2004）相关研究的基础上由作者整理。

二、网络特征的调节作用

（一）中心度与联盟成员绩效

在社会网络中，中心位置所描述的是"谁"在这个团体中成为最主要的中心"人物"。处于中心位置的行动者在网络中具有一个最主要的地位,他与其他行动者的直接联系较多。中心度是衡量网络结构中心位置的重要指标,是评价网络中行动者重要与否、衡量其地位优越性或特权性以及社会声望等常用的一个指标,在网络分析中常用这个指标来衡量网络节点(行动者)获取资源、控制资源的可能性(罗家德,2010)。

处于中心位置的企业拥有多重信息渠道,有利于获取新信息和知识分享。Koka 和 Prescott(2008)认为,网络中心位置可以为企业提供接触重要且有价值信息的机会;处于中心位置的企业可以获得更多竞争和战略优势的机会,因为它们和网络中很多其他企业有直接的联系。这种密切的连接关系可以使企业快速便捷地获取有价值的信息;直接联系可以减少企业搜索信息的成本,并促进企业搜索和转移信息过程效率的提高。Hoskisson 等(1993)研究发现,网络间企业知识或者信息的交换,使得企业产品差异化的表现更加出色,使得多元化的企业能够更加有效地降低运营成本。

中心位置的企业可以汇聚多源信息,争取到合作机会。合作企业之间多重的连接导致企业之间的相互依赖(Rowley et al.,2000),而相互依赖与伙伴之间资源承诺程度又有着直接的关系。资源承诺程度越高,企业间合作的频率就越高,从而提升了合作关系的"质量"。这种直接关系将企业推向了网络中心位置,通过直接联系可以促进企业间的彼此了解,并有利于缄默性知识在组织间的转移(Larson,1992)。王宇露和李元旭(2009)认为,企业的网络位置的中心性是影响企业学习的重要因素。Powell 等(1996)认为,在企业挑选合作伙伴时,位于网络中心位置的企业拥有更大的机会被挑选为合作伙伴,从而分享到中心地位带来的好处。然而,企业想要提升其网络中心度,则必须建立更多的直接联系和强关系,这类联系的建立不仅需要企业投入很多的资源和成本(Uzzi,1996),而且容易形成一种高密度网络,导致密度冗余和结构冗余(Burt,1992),前者会缩小企业的信息范围,后者会导致其在网络中常获得重复信息,从而阻碍企业对外部信息和知识的获取。同时,维持和获取网络中心性位置要求企业承担更多的网络维系成本(Burt,1992)。

非吸入性冗余资源由于其形式灵活,联盟成员企业可以自由地将其调用于优质投资项目;吸入性冗余资源沉淀于企业内部,代表了企业潜在的生产能力,当企业发现合适的市场机遇时,可充分发挥其产能,进而获取更多的收益。当企业内部冗余资源正向作用于企业绩效时,网络中心位置的信息优势和资源获取优势不仅有助于降低企业获取外部资源的成本和企业内部冗余资源的持有成本,还有利于企业发现更好的盈利机会,进而提升企业内部非吸入性冗余资源的利用效率,并充分发挥吸入性冗余的产能,从而进一步推动企业绩效的上升。但是,当企业内部冗余资源逐渐增多时,过多的冗余可能会引发管理者的自我满足,忽视可能存在的危机。尤其是对于处于网络中心的企业来说,往往由于网络的密度过高而相对封闭,对于来自网络边缘企业的新知识、新技术并不敏感。此时,中心度高的企业很有可能处于一种"被动"的状态,网络中心度的"优势"

变成一种"限制"。因此,若企业一味追逐中心度更高的网络位置,将导致企业资源使用效率的下降,从而对企业绩效产生负面影响。

因此,本研究提出如下假设:

H10a:联盟成员企业的中心度水平对非吸入性冗余资源与企业绩效的相关关系具有显著的正向调节作用,即当非吸入性冗余资源和企业绩效是正向关系时,企业的中心度越高,这种正向作用就越显著;而当非吸入性冗余资源和企业绩效是负向关系时,企业的中心度越高,这种负向作用就越显著。

H10b:联盟成员企业的中心度水平对吸入性冗余资源与企业绩效的相关关系具有显著的正向调节作用,即当吸入性冗余资源和企业绩效是正向关系时,企业的中心度越高,这种正向作用就越显著;而当吸入性冗余资源和企业绩效是负向关系时,企业的中心度越高,这种负向作用就越显著。

(二) 结构洞与联盟成员绩效

在较复杂的关系网络中,通过与分散的、非重复的一组组连节点联系,占据中心位置的行动者拥有更多的网络资源,控制着与其他节点之间的资源流动,使其处于更有权力的位置。但是如果一个网络有严重的切割,形成了一个个分离的组件时,结构洞就会出现。起到中介作用的就是"桥",作为"桥"的节点能够中介两个分离的团体,起到信息沟通和交流的作用。处于"桥"位置的节点,由于其中介性很高,在社会网络中占据了掌握信息流和商业机会的位置,从而获得中介利益。Burt(1992)结构洞的观点认为,"不是联系的强弱程度,而是是否在网络成员之间有结构洞决定了信息与机会的潜力"。因此,网络成员之间的属性越是不同,网络成员就越可能取得与众不同的资源与信息,从而具备独特的竞争优势,拥有丰富的结构洞往往更具有战略意义。本研究用以下结构图(图1-5-1)来解释说明结构洞优势。

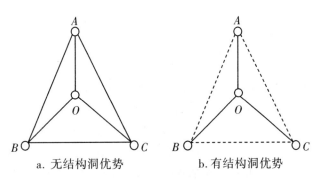

图1-5-1 结构洞优势

如图1-5-1所示，用个体行动者——企业A、企业B、企业C、企业O所形成的网络来说明企业O的结构洞位置。在图1-5-1a中，企业A、企业B、企业C、企业O之间都有直接联系，这个网络实际上是一个封闭的网络，网络中每个行动者在所处的位置上是对等的，因此他们获取信息的优势也是对等的。此时，在该网络中不存在结构洞的情况。图1-5-1b中，企业A、企业B、企业C之间没有直接联系，但企业O分别与这三个行动者有直接联系。此时，企业O处在结构洞丰富的位置，因为企业A、企业B、企业C必须通过企业O才能与其他行动者发生联系。但在现实网络中，由于各个节点不可能两两都发生直接联系，也就是说结构洞在现实网络中是普遍存在的。Burt（1997）认为，网络中起"桥梁"作用，掌控信息交换通道的行动者可获得信息收益和控制收益。在图1-5-1b中，企业O作为企业A、企业B、企业C联系的唯一信息交流通道，可能拥有更多被选为交易或合作伙伴的机会，从而拥有比图1-5-1a中企业O更多的信息收益，这种信息收益也称为提名收益；另外，因为企业O是企业A、企业B、企业C之间唯一的联系渠道，企业O就可以在第一时间接收到信息，从而拥有比图1-5-1a中企业O更高的信息收益，这种收益也称为时效收益。企业O作为网络中唯一的信息交流通道，在整个网络中处于绝对的垄断地位，企业O可以自由地根据需要采取不同战略，如战略性地控制信息的传递与否、传递的准确性等，从而获得比图1-5-1a中企业O更高的控制收益。

结构洞是衡量网络中介位置的重要指标。具有较多结构洞的行动者更可能拥有连接稀疏的网络，因此他们可以成为连接不同群体之间的桥梁，并获得掮客收益（Burt et al., 2000）。这类企业往往因为自身所处的优势地位，可以更多地接触到多样化的信息，其桥梁作用极有可能在不同信息背景的群体之间发挥。当然，这种信息多样化的优势也来自于合作伙伴属性的多样化（Koka & Prescott, 2002）。在企业网络中，成员企业往往在不同的细分市场经营，采用不同的技术，执行不同的战略，这些都是导致信息多样化的原因。在这样的网络环境中，处于中介位置的企业可以利用其结构洞的优势地位获取收益（Burt et al., 2000）。但是，随着企业伙伴之间熟悉程度的加深，企业在不同群体间的桥梁作用就很有可能被削弱。结构洞的观点认为，在庞大的企业网络中，网络密度很少是均匀的，网络中有些部分可能更密集些，其他部分则更稀疏些。这就给连接网络中不同部分并起到桥梁作用的企业提供了中介机会。

对于企业的冗余资源与企业绩效的关系而言，无论是非吸入性冗余资源还是吸入性冗余资源，当其与企业绩效处于正相关阶段时，结构洞位置所带来的中介优势将有利于企业获取和分享更多的信息，进而选择有利于企业资源配置的方案，从而有利于企业绩效的提高。但是，当冗余资源与企业绩效的关系处于负相关阶段时，过多地占据结构洞将分散企业的精力，尤其是当企业网络发展到一定程度，成员间的联系普遍较多时，维持结构洞位置往往需要耗费额外的成本，并极易导致企业资源利用不合理的现象发生，进而引发企业内部的代理问题,进一步恶化企业绩效。

因此,本研究提出如下假设:

H11a:联盟成员企业的结构洞数目对非吸入性冗余资源与企业绩效的相关关系具有显著的正向调节作用,即当非吸入性冗余资源和企业绩效是正向关系时,企业拥有的结构洞数目越多,这种正向作用就越显著;而当非吸入性冗余资源和企业绩效是负向关系时,企业拥有的结构洞数目越多,这种负向作用就越显著。

H11b:联盟成员企业的结构洞数目对吸入性冗余资源与企业绩效的相关关系具有显著的正向调节作用,即当吸入性冗余资源和企业绩效是正向关系时,企业拥有的结构洞数目越多,这种正向作用就越显著;而当吸入性冗余资源和企业绩效是负向关系时,企业拥有的结构洞数目越多,这种负向作用就越显著。

(三)联盟组合与联盟成员绩效

联盟是企业获取竞争优势的重要途径之一。单个联盟可以为企业绩效带来积极影响,比如降低企业间的交易成本(Kogut,1988)、从合作伙伴中获取关键性资源(Lavie,2006;Chung et al.,2000;Das & Teng,2002)、向合作伙伴学习(Inkpen,2000)、降低未来的不确定性(Kogut,1991)。通过参与多个联盟来构建联盟组合,企业除了获取单个联盟的价值之和外,还可获取多个联盟间的组合效应。组合效应包括联盟活动之间的协同效应以及冲突效应。协同效应主要体现在联盟活动之间的知识转移、企业联盟能力的形成等(Powell et al.,1996;Kale et al.,2002),冲突效应主要体现在联盟活动或联盟伙伴的重复性、冗余性等。

伴随着企业构建联盟组合的活动过程,企业从合作伙伴以及联盟活动中获取的知识以及知识吸收能力也会相应地发生变化(Cohen & Levinthal,1990)。如果企业能够采取规律性的节奏来构建联盟组合,那么企业就能充分地从其过去的联盟经验中学习并获益,也能充分地利用自身的吸收能力向其联盟伙伴学习;此外,在具有稳定节奏的联盟组合活动中学习,企业内部还会达到一种稳定的知识流动状态(Vermeulen & Barkema,2001)。然而,若企业参与的联盟组合过多,则一方面必然会导致企业无法兼顾它和合作伙伴之间的联系,容易滋生合作伙伴的机会主义行为,从而增加成员之间的合作风险;另一方面则会导致企业陷入更为封闭的网络之中,进而使得企业无法获得较好的投资机遇和盈利机会。

对于企业内部的非吸入性冗余资源和吸入性冗余资源而言,当它们和企业绩效正相关时,联盟组合所带来的学习机遇的增多、联盟能力的增强以及吸收能力的提升不仅有助于丰富企业的投资经营活动,还能提高企业灵活运用冗余资源的能力,提升冗余资源的利用效率,从而创造更大的盈利空间。然而,当它们和企业绩效负相关时,企业构建的联盟组合过多,不仅会耗费企业更多的精力和成本,还容易滋生合作伙伴的机会主义行为,同时使得企业的网络封闭性程度进一步增加,导致信息优势逐渐弱化,进而丧失更好的投资机遇。这些均会弱化冗余资源的效用,进而加剧冗余资源和企业绩效之间的负面效用。

因此,本研究提出如下假设:

H12a:联盟成员企业的联盟组合对非吸入性冗余资源与企业绩效的相关关系具有显著的正向调节作用,即当非吸入性冗余资源和企业绩效是正向关系时,企业参与的联盟组合越多,这种正向作用就越显著;而当非吸入性冗余资源和企业绩效是负向关系时,企业参与的联盟组合越多,这种负向作用就越显著。

H12b:联盟成员企业的联盟组合对吸入性冗余资源与企业绩效的相关关系具有显著的正向调节作用,即当吸入性冗余资源和企业绩效是正向关系时,企业参与的联盟组合越多,这种正向作用就越显著;而当吸入性冗余资源和企业绩效是负向关系时,企业参与的联盟组合越多,这种负向作用就越显著。

第三节 数据收集与变量测量

一、数据收集与筛选

在这一部分中,本研究仍然沿用前述的 2009 年 500 家样本企业所形成的最大成分子群（$N=352$）。在此基础上,根据派系思想,通过 UCINET6.0 软件,对这一样本区分派系。结果表明（见表 1-5-4）,352 个样本企业中共存在 105 个派系,即"关系互惠性"的凝聚子群,亦即社会网络视角的"联盟"。

表 1-5-4 联盟的划分

联盟	联盟成员
1	000063 000338 000488 000666 000898 600016 600026 600027 600028 600029 600036 600115 600188 600332 600362 600585 600600 600685 600688 600808 600871 600875 601005 601088 601111 601186 601328 601333 601390 601398 601588 601600 601618 601628 601727 601766 601808 601857 601866 601898 601899 601919 601939 601988 601991 601998
2	000063 000898 600327 600362 600508
3	000063 000078 000402 000404 000589 000630 000717 000792 000960 000968 002078 600031 600039 600058 600087 600123 600308 600325 600327 600348 600362 600438 600497 600508 600519 600535 600595 600677 600697 600785 600839 600859 600966 601666 601699

续表 1-5-4

联盟	联盟成员
4	000063 000402 600026 600362
5	000063 000717 600362 600685
6	000063 000968 600362 601898
7	000063 600016 600028 600362 600535 600875
8	000063 600362 600697 600808
9	000002 000401 000800 000860 000883 000999 600009 600016 600028 600030 600376 600500 600535 600863 600875 600886
10	000009 000707 000858 000877 000903 000911 000969 600004 600050 600170 600176 600246 600269 600380 600409 600507 600569 600601 600723 600812 600894
11	000012 600008 600129 600336 600547
12	000016 000027 000090 000400 000619 000822 000932 000959 600060 600266 600697 600725 600808
13	000016 000069 000822
14	000016 000069 601888
15	000021 000066 000422 000758 000860 001696 600267 600269 600315 600970
16	000028 000926 000963 600126 600963
17	000028 000926 600428
18	000028 600062 600428 600583 600717
19	000060 000158 000912 000960 600331 600361 600497 600569
20	000066 000090 000878 000910 600009 600022 600153 600325 600628 600631 600655 600664 600739 600782 600835
21	000066 000422 000878
22	000066 000860 600009
23	000069 000708 000785 000822 000930 600006 600085 600096 600188 600399 600498 600736 600755
24	000069 000930 000983 600085
25	000069 000652 000930 000983 600123 600166 600331
26	000090 600325 600697
27	000400 000525 000797 000877 000893 600010 600067 600075 600118 600170 600210 600220 600601 600635 600729 600737

续表1-5-4

联盟	联盟成员
28	000410 000903 600500 600597 600694 600893
29	000410 002001 600829 600973
30	000417 000527 000550 000616 000651 000729 000800 000858 000898 000987 600066 600100 600169 600196 600327 600418 600470 600489 600508 600649 600717 600741 600795 600812 600820 600886
31	000422 000425 000625 000878 000927 000987 600019 600104 600309 600550 600590
32	000501 000759 000785
33	000528 000597 000680 000825 000926 000937 000951 000983 600005 600050 600085 600117 600282 600307 600308 600348 600426 600428 600482 600546 600582 600596 600729 600858 600971 601699
34	000528 000680 000911 000937 600050
35	000402 000528 000559 000680 000786 000911 000937 600022 600026 600062 600100 600303 600350 600547 600626 600720 600737
36	000402 000528 000680 000937 600308 600348 601699
37	000528 000680 000937 600062 600428
38	000528 000680 000937 600729 600737
39	000578 600893 600997 601600
40	000578 600500 600893
41	000597 600030 601628
42	000600 000612 000917 000949 000969 600198 600277 600426 600582 600810 600971 601006 601088 601186 601299 601333 601390 601618 601668 601766 601808 601857 601866 601888 601898 601919 601988 601989
43	000600 601088 601186 601333 601390 601618 601766 601808 601857 601866 601898 601919 601988 601991
44	000600 600011 601991
45	000707 000858 600066 600196 600812
46	000707 600066 600196 600496 600528 600675
47	000729 600031 600327 600508 600820 600859
48	000729 000759 000786 002251 600006 600031 600121 600216 600480 600581 600820 600859

续表 1-5-4

联盟	联盟成员
49	000729 000786 600100 600820
50	000759 000785 600006 600096
51	000717 000759 002269 600008 600096 600598 600685
52	000717 000759 600031 600859
53	000767 000990 002110 600395 600481 600577
54	000767 600021 600292
55	000778 600153 600704
56	000402 000786 600031 600859
57	000786 000789 600176
58	000786 000911 600176
59	000800 000898 600016 600028 600875 600886
60	000800 600327 600508 600535 600886
61	000800 000927 600742 600853
62	000800 000927 000987
63	000822 600188 600808
64	000825 600282 600426 600582 600971 601668
65	000825 600019 600150 600282 601668 601958
66	000858 000911 600100 600812
67	000877 000911 600170 600601 600737
68	000877 600050 600170 600601 600729
69	000877 000911 600720 600737
70	000877 600720 600970
71	000877 600269 600970
72	000895 600052 600309 600797 601005
73	000917 600219 600231 600277 600742
74	000938 000990 600100
75	000959 600688 600808
76	000959 600688 600761
77	000961 600546 600810 600997 601001 601003

续表1-5-4

联盟	联盟成员
78	000969 600050 600426 600582 600971
79	000983 600123 600308 600348 601699
80	000987 600104 600741
81	600000 600626 600630 600663
82	600006 600581 600755
83	600009 600325 600535
84	000402 600022 600325
85	600016 600028 600030 600875 600886 601628
85	600016 600028 600030 600871 600875 601628
87	600030 600150 600871
88	600062 600100 600717
89	600096 600188 600685
90	600098 600511 600797
91	000898 600026 600100
92	000402 600100 600327 600508
93	600102 600416 600480
94	600150 600685 600871
95	600236 600744 601991
96	600315 600511 600581 600690 600755
97	000960 600123 600331 600497
98	600426 600546 600582 600810 600971
99	600426 600482 600582 600971 601989
100	600631 600822 600827
101	600810 601001 601006
102	600886 601628 601918
103	000898 600016 600028 600875 600886 601628
104	600036 600999 601919
105	000898 601088 601186 601333 601390 601618 601766 601808 601857 601866 601898 601919 601988 601989

鉴于样本中所包含的银行、保险等金融机构的部分数据不全，本研究在样本中剔除了此类企业共 11 家，这并不会对后续的实证研究产生实质性影响。

二、变量测量

（一）因变量的测量

已有研究表明，国外文献大多选择托宾 Q 作为企业绩效指标，而国内文献所选取的绩效指标主要有两类：财务指标和企业市场价值。财务指标主要有资产回报率（ROA）、净资产收益率（ROE）、销售利润率（ROS）和主营业务收益率等，而衡量企业市场价值的主要是托宾 Q。国内文献较少采用托宾 Q 作为绩效指标的原因是我国股市存在流通股和非流通股的差异，公司市值难以确定，从而公司资产重置价值难以确定，使得托宾 Q 的计算存在一定的困难。鉴于此，在本研究中，采用较为常用的 ROA 指标作为绩效衡量指标。

（二）自变量的测量

综合冗余资源的各种测度，本研究选择 Bourgeois（1981）基于财务数据的度量方法。关于非吸入性冗余资源，主要包含两种指标：一是流动比率（流动资产/流动负债），该指标表示企业用流动资源解决即时债务的能力，表明了企业的短期偿债能力；二是速动比率，即（现金 + 有价证券）/流动负债，但是这两个指标的特征趋势相似，且具有较高的相似性（蒋春燕和赵曙明，2004），这两种指标的选择对本研究结果不会产生实质性影响，由于流动比率的应用更为普遍，因此本文选取流动比率作为非吸入性冗余资源的测量指标。关于吸入性冗余资源，主要包含两种指标：一是所有者权益与总负债的比率，该指标表示企业尚未使用的借贷能力；二是销售费用和管理费用之和与销售收入的比例，该指标表示被吸入企业体系的冗余资源。因为行业经营特点决定了不同企业的销售费用和管理费用会存在显著差异，其吸入性冗余资源也会相应地以不同的属性存在于企业内部，且本研究并未对企业所属行业类型加以区分考虑，因此选取了更有普适性的权益负债比作为衡量吸入性冗余资源的指标。

（三）调节变量的测量

1. 中心度的测量

"中心度"是网络分析中的一个关键的结构指标。其中，度数中心度是与某一点直接联系的其他点的个数，接近中心度考察的是在联通的整体网络中某一点的核心位置程度，特征向量中心度则根据某一点相邻点的中心度来揭示该点的中心位置情况。由于本研究中筛选出的样本企业所构成的是完全相连的网络，故选择接近中心度加以衡量更为合适。一个点的接近中心度是"该点与图中所有其他点的捷径距离之和"（刘军，2014），该指标数值可通过UCINET6.0软件计算得到。

2. 结构洞的测量

伯特用结构洞来表示非冗余的联系，认为"非冗余的联系人被结构洞所连接，一个结构洞是两个行动者之间的非冗余的联系"（Burt，1992）。结构洞理论指出了处在网络结构中的中介者具有信息优势和控制优势，因而有广泛的应用。结构洞的测量存在两类计算指标。一类是伯特给出的结构洞指数，包括四个方面：有效规模（effective size）、效率（efficiency）、约束度（constraint）、等级度（hierarchy）（Burt，1992）；第二类是中介中心性指数。二者在度量结构洞效应上各自具有优势，但是二者的相关度也非常高（刘军，2009）。在Burt的结构洞指数中，有效规模用以表示个体网中减去了网络冗余度之后的非冗余部分，考察的是网络中介位置上最有效的因素；效率是指个体网络的有效规模与其实际规模之比；限制度表示个体在自己的网络中拥有的协商能力或运用结构洞的能力；而等级度表示的是限制性集中在一个行动者上的程度。由于本研究主要考察网络特征对冗余资源和企业绩效关系的影响，因而选取有效规模作为结构洞的衡量指标较为契合。该指标数值可通过UCINET6.0软件计算得到。

3. 联盟组合的测量

根据"派系"分类的结果，本研究分别统计了每个企业出现在不同派系（联盟）的次数，作为该企业所参与的联盟组合数。

（四）控制变量的测量

控制变量可能对因变量产生显著影响（Hitt et al.，1997）。本研究选取企业年龄和企业规模作为控制变量。企业年龄越大，在其经营期间积累的社会关系越多，资源可能越丰富，本研究用2009减去企业成立的年份衡量企业年龄；企业规模越大，其资源就越丰富，受到社会各方面的关注越多，本研究用企业期末总资产的自然对数衡量企业规模。

值得注意的是，有学者指出人力资源作为企业内部较为独特的智力资源，其冗余程度也对企业绩效有着一定的影响（Mishina et al.，2004；Mellahi & Wilkinson，2010）。由于人力冗余描述的是企业内部资源中人力资源的特征，人力资源作为企业内部独特的智力资源，其作用机理可能并不同于企业内部的其他物质资源。基于这样的考虑，本文在实证研究中也将人力冗余作为控制变量。根据Vanacker等（2013）的研究，选取应付职工薪酬和总资产之比作为测量人力冗余的指标，因为它不仅反映了员工的数量，更反映了企业职工的质量，能较为准确地描述企业内部的人力冗余。

第四节 假设检验与结果分析

一、相关系数分析

表 1-5-5 提供了企业绩效（ROA）、企业年龄（Age）、企业规模（Size）、人力冗余（HS）、非吸入性冗余（US）、吸入性冗余（AS）、中心度（Close）、结构洞（Hole）和联盟组合（Ap）等衡量指标之间的相关系数，以及各变量的平均值和标准差。不难发现，企业年龄和企业规模与企业绩效之间的相关性不大，人力冗余和企业绩效之间显著相关，可见模型能在一定程度上控制其他因素对绩效的影响。同时，自变量和企业绩效之间存在较为显著的相关关系，这为本研究深入揭示其中的关联关系做好了铺垫。

同时，为了避免可能出现的共线性问题，本研究首先将变量进行了标准化处理，尽管自变量之间以及调节变量和自变量之间存在显著的相关关系，但在之后的数据分析过程中对模型的多重共线性进行了检验，结果显示各因素的方差膨胀因子（VIF）值均小于 10，因此可以认为模型中不存在多重共线性问题（古扎拉蒂，2005）。

表 1-5-5 均值、标准差和相关系数表

变量	均值	标准差	ROA	Age	Size	HS	US	AS	Close	Hole	Ap
ROA	7.897	6.481	1								
Age	13.100	4.814	0.019 (0.738)	1							
Size	23.255	1.170	-0.121** (0.037)	-0.196*** (0.001)	1						
HS	0.013	0.619	-0.019 (0.739)	-0.020 (0.729)	0.001 (0.981)	1					
US	1.269	1.246	0.123** (0.034)	-0.149*** (0.010)	-0.065 (0.266)	-0.028 (0.632)	1				
AS	0.995	1.368	0.206*** (0.000)	-0.134** (0.021)	-0.082 (0.158)	-0.014 (0.805)	0.863*** (0.000)	1			
Close	36.637	5.208	0.013 (0.818)	-0.109* (0.059)	0.306*** (0.000)	-0.114** (0.049)	-0.013 (0.817)	-0.014 (0.806)	1		
Hole	9.340	8.866	-0.008 (0.886)	-0.212*** (0.000)	0.368*** (0.000)	-0.034 (0.556)	-0.011 (0.849)	-0.015 (0.791)	0.758*** (0.000)	1	
Ap	2.260	1.713	-0.006 (0.915)	-0.143** (0.014)	0.259*** (0.000)	-0.035 (0.548)	-0.024 (0.677)	-0.035 (0.543)	0.580*** (0.000)	0.580*** (0.000)	1

注："***"、"**"、"*" 分别表示 $p<0.01$，$p<0.05$，$p<0.1$（双尾检验）；括号内为 p 值。

二、回归分析

为研究企业外部网络特征对企业内部冗余资源和绩效之间关系的调节作用，本研究使用分层多元回归分析来进行验证，回归结果见表 1-5-6。其中数据分析过程如下：

首先，将企业年龄、企业规模和人力冗余作为控制变量一起加入模型，消除这三者对企业绩效的影响，以避免它们在后续回归分析中的干扰，有助于增强研究模型的严谨性。

其次，检验非吸入性冗余、网络特征和企业绩效的关系。为检验非吸入性冗余资源和企业绩效之间的倒 U 型关系，在第一步的基础上加入非吸入性冗余资源的一次项（US）、二次项（US^2），并分别在模型 $M1$、$M3$、$M5$ 中加入中心度指标（$Close$）、结构洞指标（$Hole$）和联盟组合指标（Ap），结果显示二次项系数均为负且显著（$p<0.01$），从而验证了非吸入性冗余资源和企业绩效的倒 U 型关系，支持假设 H10a。然后，在模型 $M1$ 基础上加入中心度指标和非吸入性冗余资源一次项的乘积（$Close \times US$）以及中心度和非吸入性冗余资源二次项的乘积（$Close \times US^2$）（$M2$），结果显示中心度和非吸入性冗余资源二次项的乘积并不显著（$p>0.1$），即假设 H11a 不支持。同理，分别检验结构洞对非吸入性冗余和企业绩效关系的调节作用（$M4$）、联盟组合对非吸入性冗余和企业绩效关系的调节作用（$M6$）。回归结果显示结构洞和非吸入性冗余的二次项乘积（$Hole \times US^2$）系数并不显著（$p>0.1$），联盟组合和非吸入性冗余的二次项乘积（$Ap \times US^2$）系数也不显著（$p>0.1$），即假设 H12a 和 H13a 并未得到支持。

最后，检验吸入性冗余、网络特征和企业绩效的关系。与上述步骤相似，先在第一步的基础上将吸入性冗余的一次项（AS）、吸入性冗余的二次项（AS^2）加入，并分别在模型 $M7$、$M9$ 和 $M11$ 中加入中心度指标（$Close$）、结构洞指标（$Hole$）和联盟组合指标（Ap），结果显示二次项系数均为负且显著（$p<0.01$），从而验证了吸入性冗余和企业绩效之间的倒 U 型关系，表明假设 H10b 得到支持。然后在 $M7$ 基础上加入中心度指标和吸入性冗余资源一次项的乘积（$Close \times AS$）以及中心度和吸入性冗余资源二次项的乘积（$Close \times AS^2$）（$M8$），结果显示中心度和非吸入性冗余资源二次项的乘积系数为负且显著（$p<0.05$），从而支持假设 H11b。同理，再分别检验结构洞对非吸入性冗余和企业绩效关系的调节作用（$M10$）、联盟组合对非吸入性冗余和企业绩效关系的调节作用（$M12$）。回归结果显示结构洞和吸入性冗余的二次项乘积（$Hole \times AS^2$）系数为负且显著（$p<0.01$），联盟组合和非吸入性冗余的二次项乘积（$Ap \times AS^2$）系数也为负且显著（$p<0.01$），即假设 H12b 和 H13b 均得到支持。

由上述回归结果可知，中心度、结构洞和联盟组合对非吸入性冗余资源和企业绩效之间倒 U 型关系的调节作用并不显著，但这三者对吸入性冗余和企业绩效之间倒 U 型关系的调节作用则十分显著。为了更直观地描述中心度、结构洞和联盟组合对吸入性冗余资源和企业绩效关系的调节作用,本文特使用 Aiken 和 West(1991)所采用的方法,分别检验两个调节变量在高于均值和低于均值情况下回归曲线的系数(图 1-5-2、图 1-5-3 和图 1-5-4)。

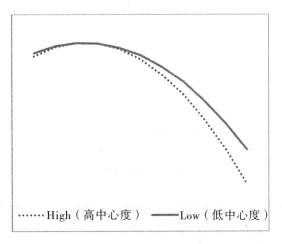

图 1-5-2 中心度对吸入性冗余资源和企业绩效关系的调节作用

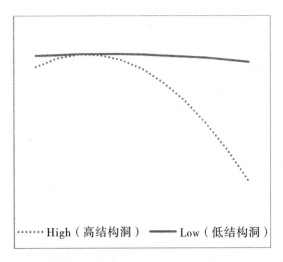

图 1-5-3 结构洞对吸入性冗余资源和企业绩效关系的调节作用

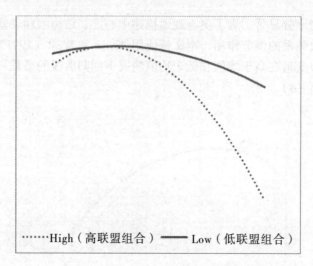

图 1-5-4　联盟组合对吸入性冗余资源和企业绩效关系的调节作用

表 1-5-6　冗余资源、企业网络特征和绩效回归结果汇总

变量	M1	M2	M3	M4	M5	M6	M7	M8	M9	M10	M11	M12
Constant	0.111* (0.060)	0.123** (0.050)	0.112* (0.058)	0.127** (0.042)	0.111* (0.060)	0.130*** (0.038)	0.113** (0.046)	0.173*** (0.004)	0.114** (0.044)	0.184*** (0.000)	0.113** (0.047)	0.185*** (0.002)
Age	0.032 (0.569)	0.032 (0.565)	0.029 (0.607)	0.019 (0.739)	0.032 (0.576)	0.023 (0.682)	0.031 (0.573)	0.031 (0.556)	0.027 (0.619)	0.028 (0.607)	0.031 (0.571)	0.035 (0.513)
Size	−0.056 (0.347)	−0.042 (0.478)	−0.049 (0.421)	−0.046 (0.447)	−0.055 (0.348)	−0.044 (0.455)	−0.038 (0.500)	−0.039 (0.487)	−0.032 (0.581)	−0.022 (0.702)	−0.041 (0.464)	−0.028 (0.607)
HS	1.075*** (0.003)	1.010*** (0.005)	1.087*** (0.003)	1.024*** (0.005)	1.077*** (0.003)	1.013*** (0.005)	0.894*** (0.010)	0.787** (0.023)	0.905*** (0.010)	0.804** (0.020)	0.891** (0.011)	0.790** (0.022)
HS^2	−0.065*** (0.003)	−0.060*** (0.005)	−0.066*** (0.002)	−0.062*** (0.004)	−0.066*** (0.003)	−0.062*** (0.005)	−0.055*** (0.008)	−0.048** (0.020)	−0.056*** (0.008)	−0.050** (0.016)	−0.055*** (0.009)	−0.049** (0.018)
US	0.660*** (0.000)	0.752*** (0.000)	0.664*** (0.000)	0.727*** (0.000)	0.660*** (0.000)	0.712*** (0.000)						
US^2	−0.046*** (0.000)	−0.043 (0.617)	−0.046*** (0.000)	−0.071 (0.375)	−0.046*** (0.000)	−0.116 (0.183)						
AS							0.768*** (0.000)	0.949*** (0.000)	0.771*** (0.000)	0.974*** (0.000)	0.766*** (0.000)	0.966*** (0.000)
AS^2							−0.058*** (0.000)	−0.242*** (0.001)	−0.059*** (0.000)	−0.273*** (0.000)	−0.058*** (0.000)	−0.305*** (0.000)

续表1-5-6

变量	M1	M2	M3	M4	M5	M6	M7	M8	M9	M10	M11	M12
$Close$	0.000 (0.992)	-0.044 (0.485)					-0.010 (0.861)	0.053 (0.386)				
$Hole$			-0.020 (0.736)	-0.019 (0.765)					-0.027 (0.646)	-0.031 (0.609)		
Ap					-0.006 (0.922)						-0.003 (0.960)	0.069 (0.268)
$Close \times US$		-0.438*** (0.001)										
$Close \times US^2$		0.039 (0.657)										
$Hole \times US$				-0.298** (0.019)								
$Hole \times US^2$				-0.003 (0.971)								
$Ap \times US$						-0.187 (0.121)						
$Ap \times US^2$						-0.077 (0.508)						
$Close \times AS$								0.030 (0.802)				
$Close \times AS^2$								-0.181** (0.015)				
$Hole \times AS$										0.027 (0.832)		
$Hole \times AS^2$										-0.236*** (0.004)		
$Ap \times AS$												0.058 (0.671)
$Ap \times AS^2$												-0.321*** (0.002)
F-统计量	6.850	6.898	6.869	6.290	6.852	5.884	10.933	9.855	10.966	10.376	10.928	10.310
R^2	0.142	0.177	0.142	0.164	0.142	0.155	0.203	0.235	0.209	0.245	0.209	0.244

注:"***","**","*"分别表示$p<0.01$,$p<0.05$,$p<0.1$(双尾检验);括号内为p值。

三、结果分析

本研究在采用社会网络视角刻画联盟的基础上,以参与联盟的企业为样本进行实证研究,检验了网络背景下企业内部冗余资源(非吸入性冗余和吸入性冗余)和企业绩效的关系,以及中心度、结构洞和联盟组合对二者关系的调节作用。本研究提出的8个假设中,有5个假设获得支持,3个假设未获得支持,具体见表1-5-7。

表1-5-7 理论假设及其检验结果汇总

研究问题	理论假设	结果
冗余资源与企业绩效的关系	H10a:非吸入性冗余资源与企业绩效存在倒U型关系	支持
	H10b:吸入性冗余资源与企业绩效存在倒U型关系	支持
中心度对冗余资源与企业绩效的调节作用	H11a:中心度对非吸入性冗余资源与企业绩效的相关关系具有显著的正向调节作用	不支持
	H11b:中心度对吸入性冗余资源与企业绩效的相关关系具有显著的正向调节作用	支持
结构洞对冗余资源与企业绩效的调节作用	H12a:结构洞对非吸入性冗余资源与企业绩效的相关关系具有显著的正向调节作用	不支持
	H12b:结构洞对吸入性冗余资源与企业绩效的相关关系具有显著的正向调节作用	支持
联盟组合对冗余资源与企业绩效的调节作用	H13a:联盟组合对非吸入性冗余资源与企业绩效的相关关系具有显著的正向调节作用	不支持
	H14b:联盟组合对吸入性冗余资源与企业绩效的相关关系具有显著的正向调节作用	支持

实证结果表明,企业内部的冗余资源(无论是非吸入性冗余还是吸入性冗余)和企业绩效之间存在倒U型的关系。即冗余资源数量不论过少还是过多,均不利于企业绩效的提升,只有当企业的冗余资源数量维持在适度水平时,才有利于企业取得良好的绩效水平。根据组织行为理论,冗余是组织反应的调节器,也就是说冗余对企业绩效的影响取决于实际冗余与目标冗余的关系:高于或低于目标冗余范围都会促使企业采取措施提高企业绩效,而目标冗余则会使企业满足现状,不思进取,从而降低企业绩效(Greenley & Oktemgil, 1998; Bromiley, 1991; Cheng & Kesner, 1997)。这与本研究的实证结果是一致的。

然而，在网络环境下，企业的外部网络特征对企业内部不同冗余资源和绩效之间关系的影响却不一样。其中，中心度和结构洞显著正向调节了吸入性冗余和企业绩效之间的倒 U 型关系，而对非吸入性冗余和企业绩效之间的倒 U 型关系没有显著的影响作用。这一方面说明，企业所处的网络并不能对企业内部不同类型的冗余资源和绩效之间的关系都产生影响，即在网络情境下，对冗余资源进行分类是非常有必要的。另一方面，中心度和结构洞这些网络特征并没有影响非吸入性冗余这类资源所带来的效益，具体原因可能在于外部网络并未给企业带来与其非吸入性冗余资源相匹配的合作机遇，也有可能这类优势网络地位帮助企业搜寻到了较好的市场机遇，但由于企业对此类资源的使用主要采用探索式行为（Voss et al., 2008），这种行为通常伴随着较高的风险和成本，企业因忌惮其合作伙伴的机会主义行为而并未将这类机遇付诸实施。此外，在吸入性冗余资源和企业绩效正相关时，企业产能的不断壮大与外部市场发展机会的需求相吻合时，企业有能力在资源和信息都十分丰富的网络中心位置游刃有余，从而加速发展，提升绩效。而当吸入性冗余资源和企业绩效负相关时，企业维护中心度和结构洞的网络优势地位可能要耗费较高的额外成本（Uzzi，1996；1997），而且对这类优势位置的迷恋会导致企业陷入"过度嵌入"的困境，导致网络优势的下降和网络成本的上升，这些都会加剧吸入性冗余资源和企业绩效的负面效应。

另外，企业参与的联盟组合对企业非吸入性冗余资源和绩效之间的关系并没有产生实质性的影响，但显著正向调节了吸入性冗余资源和绩效之间的相关关系。这一方面说明，在联盟这种合作框架下，能实质性利用联盟优势来推动企业绩效增长的基础是吸入性冗余这种专用性程度较高的资源，而非企业内部那些流动性较强的非吸入性冗余资源，这也说明专用型资产的适度"溢出"有利于企业的发展；同时，在某种程度上也说明企业加入联盟的动机在于获取合作伙伴的专用性资产这种战略资源。另一方面，在吸入性冗余资源和企业绩效正相关时，企业参与的联盟组合越多，企业的绩效水平就越高。随着经济全球化趋势日益增强，技术进步快速发展，行业内的竞争日趋激烈，联盟已经成为企业获取竞争优势的重要途径之一。由于单个企业内部很难拥有所有战略性资源，企业可以通过构建联盟组合，从多个联盟伙伴中获取有价值的资源，从而来获取竞争优势。近年来，企业通过与不同的伙伴合作，参与多个联盟从而构建联盟组合的现象也日益普遍。本研究结果也为这一现象的产生提供了理论支持。而当吸入性冗余资源和企业绩效负相关时，其参与的联盟组合越多，不但其网络整体会呈现出相对密集和封闭的特征（Burt，2000），导致网络内部信息的同质化和冗余（Burt，1992；Granovetter，1973），进而降低成员之间多元性程度，减少成员资源之间的有效性组合（Schilling & Phelps，2007），而且此时能通过联盟组合利用的吸入性冗余资源已趋于饱和，若继续追求更多的联盟只会增加更多不必要的成本，这都会进一步加剧吸入性冗余资源对企业绩效的负面影响。

第六章 近年企业网络演进特征

第一节 数据来源

本章的数据均来自国泰安（CSMAR）数据库和万德（WIND）数据库。从数据库中选取2010—2013年中国沪深A股上市公司中营业总收入排名靠前的500家企业（简称"500强"，下同），及其前三大股东信息。通过EXCEL数据透视表制作出500强上市公司及其对应的前三大股东之间的2-模矩阵，在此基础上利用UCINET6.0软件将企业与股东间关系形成的2-模矩阵转换为企业与企业间关系形成的1-模矩阵（500×500），并进行成分（component）分析，进而在此基础上，选择各年500强企业中最大成分（子群）作为分析对象。

表1-6-1 2010—2013年500强企业连锁股东网络矩阵规模汇总

	2010年	2011年	2012年	2013年
2-模矩阵	500×1031	500×1047	500×1093	500×1115
1-模矩阵	500×500	500×500	500×500	500×500

第二节 数据特征描述

一、网络特征

在2010—2013年间，中国沪深A股上市公司500强企业连锁股东网络最大的凝聚子群成员数呈现逐年递减的趋势，自2010年的338家减少至2013年的263家（如图1-6-1所示）。

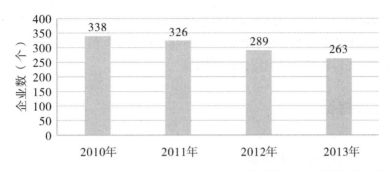

图1-6-1　2010—2013年500强企业连锁股东网络最大子群成员数变化

通过中心度（度数中心度）和结构洞（有效规模）指标的统计汇总，可以直观地看到2010—2013年的上市公司500强连锁网络的特征变化情况（表1-6-2、表1-6-3）。

表1-6-2　2010—2013年500强企业连锁股东网络中心度变化汇总

中心度情况		2010年	2011年	2012年	2013年
连锁股东网络中营业总收入前十的企业	平均值	10.862	13.767	15.030	15.551
	最大值	14.429	16.633	19.639	20.240
	最小值	0.200	11.623	12.826	9.619
连锁股东网络中的企业	平均值	4.296	4.890	5.546	5.517
	最大值	14.830	16.834	19.840	20.441
	最小值	0.200	0.200	0.200	0.200

表1-6-3　2010—2013年500强企业连锁股东网络结构洞变化汇总

结构洞情况		2010年	2011年	2012年	2013年
连锁股东网络中营业总收入前十的企业	平均值	22.888	24.807	30.825	31.818
	最大值	33.076	35.070	51.819	55.092
	最小值	1.167	14.284	16.778	14.998
连锁股东网络中的企业	平均值	8.946	8.831	11.751	10.664
	最大值	41.578	46.807	53.197	56.403
	最小值	1.089	1.167	1.167	1.167

从表 1-6-2 和表 1-6-3 可以看出，2010—2013 年，企业网络中网络成员的中心度指标值逐年增加，结构洞的指标值呈现出波动增长的趋势。在连锁股东网络中，年营业总收入排前十的企业的中心度指标和结构洞指标的平均值，均高于连锁股东网络中全体成员的中心度指标和结构洞指标的平均值。

二、分布特征

（一）网络成员的行业分布

根据中国证监会 2001 年 4 月颁布的《上市公司分类指引》，笔者将各年最大凝聚子群中网络成员按行业进行了分类统计，如表 1-6-4 所示。

表 1-6-4　2010—2013 年连锁股东网络成员企业行业分布状况统计

行业代码	行业名称	2010 年 企业数（个）	占比（%）	2011 年 企业数（个）	占比（%）	2012 年 企业数（个）	占比（%）	2013 年 企业数（个）	占比（%）
A	农、林、牧、渔业	4	1.18	4	1.23	4	1.38	3	1.14
B	采掘业	25	7.40	25	7.67	25	8.65	26	9.89
C	制造业	172	50.89	169	51.84	145	50.17	130	49.43
D	电力、煤气及水的生产和供应业	18	5.33	18	5.52	19	6.57	19	7.22
E	建筑业	16	4.73	17	5.21	15	5.19	14	5.32
F	交通运输、仓储业	18	5.33	17	5.21	13	4.50	15	5.70
G	信息技术业	13	3.85	14	4.29	13	4.50	9	3.42
H	批发和零售贸易	30	8.88	27	8.28	23	7.96	18	6.84
I	金融、保险业	17	5.03	17	5.21	17	5.88	15	5.70
J	房地产业	9	2.66	9	2.76	5	1.73	5	1.90
K	社会服务业	8	2.37	5	1.53	4	1.38	4	1.52
L	传播与文化产业	1	0.30	1	0.31	1	0.35	2	0.76
M	综合类	7	2.07	3	0.92	5	1.73	3	1.14
	总计	338	100	326	100	289	100	263	100

(二) 网络成员的地区分布

将网络成员按其所在的省、自治区、直辖市共计 30 个行政区域,现统计如表 1-6-5 所示。

表 1-6-5 2010—2013 年连锁股东网络成员企业行政区域分布状况统计

行政区域	2010 年 企业数(个)	占比(%)	2011 年 企业数(个)	占比(%)	2012 年 企业数(个)	占比(%)	2013 年 企业数(个)	占比(%)
安徽	12	3.55	11	3.37	11	3.81	13	4.94
北京	61	18.05	60	18.40	58	20.07	48	18.25
福建	11	3.25	11	3.37	9	3.11	3	1.14
甘肃	1	0.30	2	0.61	0	0.00	1	0.38
广东	38	11.24	37	11.35	30	10.38	29	11.03
广西	4	1.18	2	0.61	3	1.04	1	0.38
贵州	2	0.59	2	0.61	3	1.04	2	0.76
海南	1	0.30	1	0.31	1	0.35	2	0.76
河北	8	2.37	6	1.84	7	2.42	7	2.66
河南	8	2.37	6	1.84	11	3.81	8	3.04
黑龙江	4	1.18	4	1.23	5	1.73	4	1.52
湖北	14	4.14	13	3.99	10	3.46	11	4.18
湖南	9	2.66	9	2.76	6	2.08	4	1.52
吉林	6	1.78	6	1.84	6	2.08	4	1.52
江苏	19	5.62	20	6.13	16	5.54	14	5.32
江西	5	1.48	6	1.84	5	1.73	8	3.04
辽宁	11	3.25	12	3.68	10	3.46	9	3.42
内蒙古	5	1.48	7	2.15	5	1.73	2	0.76
宁夏	1	0.30	1	0.31	1	0.35	0	0.00
青海	3	0.89	1	0.31	2	0.69	0	0.00
山东	22	6.51	16	4.91	14	4.84	14	5.32
山西	12	3.55	10	3.07	9	3.11	10	3.80

续表 1-6-5

行政区域	2010 年 企业数（个）	2010 年 占比（%）	2011 年 企业数（个）	2011 年 占比（%）	2012 年 企业数（个）	2012 年 占比（%）	2013 年 企业数（个）	2013 年 占比（%）
陕西	2	0.59	3	0.92	2	0.69	2	0.76
上海	35	10.36	35	10.74	31	10.73	31	11.79
四川	12	3.55	8	2.45	8	2.77	6	2.28
天津	10	2.96	10	3.07	9	3.11	7	2.66
新疆	2	0.59	5	1.53	2	0.69	5	1.90
云南	6	1.78	8	2.45	3	1.04	6	2.28
浙江	12	3.55	11	3.37	10	3.46	9	3.42
重庆	2	0.59	3	0.92	2	0.69	3	1.14
总计	338	100	326	100	289	100	263	100

根据国家统计局提供的分类标准，我国大陆区域整体上可划分为三大经济地区——东部、中部和西部。由此，对网络成员所在地区进行相应统计如图 1-6-2、表 1-6-6 所示。

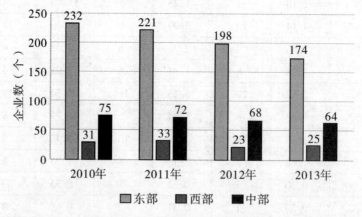

图 1-6-2 2010—2013 年连锁股东网络成员企业地区分布状况示意

表1-6-6 2010—2013年连锁股东网络成员企业地区分布状况统计

地区	2010年		2011年		2012年		2013年	
	企业数（个）	占比（%）	企业数（个）	占比（%）	企业数（个）	占比（%）	企业数（个）	占比（%）
东部	232	68.64	221	67.79	198	68.51	174	66.16
西部	31	9.17	33	10.12	23	7.96	25	9.51
中部	75	22.19	72	22.09	68	23.53	64	24.33
总计	338	100	326	100	289	100	263	100

（三）网络成员的成立时期分布

根据企业的成立时间，划分出2000—2010年、1990—1999年、1980—1989年三段时期。网络成员企业的成立时期分布情况统计如表1-6-7所示。

表1-6-7 2010—2013年连锁股东网络成员企业成立期间分布状况统计

成立期间	2010年		2011年		2012年		2013年	
	企业数（个）	占比（%）	企业数（个）	占比（%）	企业数（个）	占比（%）	企业数（个）	占比（%）
2000—2010年	75	22.19	78	23.93	78	26.99	78	29.66
1990—1999年	251	74.26	239	73.31	201	69.55	177	67.30
1980—1989年	12	3.55	9	2.76	10	3.46	8	3.04
总计	338	100	326	100	289	100	263	100

第三节 网络进入及退出情况

为考察企业网络成员在近四年间的动态变化，以2010年为起点，基于各年企业网络中的最大凝聚子群，对企业"进入"、"退出"网络的动态情况进行分析。在剔除重复出现的企业后，在2010—2013年的四年间，共有453家企业先后出现在连锁股东网络之中。其中，有169家企业连续4年始终稳定地处于企业连锁股东网络之中，占网络成员企业总数的37.31。详见表1-6-8所示。

表1-6-8　2010—2013年连锁股东网络成员"进入"次数统计

次数	企业数（个）	占比（%）
1	118	26.0
2	76	16.8
3	90	19.9
4	169	37.3
总计	453	100

在表1-6-9中，用"1"和"0"的不同编码组合表示企业在2010—2013年进入和退出网络的情况。其中，对企业赋值为"1"表示该企业处于该年企业网络（最大凝聚子群，下同）中；对企业赋值为"0"表示该企业未出现在该年企业网络中。代码的不同组合表达了不同的含义（如图1-6-3a和图1-6-3b所示）。

表1-6-9　2010—2013年连锁股东网络成员"进入"、"退出"情况汇总

证券代码	2010年	2011年	2012年	2013年	合计	证券代码	2010年	2011年	2012年	2013年	合计
000001	1	1	0	0	2	000078	0	1	1	1	3
000002	1	1	1	1	4	000090	1	0	0	0	1
000016	1	1	1	1	4	000100	0	0	1	0	1
000021	1	1	1	1	4	000157	1	1	1	1	4
000024	0	1	0	0	1	000158	1	1	1	0	2
000027	1	1	1	1	4	000338	1	1	1	1	4
000028	1	1	1	1	4	000400	1	0	1	1	3
000031	0	1	1	1	3	000401	1	0	0	0	1
000039	0	0	1	1	2	000402	1	1	1	1	4
000043	1	0	0	0	1	000404	1	1	1	1	4
000050	1	1	0	0	2	000410	1	1	1	0	3
000059	0	1	1	1	3	000417	1	1	1	1	4
000060	1	1	1	1	4	000418	1	1	1	1	4
000063	1	1	1	1	4	000422	1	1	0	1	3
000066	1	1	1	1	4	000488	1	1	1	1	4
000069	1	1	1	1	4	000498	0	0	0	1	1

续表 1-6-9

证券代码	2010年	2011年	2012年	2013年	合计	证券代码	2010年	2011年	2012年	2013年	合计
000501	1	1	0	0	2	000717	0	1	0	0	1
000521	1	1	1	1	4	000729	1	1	1	0	3
000525	1	1	1	1	4	000751	0	1	0	0	1
000527	1	1	1	0	3	000758	1	1	1	1	4
000528	1	1	1	0	3	000759	1	1	0	0	2
000538	1	1	0	0	2	000761	1	1	1	1	4
000550	1	0	0	0	1	000767	1	0	1	1	3
000559	1	1	1	1	4	000768	0	1	0	0	1
000578	1	0	0	0	1	000776	1	0	1	0	2
000581	1	1	1	0	3	000778	1	1	1	1	4
000589	0	0	1	0	1	000782	1	1	0	0	2
000597	1	0	0	0	1	000785	1	0	0	0	1
000599	0	1	0	0	1	000786	1	1	1	1	4
000600	1	1	1	1	4	000789	0	1	0	1	2
000602	0	1	0	0	1	000792	1	1	1	0	3
000612	1	1	0	0	2	000800	1	1	1	1	4
000619	1	0	0	0	1	000807	1	1	1	1	4
000625	1	1	0	1	3	000822	1	1	1	0	3
000626	1	1	1	1	4	000825	1	1	1	1	4
000629	1	1	1	1	4	000830	1	0	0	0	1
000630	1	1	1	1	4	000858	1	1	1	0	3
000652	1	1	0	1	3	000860	1	1	1	1	4
000666	1	1	0	1	3	000869	1	1	1	0	3
000679	1	0	0	0	1	000875	0	1	0	0	1
000680	1	1	1	0	3	000876	1	0	0	0	1
000690	0	0	0	1	1	000877	1	1	1	1	4
000698	0	1	1	0	2	000878	1	1	0	1	3
000701	1	1	1	0	3	000883	1	1	1	1	4
000707	1	1	0	0	2	000893	1	1	0	0	2
000708	1	1	1	1	4	000895	1	0	1	1	3

续表1-6-9

证券代码	2010年	2011年	2012年	2013年	合计	证券代码	2010年	2011年	2012年	2013年	合计
000897	1	0	0	0	1	002051	1	1	1	1	4
000898	1	1	1	1	4	002060	1	0	0	0	1
000910	1	1	1	0	3	002068	0	0	0	1	1
000911	1	0	0	0	1	002078	0	0	0	1	1
000912	1	0	0	0	1	002092	0	0	0	1	1
000917	1	0	0	0	1	002110	1	1	1	0	2
000918	0	1	0	0	1	002128	0	1	1	0	2
000921	1	1	1	1	4	002157	1	1	1	1	4
000926	1	1	1	1	4	002187	0	0	0	1	1
000927	1	1	1	1	4	002202	0	1	0	1	2
000930	1	1	1	0	3	002203	0	0	0	1	1
000932	1	1	1	0	3	002210	0	1	0	0	1
000937	0	0	1	1	2	002251	1	1	1	0	3
000938	1	1	1	1	4	002264	1	1	1	1	4
000951	1	1	1	1	4	002269	1	1	1	1	4
000959	1	1	1	1	4	002277	1	1	1	0	3
000960	1	1	1	1	4	002309	0	1	0	1	2
000961	1	1	1	1	4	002311	1	1	1	1	4
000963	1	1	1	1	4	002386	1	1	1	0	3
000966	1	1	1	1	4	002419	1	0	0	0	1
000968	1	0	0	0	1	002429	0	0	1	0	1
000969	1	1	0	0	2	002430	0	1	0	0	1
000973	1	0	0	0	1	002493	1	1	1	0	3
000983	1	1	1	1	4	002556	0	1	0	0	1
000987	1	1	0	0	2	002570	0	0	0	1	1
000999	1	1	1	1	4	002594	0	1	1	1	3
001696	1	0	0	0	1	600000	0	1	1	0	2
002011	1	0	0	0	1	600005	1	0	0	0	1
002013	0	0	1	1	2	600006	1	1	1	1	4
002032	0	1	1	1	3	600009	1	1	0	0	2

续表 1-6-9

证券代码	2010年	2011年	2012年	2013年	合计	证券代码	2010年	2011年	2012年	2013年	合计
600010	1	1	1	0	3	600086	0	0	0	1	1
600011	1	1	1	1	4	600087	1	1	0	0	2
600015	1	1	1	1	4	600096	1	1	0	1	3
600016	1	1	1	1	4	600098	1	1	1	1	4
600018	0	0	1	0	1	600100	1	1	1	1	4
600019	1	1	1	1	4	600102	1	0	0	0	1
600021	1	1	1	1	4	600104	1	0	0	0	1
600022	1	0	0	0	1	600111	1	1	1	0	3
600023	0	0	0	1	1	600115	1	1	1	1	4
600026	1	1	1	1	4	600117	0	0	1	0	1
600027	1	1	1	1	4	600120	1	0	0	0	1
600028	1	1	1	1	4	600121	0	0	1	1	2
600029	1	1	1	1	4	600123	1	1	1	1	4
600030	1	1	1	1	4	600126	0	1	0	0	1
600031	1	1	0	0	2	600138	1	1	0	0	2
600036	1	1	1	1	4	600141	0	1	0	0	1
600039	0	1	0	1	2	600150	1	1	1	1	4
600048	1	1	0	0	2	600153	1	1	1	1	4
600050	1	1	1	1	4	600160	1	0	1	1	3
600051	1	0	0	0	1	600166	1	0	0	0	1
600056	1	1	1	1	4	600169	0	1	0	0	1
600057	0	1	1	0	2	600170	1	0	1	1	3
600058	0	1	1	0	2	600176	1	1	1	0	3
600060	1	1	1	1	4	600177	0	1	0	0	1
600062	1	1	1	1	4	600180	0	0	0	1	1
600066	1	1	1	1	4	600188	1	1	1	1	4
600067	1	1	0	0	2	600196	1	1	1	1	4
600073	0	0	1	1	2	600198	1	1	0	0	2
600079	0	0	1	1	2	600210	1	1	0	0	2
600085	1	1	1	1	4	600216	0	1	1	0	2

续表 1-6-9

证券代码	2010年	2011年	2012年	2013年	合计	证券代码	2010年	2011年	2012年	2013年	合计
600219	1	1	1	1	4	600348	1	1	1	1	4
600221	0	0	0	1	1	600350	1	1	0	1	3
600231	1	1	1	1	4	600361	1	0	0	0	1
600236	1	0	1	0	2	600362	1	1	1	1	4
600246	1	1	0	0	2	600368	0	0	0	1	1
600256	0	1	0	0	1	600373	0	1	0	1	2
600263	1	0	0	0	1	600376	1	1	1	0	3
600266	1	1	1	1	4	600377	1	1	1	1	4
600267	1	0	0	0	1	600380	1	0	0	0	1
600269	1	0	0	0	1	600383	1	0	0	0	1
600271	1	0	0	0	1	600395	1	1	1	1	4
600277	0	1	0	0	1	600397	0	0	1	1	2
600280	0	0	1	1	2	600403	0	0	1	0	1
600282	1	1	1	0	3	600406	0	1	1	1	3
600287	1	1	1	0	3	600408	1	0	0	0	1
600288	1	0	0	0	1	600409	1	0	0	1	2
600295	1	1	0	0	2	600416	1	1	0	0	2
600299	1	1	0	0	2	600418	1	0	1	1	3
600303	1	1	1	0	3	600428	1	1	1	1	4
600307	1	1	0	0	2	600438	1	0	1	0	2
600308	1	0	0	0	1	600470	0	0	0	1	1
600309	1	1	1	1	4	600480	0	0	1	0	1
600320	1	0	0	1	2	600481	1	1	0	0	2
600325	1	1	0	1	3	600489	1	1	1	0	3
600327	1	1	1	1	4	600491	0	1	0	0	1
600331	1	0	0	0	1	600496	0	1	1	1	3
600332	1	1	1	1	4	600497	1	1	1	1	4
600335	0	1	1	1	3	600498	1	1	1	0	3
600336	1	0	0	0	1	600500	1	1	1	0	3
600340	0	0	1	0	1	600502	1	0	1	1	3

续表 1-6-9

证券代码	2010 年	2011 年	2012 年	2013 年	合计	证券代码	2010 年	2011 年	2012 年	2013 年	合计
600508	1	1	1	1	4	600623	0	1	0	1	2
600511	1	1	1	1	4	600626	0	1	1	0	2
600516	0	1	0	0	1	600631	1	0	0	0	1
600518	0	1	0	0	1	600635	1	0	0	0	1
600519	1	1	1	1	4	600636	0	1	0	0	1
600522	1	1	1	1	4	600642	1	1	1	1	4
600528	1	1	1	0	3	600649	1	1	1	0	3
600531	1	1	1	0	3	600655	0	0	0	1	1
600535	1	1	1	1	4	600660	1	1	1	0	3
600546	1	1	1	0	3	600664	1	0	1	1	3
600547	1	1	1	1	4	600675	0	1	0	1	2
600550	1	1	0	0	2	600676	1	1	1	1	4
600567	0	0	0	1	1	600677	1	0	0	0	1
600569	0	0	1	0	1	600685	1	1	1	0	3
600578	0	0	1	0	1	600686	1	1	1	0	3
600581	1	1	1	1	4	600688	1	1	1	1	4
600582	1	1	1	1	4	600691	0	0	1	1	2
600583	1	1	1	1	4	600694	1	1	0	0	2
600584	1	0	0	0	1	600697	1	1	1	1	4
600585	1	1	1	1	4	600699	0	0	0	1	1
600595	1	1	0	0	2	600704	0	0	0	1	1
600596	1	0	0	0	1	600713	1	0	1	0	2
600597	1	1	1	1	4	600717	1	1	1	0	3
600598	1	1	1	0	3	600718	0	1	1	1	3
600600	1	1	1	1	4	600720	0	0	0	1	1
600601	1	1	1	0	3	600723	0	1	1	1	3
600611	1	0	0	0	1	600724	0	1	0	0	1
600612	1	1	0	0	2	600725	0	1	0	0	1
600618	0	1	0	1	2	600726	1	1	1	1	4
600619	1	1	1	1	4	600729	0	1	1	1	3

续表1-6-9

证券代码	2010年	2011年	2012年	2013年	合计	证券代码	2010年	2011年	2012年	2013年	合计
600736	1	0	0	0	1	600841	0	1	0	0	1
600737	0	1	0	1	2	600853	0	1	0	0	1
600739	1	1	1	1	4	600858	1	1	1	0	2
600740	1	0	0	0	1	600859	1	1	1	0	3
600741	1	1	1	1	4	600863	1	1	1	1	4
600742	1	1	1	0	3	600869	1	0	0	0	1
600744	1	1	1	1	4	600870	1	0	0	0	1
600755	1	1	1	0	3	600871	1	1	1	1	4
600761	1	1	1	1	4	600875	1	1	1	1	4
600780	0	1	1	0	2	600886	1	1	1	1	4
600782	0	1	1	1	3	600887	1	1	1	1	4
600784	1	0	0	0	1	600893	1	1	1	1	4
600785	1	1	1	0	3	600894	1	0	0	0	1
600787	1	1	1	0	3	600900	1	1	1	1	4
600792	0	1	0	1	2	600963	1	1	1	1	4
600795	1	1	1	1	4	600966	1	0	0	1	1
600797	1	1	1	0	3	600970	1	1	1	1	4
600801	1	1	1	1	4	600971	1	1	0	1	3
600808	1	1	1	1	4	600973	1	0	0	1	2
600809	0	1	1	1	3	600981	0	1	0	0	1
600810	1	1	1	1	4	600997	1	1	0	1	3
600811	0	0	1	1	2	600999	1	0	0	0	1
600812	1	1	1	1	4	601001	1	0	0	1	2
600815	1	1	1	0	3	601003	1	1	1	0	3
600820	0	1	0	0	1	601005	1	1	1	1	4
600822	1	0	1	1	3	601006	1	1	1	1	4
600827	1	0	1	1	3	601010	0	1	0	0	1
600835	1	1	1	1	4	601018	1	1	0	0	2
600837	1	1	1	1	4	601038	0	0	1	1	2
600839	1	1	1	1	4	601088	1	1	1	1	4

续表 1-6-9

证券代码	2010年	2011年	2012年	2013年	合计	证券代码	2010年	2011年	2012年	2013年	合计
601098	0	0	0	1	1	601668	1	1	1	1	4
601101	1	1	1	1	4	601669	0	1	1	1	3
601106	1	1	1	1	4	601688	1	1	0	1	3
601107	0	0	0	1	1	601699	1	1	1	1	4
601111	1	1	1	1	4	601717	0	0	1	1	2
601117	1	1	1	1	4	601718	1	1	1	1	4
601118	1	1	1	1	4	601727	1	1	1	1	4
601139	1	0	0	1	2	601766	1	1	1	1	4
601169	0	0	1	0	1	601788	1	0	0	0	1
601179	1	1	1	0	3	601800	0	1	1	1	3
601186	1	1	1	1	4	601808	1	1	1	1	4
601225	0	0	0	1	1	601818	1	1	1	1	4
601231	0	1	1	1	3	601857	1	1	1	1	4
601238	0	0	1	1	2	601866	1	1	1	1	4
601268	1	1	0	0	2	601877	0	1	0	1	2
601288	1	1	1	1	4	601880	0	0	0	1	1
601299	1	1	1	1	4	601888	1	1	1	1	4
601318	0	0	1	0	1	601898	1	1	1	1	4
601328	1	1	1	1	4	601899	1	1	1	1	4
601333	1	1	1	1	4	601918	1	1	1	1	4
601336	0	1	1	1	3	601919	1	1	1	1	4
601390	1	1	1	1	4	601928	0	1	1	1	3
601398	1	1	1	1	4	601939	1	1	1	1	4
601588	1	0	1	0	2	601958	1	1	1	1	4
601600	1	1	1	1	4	601988	1	1	1	1	4
601601	1	1	1	1	4	601989	1	1	1	0	3
601607	1	1	1	1	4	601991	1	1	1	1	4
601618	1	1	1	1	4	601992	1	1	1	1	4
601628	1	1	1	1	4	601998	1	1	1	1	4
601633	0	1	1	1	3	603993	0	0	1	0	1
601666	1	1	1	1	4						

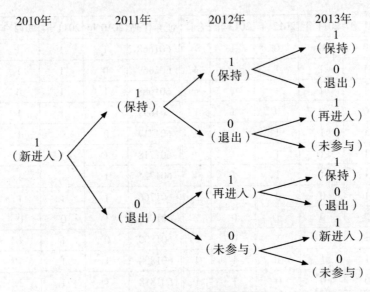

a. 赋值为"1"的代码解释

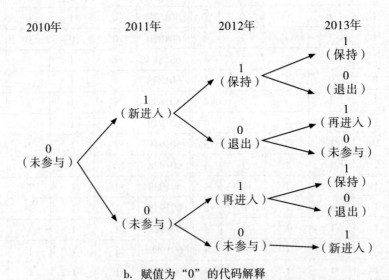

b. 赋值为"0"的代码解释

图1-6-3 2010—2013年网络成员动态变化代码解释

第七章 结论与讨论

第一节 研究结论

通过对关系特征的研究、对位置特征的研究以及对凝聚性的研究,本研究分行业、地域和经济区域对企业网络进行了系统的分析。研究结果表明,在我国,企业广泛地嵌入其所属的企业网络之中。从行业分类角度来说,制造业,批发零售业,采掘业,电力、煤气及水的生产和供应业,交通运输业,以及金融保险业的连接程度较高,并且企业在其所属行业的网络中表现出了较高的凝聚性,出现了一系列的凝聚子群;而房地产业,建筑业,信息技术业,农、林、牧、渔业和社会服务业的连接程度较低,处于分散经营的状态。尤其是农、林、牧、渔业,样本中的企业完全处于孤立的状态,未形成行业自身的企业网络。从地域分类角度来说,我国的东部、中部和西部企业均表现出较强的连接性和凝聚性。尤其是东部企业形成的企业网络最为紧密。在对珠三角地区和长三角地区企业网络的对比结果中发现,尽管两个经济区域都呈现出了较高的连接程度,但相比之下,长三角经济区中企业间合作的趋势更为广泛和密集。

一、企业网络的动态演变

(一)小世界指数(SW)

在由股东交叉关系(所有权连接)而形成的企业网络中,小世界指数(SW)从2000年的10.641,到2004年的8.410,再到2009年的7.956。这说明在我国,企业网络表现出明显的小世界属性。在股东(所有者)网络中,小世界指数(SW)从2000年的6.093,到2004年的7.040,再到2009年的18.797。这说明在我国,所有者网络也表现出明显的小世界属性。上述数据还表明,2000年至2009年10年间,我国企业网络的小世界指数出现了下降的趋势,而所有者网络的小世界指数出现了上升的趋势,尤其是在2004年至2009年间,出现了显著的增长,约为2000年水平的3倍。

与丹麦、挪威、瑞典、德国企业网络和所有者网络的小世界指数相比，中国企业网络的小世界指数较高，这说明我国企业并没有形成大型的企业集团，也就是说不存在网络核心。在所有者网络中，我国的所有者网络小世界指数最低，这说明在我国，所有者投资较为集中，并没有出现投资多元化的现象。

（二）"进入"和"退出"网络

在以2010年至2013年期间，中国A股上市公司前500强企业的连锁股东网络为对象进行研究后发现：

（1）网络最大的子群成员数呈现逐年递减的趋势，由2010年的338家减少至2013年的263家，而在2000年、2004年、2009年这个时间区间内，统计数据显示这个趋势正好相反。整体网络的波动说明企业在主动或被动地进行"进入"和"退出"，并极有可能对企业战略、资源、嵌入性等多方面产生影响。

（2）从中心度、结构洞等典型网络特征的统计数据可以发现，中心度指标呈上升趋势，这说明网络正向集约化的方向发展，网络中的资源和权利正向少数企业集中；结构洞指标也呈现出了相同的趋势。结构洞的观点认为，在庞大的企业网络中，网络密度很少是均匀的，网络中有些部分可能更密集些，其他部分则更稀疏些。这就给连接网络中不同部分并起到桥梁作用的企业提供了中介机会。同时，通过直观的统计可以也发现，规模排名靠前企业的中心度指标和结构洞指标的平均值都高于总体的平均值。

（3）在企业网络成员的分布方面，最显著的特征是在连续4个年度中，在1990年至1999年之间成立的企业进入网络的数量最多，比例占到70%左右，2000年至2010年之间成立的企业次之，1980年至1989年之间成立的企业进入网络的数量最少。

（4）在考察企业网络成员在四年间的动态变化时，不难发现在2010年至2013年的四年间共有453家企业先后出现在企业网络之中。其中，有169家企业连续四年始终稳定地处于企业网络之中，占网络成员企业总数的37.31%，这个比例大大高于只有其中1年、2年或3年处于网络中的企业数量的比例。

二、企业网络形成的影响因素研究

在本研究中，我国企业网络形成的影响因素研究是分别从网络关系的影响因素研究和网络位置的影响因素研究两个层次进行分析和探讨的。

1. 我国企业网络关系的影响因素研究

通过社会网络分析软件UCINET6.0中的QAP回归分析方法，本研究分别从企业所属行业关系、企业所属地域关系和企业所属性质关系的角度出发，对其与企业网络之间的相关关系进行分析。这一实证分析结果说明，我国企业网络关系的形成主要是基于企业所属的地域关系。企业所属地域趋同关系与企业网络关系的形成显著正相关。本研究进而通过对我国长三角和珠三角企业网络的分析结果也与这一结论相符。也就是说，尽管经过了多年的发展，但我国的企业网络仍未能打破地域的界限。

2. 我国企业网络位置的影响因素研究

通过对企业网络中心位置和企业网络中介位置的实证研究，得到如下结论：

第一，企业规模是企业网络位置产生差异的原因之一。根据资源依赖理论，规模大的企业通常拥有更多的资源，因而成为规模小的企业建立联系的目标，从而将规模大的企业推向了网络的关键位置，即网络的中心位置和中介位置。

第二，企业年龄也是企业网络位置产生差异的原因之一。实证研究结果表明，企业年龄与企业网络位置之间存在负相关的关系。也就是说，新创企业为了尽快融入市场环境，积极地参与到与企业的交往之中，从而拥有更多的联系。而随着企业年龄增大，这种积极性会随之消减。这一点与企业生命周期理论是一致的。

第三，企业所处的地域是企业网络位置产生差异的另一个原因。实证研究结果表明，与其他企业相比，长三角企业更可能远离网络中心位置和网络中介位置。

第四，在企业盈利能力对网络位置的影响研究中，实证结果表明，盈利能力对企业的网络位置无显著影响。

第五，在企业性质对网络位置影响的研究中，实证结果表明，企业性质对企业的网络位置不存在显著影响。

三、企业网络特征的作用研究

在这一部分的研究中，本研究开创性地将社会网络中的"派系"思想与联盟的概念相结合，并在资源—网络—绩效的框架下，对企业网络特征的作用进行研究。

实证结果表明，企业内部的冗余资源（无论是非吸入性冗余还是吸入性冗余）和企业绩效之间存在倒 U 型的关系。即冗余资源数量不论是过少还是过多，均不利于企业绩效的提升，只有当企业的冗余资源数量维持在适度水平时，才有利于企业取得良好的绩效水平。

在网络背景下，企业的外部网络特征对企业内部不同冗余资源和企业绩效之间关系的影响却不一样。其中，中心度和结构洞显著地正向调节了吸入性冗余和企业绩效之间的倒 U 型关系，而对非吸入性冗余和企业绩效之间的倒 U 型关系没有显著的影响作用。企业参与的联盟组合对企业非吸入性冗余资源和企业绩效之间的关系并没有产生实质性的影响，但却显著正向调节了企业吸入性冗余资源和企业绩效之间的相关关系。

第二节 研究意义与贡献

一、研究意义

（一）理论方面

传统的经济学研究中强调对"经济人"的假设，重视个体属性而忽视关系属性；传统的社会学研究强调对"社会人"的假设，重视关系属性而忽视个体属性。本研究从社会网络视角出发，结合了传统经济学理论和传统社会学理论，弥补了传统经济学研究和传统社会学研究过分强调个体属性或者过分强调关系属性的缺陷，克服了过度强调个体或过度社会化的局限性，通过分析个体企业的网络特征值进而研究其对企业行为的影响。

（二）研究方法方面

社会网络分析方法借鉴了数学中的图论，通过计算网络中成员的结构变量来刻画各种关系结构。本研究将社会网络有关理论与分析方法相结合，共同应用到战略管理的研究中来。具体包括：①通过小世界网络研究方法，对我国企业网络从2000年到2009年的动态发展趋势进行了研究。②通过QAP回归分析，对我国企业网络关系形成的影响因素进行了研究。③利用社会网络分析中的"派系"思想，根据"关系的互惠性"重新定义了联盟并在"资源—网络—绩效"的框架下，对联盟成员网络特征的作用进行了研究。④对2010—2013年企业网络演进特征及趋势进行了进一步比较分析。

（三）实践方面

在揭示和描述企业网络形态特征的基础上，本研究分别对网络关系形成的影响因素和网络位置的影响因素两个方面进行了研究，系统地解答了我国企业网络关系的形成，网络中企业所处位置的形成，以及我国企业网络结构产生差异的原因。本研究的实践意义主要表现在对如下两个重要问题的回应：首先，在宏观层面，我国正处于经济转型的重要时期，国家、政府应如何引导企业网络的构建，使企业创新最大化、收益最大化？其次，在微观层面，对企业个体而言，随着企业网络聚集程度的加强，企业如何在纷繁复杂的网络关系中寻找自身的定位？

二、研究贡献

(一) 我国企业网络的小世界属性

10年间，在企业网络中，同样是以500家企业为样本，而最大成分的个数在2000年、2004年、2009年分别为：152家（30.4%）、196家（39.2%）和352家（70.4%）。这说明越来越多的企业通过直接联系或间接联系参与到企业网络中来。但是，网络密度数据表明，尽管网络中节点数有显著的增加，而整个网络并没有因为节点数的增加而变得紧密。从网络连接数量来看，网络连接的数量也有显著的增加。但是为什么网络连接数量的显著增加却没有使整个网络的密度有显著增加呢？这与网络节点的连接方式有重要关系。网络连接数量的增加使得网络中个体网的密度增加，形成了高度聚类的网络，但由于整体网络中缺乏网络核心，所以网络中整体密度并没有显著增加，仍然处于关系稀疏的状态。本研究通过小世界研究对我国企业网络结构的动态变化进行了分析。结果表明，我国企业网络存在显著的小世界属性。网络的小世界属性为我国企业网络的动态演变提供了解释。

(二) 我国的企业网络仍未能打破地域的限制

由于本研究所选择的企业网络是基于股东交叉关系而形成的所有权网络，从这一个角度来说，在我国，企业的投资者倾向于对所属地域关系紧密的企业进行投资。基于这一研究结果，或许可以从企业网络的角度为区域经济的发展提供一定的解释。

资源是约束企业发展的一个重要因素，而某些稀缺资源更是决定了企业是否具有核心竞争能力的潜力。企业网络具有资源获取功能。作为网络中的各个节点，各企业的资源禀赋共同塑造了企业网络的资源禀赋。企业间的网络形态以及其承载资源的特性将会塑造企业获取资源的途径。在经济生活中，企业之间会形成各种各样的依赖关系。企业的生存离不开对企业间关系的依赖（Pennings, 1980）。但是，在相互依赖的企业间关系为企业的生存与发展带来促进作用的同时，也会对企业之间的关系形成制约，从而使企业间关系变得复杂。企业网络具有协调和控制作用。基于股东交叉关系的企业间联系是企业镶嵌于企业间关系的一个重要表现形式。镶嵌的关系可以促进具有复杂约束关系的企业之间相互协调，从而降低企业间关系的不确定性，提高经济运行的效率（任兵等, 2004）。企业网络也具有知识分享和组织学习的功能。由于网络中企业间联系有利于企业获取信息、知识以及技术，处于企业网络中的企业更易产生组织间的知识共享和学习，从而有利于企业创新。

（三）从寻求网络关系转向寻求网络中的"好位置"

以往对企业社会网络的研究偏重于考察网络关系强弱对网络成员的影响，而 Burt（1992）结构洞的观点则从社会结构中原来没有联系的网络成员之间建立间接的关系以获取信息和控制优势来定义社会资本，认为不是联系的强弱程度而是在网络成员之间是否有结构洞决定了信息与机会的潜力。这就为处在网络中的企业寻求"好位置"提供了理论支持。那么，什么是网络结构中的"好位置"？

笔者并不否认，处于网络中心位置对于企业资源的获取和配置往往具有重要的战略意义，但本研究的实证结果表明，网络中的"好位置"并不仅仅是网络中心。对于企业个体而言，追求占据网络中心位置以获取最多的直接联系并不是获取网络资源收益最大化的唯一途径。因为占据网络中介位置，拥有更多的结构洞数的企业往往会比处于其他位置的企业表现得更为出色。这也是网络结构中间接联系的重要性所在。间接联系关系可以使行动者获得更多的新信息和机遇，能够在企业与其他社会团体间搭建桥梁，提供企业在其直接联系里所不能获得的信息和资源。如何通过占据有利的网络位置以识别机会，避免危机，从而高效地获取和利用资源，最终提高企业绩效，才是企业的战略决策者需要考虑的首要问题。但同样值得注意的是，在实践中，无论是中心度提升或是结构洞的占有，可能都需要企业付出较高的成本和代价，进而对企业绩效产生影响。本研究结果对于企业如何获取、利用和发挥网络优势提供了一种可行的思路。

（四）企业网络是一种战略

企业间的网络形态以及其承载资源的特性将会塑造企业获取资源的途径。在资源成为制约企业发展的一个重要因素时，企业网络提供了企业配置资源的平台，与网络特征共同影响着企业的成长。企业网络的演化和发展使置身其中的企业"嵌入"了动态网络环境中，而"战略"是环境对绩效影响的研究中永恒的主题（Porter，1980）。网络中的成员企业为了获得更好的绩效水平，不断地寻求自身网络结构与整体网络环境的匹配（fit）。因此，企业网络是一种战略。

从企业的发展来看，冗余资源对于企业来说是一种常态。本研究将冗余资源分为两个阶段来讨论，目的在于探讨企业在自身冗余资源水平不同的情况下，应该如何调整自身在网络中所处的关系和位置，以便在企业网络中获取更大的收益。Koka 和 Prescott（2008）在研究中指出，企业在网络中寻求两种结构，一是卓越网络（prominence network），二是创新网络（entrepreneurial network）。

拥有卓越网络结构的企业通常具有较多的直接联系数，并在整个网络中占据中心位置。这种有利的结构能够使企业拥有更多的获取有价值的、关键的信息渠道。同时，由于直接联系的存在，企业间的距离也在缩短。因此可以为企业节省搜寻信息的成本

(Cyert & March, 1963)，并提高信息传递的效率。从网络中信息质量的角度来看，联盟成员企业之间的交流随着交往频率的增加，相互之间逐渐形成了依赖的关系（Rowley et al., 2000）；由于长期的合作，对彼此间的业务流程都有深入的了解，这些都有利于企业间知识、信息、技术的加速传递，从而提高企业绩效。此外，联盟网络具有信号传递功能（Podolny, 2001）。已经具有卓越网络结构的企业通常具有较高的声誉，因此，它们就成为许多企业建立联系的目标。通过与不具有卓越网络结构的企业建立联盟关系，具有卓越网络结构的企业获得了更强的议价（bargaining）能力，并进而拥有更多的竞争优势。值得注意的是，拥有卓越网络结构也不是万能的。由于拥有卓越网络结构的企业通常已经建立了比较完备的网络，因此对新信息、新技术、新知识的洞察力并不敏感，甚至很有可能忽略了这部分可能对企业至关重要的信息。

拥有创新网络结构也是企业追求的一种目标网络结构，在这一结构中，企业更为关注网络中不同群体间可能产生的信息多样化差异。因为在企业网络中，网络的密度在不同区域会有不同的表现，一些区域可能更为集中，另一些区域可能较为稀疏。企业的创新网络结构在网络中扮演"桥"（bridge），这种结构可以连接不同密度的网络区域，并在企业网络中起中介者的作用。企业网络中成员之间对彼此越不相了解，"桥"的作用就更为明显。而拥有创新网络结构的企业就会获取更多的收益。这一优势，显然是拥有卓越网络结构的企业所缺失的。创新网络结构与结构洞的概念是相吻合的。拥有更多结构洞的企业更容易在稀疏网络中扮演中介者，并且从原来没有联系的群体中获取信息收益。通过这种非冗余的桥连接，拥有创新网络结构的企业能够从不同的网络群体中获取多样化的信息（Koka & Prescott, 2002）。从联盟网络的角度来说，这种网络结构能够为联盟成员企业在企业网络中寻找不同的合作伙伴提供了更多的机会，也为开发新的产品和开发新的市场提供了更多的机会。通过获取这一优势网络结构，企业能够更加迅速地获取有关创新、技术变化、知识更新等信息，从而巩固自身在网络中的竞争优势。由于"桥"的价值体现在不同群体之间的唯一连接，这也就说明，对于追求创新网络结构的企业来说，先动者优势（first mover advantages）是非常重要的。可见，随着企业网络的动态演变和发展，以及网络间成员的交往增多，当处于这一网络结构的企业希望改变或调整自身网络结构的时候，这种转移可能会比较困难并缺乏效率（Koka & Prescott, 2008）。并且由于网络成员的多样性和异质性，网络成员间的隐性知识转移和传递是极为有限的。

"卓越网络结构"与"创新网络结构"可以理解为企业为了寻求对自身有利的网络结构而采用的战略。这两种战略的实施与企业的战略导向有关。对于网络中"保守者"导向的企业来说，它可能更加倾向于通过建立更多的直接联系和提升自身在网络的中心度，以获取卓越网络结构。而对于网络中"创业者"导向的企业来说，它们则可能倾向于采用可能获取多样化信息、技术的创新网络结构。对于这两种战略本身来说，并不存在"好"与"坏"的分别，关键在于，根据企业自身的情况，尤其是企业自身资源的情况，能否寻找到与企业匹配的战略。在这一点上，本研究的实证结果给出了答案。

第三节 研究局限与未来方向

尽管本研究采用了不同的视角和不同的研究方法进行分析，并得出了有价值的结论，但仍存在一些局限和有待深入研究的问题。

首先，在我国企业网络动态演变研究中，本研究考察了自 2000 年以来中国企业网络的演变、形成和作用，更为严谨的趋势预测可以通过未来引入计算机模拟等方法得到精确的结果。

其次，在本研究中，通过社会网络分析方法划分了"联盟"，并以此为例展开了一系列的实证研究。未来的研究也可以利用这一思路划分"企业集团"、"模块化组织"等进行比较研究。

再次，本研究并未就"股东"本身对企业绩效的影响进行检验。因为以社会网络的视角来看，在本研究中，"交叉股东"的主要功能是作为一种机制，管理者可以获得有关最新商业实践和整个商业环境的信息，从而使企业了解外部环境，减少外部环境的不确定性，并由此而形成企业网络。但是，本研究也注意到，股东交叉关系为企业聚集资源与获取多样化的信息提供了可能，提升了企业在资源配置、协调控制与环境应变的能力，降低了战略决策的风险。因此，未来的研究也可以从股东的异质性（如人口背景特征、政治资本等方面）进行进一步的讨论。

最后，在研究方法上，未来的研究也可以加入案例研究方法，对网络特征值明显的企业进行深入的案例讨论等。

第二部分

专题：社会网络视角下其他类型企业网络的研究及前沿问题

专题一 连锁董事网络

第一节 研究背景

本研究选择董事作为企业之间建立联系的机制，是因为企业董事一般都是在管理（战略管理、会计等）、法律、技术方面的专家，他们本身具有的特质以及他们在企业决策和管理中的地位决定了他们是企业中最好的"看门人"扮演者。Cohen 和 Levinthal（1990）最早将"看门人"（doorkeeper）概念引入到组织行为分析中来，他们指出，为了更好地理解企业吸收能力的根源，应该关注组织和外部环境交流的结构，组织间的交流系统可能依赖于从外部环境转移信息的特殊行动者——"看门人"，他们处于组织和外部环境的接口处，对于一些有价值、更难理解和吸收的信息起到两重作用，即监视外部环境和将信息转化为企业容易理解的信息形式。任兵等（2008）认为，连锁董事通过以下几个因素来影响企业行为和绩效：环境概览、吸收、协调与控制。Baker（2007）认为，企业社会资本（有形和无形）存在于企业间的关系网络中，并能够通过企业间的关系网络给企业带来有助于实现特定目标的资源。连锁董事作为企业资本的重要表现和最关键的一种企业间网络关系，这种网络关系是个体成员（连锁董事）同时在两家或者两家以上企业的董事会任职形成的企业间关系网络（Mizruchi，1988）。任兵等（2001；2004；2007；2008）、段海艳和仲伟周（2008）、彭正银和廖天野（2008）、卢昌崇和陈仕华（2009）、刘涛和朱敏（2009）等都证实了连锁董事及因其形成的企业网络在中国企业间的广泛存在，并从公司治理、企业绩效、企业联盟等角度分析了连锁董事及因其形成的企业网络对企业的影响。

第二节 数据来源

一、样本范围

根据中国证监会2001年4月颁布的《上市公司分类指引》，本研究选取2009年我国制造业和信息技术业类沪深A股上市企业为研究对象。在样本的选择上，遵循如下原则进行筛选：剔除经营异常的T类公司、年报数据缺失的公司。据此，最终确定875家公司作为研究样本。

之所以选择制造业和信息技术业为研究样本，除了对有价值的商业信息与其他类型的企业有同样的需求外，这两个行业的企业对知识（特别是新技术）的敏感程度更高，它们更倾向于通过建立企业间的网络获取这些有价值的信息或者知识。本研究的数据来源于国泰安（CSMAR）数据库。研究过程中，首先使用EXCEL对连锁董事信息数据进行初步加工整理，然后使用UCINET6.0软件进行社会网络分析。

根据证监会行业分类，本文选取制造业和信息技术业。制造业包括以下领域：食品、饮料、纺织、服装、皮毛、造纸、印刷、木材、家具、石油、化学、塑胶、塑料、电子、金属、非金属、医药、生物制品和其他。信息技术业包括4个子行业，即通信及相关设备制造业、计算机及相关设备制造业、通信服务业和计算机应用服务业。

二、数据收集和整理

（一）构建隶属关系矩阵（2-模网络）

一个董事出现在两个（或多个）公司之中，这两个（或多个）公司之间就建立了联系，进而形成了企业之间由于拥有共同董事而建立的网络。也就是说，本研究所关注的是企业之间由于共享董事而建立的关系，因为企业的网络关系由其是否拥有共同董事而决定的。

从CSMAR数据库中获得样本企业董事的基本情况后，用EXCEL软件对数据初步处理和重新组织。为了剔除重名的情况，逐一核对董事的年龄、简历等信息，共统计出8398名企业董事（包括独立董事）。通过对董事的数据的初步处理，发现527名符合连锁董事定义的董事，从而形成一个规模为 875×527 的"企业-董事"2-模矩阵，每个格值用二进制数"1"或者"0"来表示，分别表达了每个连锁董事是否出现在每个企业中。

（二）构建邻接矩阵（2-模网络向1-模网络转化）

根据关系数据是二值还是多值，矩阵转换的方法分为两种，即对应乘积法（cross-product method）和最小值法（minimum method）。前者适用于二值数据，后者适用于多值数据，本研究因为是二值关系数据，因此采用前一种方法。对应乘积法将行动者 A 所在行的每一项分别乘以行动者 B 的对应项，然后加总，因此乘积表示"共同发生"次数的累加。对于二值数据来说，只有当每个行动者在某个事件上都出现的时候，乘积才是"1"。因此，在各个事件上的总和就等于行动者共同参与的事件的次数，这同时也测量了关系的强度。如果两个行动者都没有参与事件，结果为 $0 \times 0 = 0$；如果一个行动者参与事件，另外一个不参与，结果与前面一样：$1 \times 0 = 0$；只有当两个行动者都参与了一个事件的时候，即 $1 \times 1 = 1$，在结果矩阵中二者对应的关系值才是"1"。

在本研究中，1-模矩阵为"企业-企业"关系矩阵，该矩阵揭示了企业之间连锁董事的情况。矩阵中每个格值不仅表示连锁董事是否存在，还表达了每对公司之间连锁董事的个数。通过对前面 2-模矩阵（矩阵规模为 875×527）进行转换（这个过程由 UCINET6.0 软件完成），就可以得到最终需要的"企业-企业"关系矩阵（1-模矩阵，规模为 875×875）。

第三节 网络特征

一、网络分布描述

（一）成分（component）描述

本研究选取了 875 家制造业和信息技术业上市公司作为研究样本。为了对基于连锁董事形成的企业网络有一个直观和清晰的认识，第一步进行了成分分析。成分分析的目的是发现 875 个样本企业形成的企业网络中的"子图/群"（sub-graph），所有对群体结构进行测量的都应该起始于"子群"（斯科特，2007）。正如前面所介绍的，成分分析是建立在"子群内外关系"基础上的凝聚子群，每个子群中任意两个节点之间都存在通路，通路可以通过直接或者间接联系形成，但是子图中的节点与子群外的点无关联，这样每个子群构成了一个真正意义上的社会网络。如表 2-1-1 所示，在这 875 个样本企业中，共存在 62 个这样的子群，其中最大的一个子群网络涵盖了 435 家企业，占总样本的 49.70%；孤立点有 236 个，占总样本的 27%；包含在成分 1~62 中的企业总共 639 家，这意味着因为连锁董事企业建立了连接的有 639 家，占总样本的 73.03%。图

2-1-1展示了最大子群的网络图（图中三角形表示出于切点位置的企业）。如果需要对网络特征变量进行进一步的研究，进行成分分析的另外一个目的是使得网络特征变量之间具有可比性。

表2-1-1 成分分析

成分	成员数量（个）	比例（%）	成分	成员数量（个）	比例（%）
1	435	49.7	27	3	0.3
2	15	1.7	28	3	0.3
3	11	1.3	29	2	0.2
4	10	1.1	30	2	0.2
5	8	0.9	31	2	0.2
6	8	0.9	32	2	0.2
7	7	0.8	33	2	0.2
8	6	0.7	34	2	0.2
9	6	0.7	35	2	0.2
10	5	0.6	36	2	0.2
11	5	0.6	37	2	0.2
12	4	0.5	38	2	0.2
13	4	0.5	39	2	0.2
14	4	0.5	40	2	0.2
15	4	0.5	41	2	0.2
16	3	0.3	42	2	0.2
17	3	0.3	43	2	0.2
18	3	0.3	44	2	0.2
19	3	0.3	45	2	0.2
20	3	0.3	46	2	0.2
21	3	0.3	47	2	0.2
22	3	0.3	48	2	0.2
23	3	0.3	49	2	0.2
24	3	0.3	50	2	0.2
25	3	0.3	51	2	0.2
26	3	0.3	52	2	0.2

续表 2-1-1

成分	成员数量（个）	比例（%）	成分	成员数量（个）	比例（%）
53	2	0.2	59	2	0.2
54	2	0.2	60	2	0.2
55	2	0.2	61	2	0.2
56	2	0.2	62	2	0.2
57	2	0.2	孤立点	236	27
58	2	0.2			

表 2-1-2 成分分析总体统计

	总样本	孤立点	成分 1～62	成分 1
数量（个）	875	236	639	435
比例（%）	100	27.00	73.03	49.70

图 2-1-1 最大成分网络（正三角形代表切点）

表2-1-3和表2-1-4显示了对中国连锁董事形成企业网络的研究。卢昌崇和陈仕华（2009）对中国1999年至2007年A股上市公司因为连锁董事形成连接的企业数量进行了统计，结果发现存在连接的企业数量比重从1999年开始每年都大幅度提高。任兵（2001）连续两年对中国A股收入前140名企业的连锁董事情况进行了统计研究发现，因为连锁董事而建立连接的企业数量在逐步提高。同样的，Brookfield（2010）对中国台湾地区上市企业的研究也有同样的发现。Ren（2009）以1999年中国A股的949家企业为样本，研究发现，最大子群为116家企业，占总样本的12.22%，有412家企业因为连锁董事建立了连接，占43.41%。相对于上面提到的研究，在本研究选取的样本内，不管是存在的连接，还是最大的子群，都表现出了更大的网络规模，这至少说明，在制造业和信息技术业这两个大类行业中，连锁董事普遍存在，并且企业之间因为连锁董事而建立了广泛的企业网络。

表2-1-3 1999—2007年中国上市公司连锁董事基本情况

年度（年）	1999	2000	2001	2002	2003	2004	2005	2006	2007
样本数（个）	930	1083	1038	1204	1264	1353	1251	1410	1524
存在连接的企业数（个）	431	513	565	907	1044	1149	1134	1174	1285
比例（%）	46.34	47.37	54.43	75.33	82.59	84.92	90.65	83.26	84.32

资料来源：根据卢昌崇和陈仕华（2009）的研究整理而得。

表2-1-4 同类研究比较 （单位：个）

研究者	样本范围	样本量	存在连接数	最大子群
任兵，2001	1998年沪深两市收入排名靠前的140家上市公司	140	50（35.8%）	
	1999年沪深两市收入排名靠前的140家上市公司	140	55（39.3%）	
Ren，2009	1999年A股所有公司	949	412（43.41%）	116（12.22%）
Brookfield，2010	1999中国台湾收入排名靠前的200家上市公司	200	136（68%）	
	2000中国台湾收入排名靠前的200家上市公司	200	146（73%）	
本研究	2009年A股制造业和信息技术业公司	875	639（73.03%）	435（49.71%）

资料来源：作者整理。

(二) 行政地区分布

表 2-1-5 展示了样本企业以及子群中企业在各个行政区域的分布。从直观上可以发现在最大的子群中，每个地区的企业数量占总样本的比例和其占最大子群中企业总数的比例趋势相当，即最大子群中，各个地区的数量分布相对均匀，说明这里发现的企业网络具有跨地区特征，即网络具有全国性。

表 2-1-5 行政地区分布

行政区域	成分1		成分1~62		孤立点		总样本	
	公司数（个）	比例（%）	公司数（个）	比例（%）	公司数（个）	比例（%）	公司数（个）	比例（%）
安徽	18	4.14	34	5.32	6	2.54	40	4.57
北京	31	7.13	37	5.79	8	3.39	45	5.14
重庆	8	1.84	8	1.25	1	0.42	9	1.03
福建	17	3.91	28	4.38	5	2.12	33	3.77
甘肃	6	1.38	9	1.41	4	1.69	13	1.49
广东	47	10.80	72	11.27	38	16.10	110	12.57
广西	2	0.46	2	0.31	11	4.66	13	1.49
贵州	5	1.15	10	1.56	4	1.69	14	1.60
海南	1	0.23	2	0.31	1	0.42	3	0.34
河北	11	2.53	14	2.19	7	2.97	21	2.40
河南	17	3.91	21	3.29	7	2.97	28	3.20
黑龙江	2	0.46	9	1.41	2	0.85	11	1.26
湖北	8	1.84	21	3.29	12	5.08	33	3.77
湖南	22	5.06	22	3.44	8	3.39	30	3.43
吉林	7	1.61	14	2.19	6	2.54	20	2.29
江苏	34	7.82	57	8.92	23	9.75	80	9.14
江西	11	2.53	12	1.88	3	1.27	15	1.71
辽宁	5	1.15	7	1.10	9	3.81	16	1.83
内蒙古	5	1.15	8	1.25	4	1.69	12	1.37
宁夏	4	0.92	5	0.78	4	1.69	9	1.03

续表 2-1-5

行政区域	成分1		成分1～62		孤立点		总样本	
	公司数（个）	比例（%）	公司数（个）	比例（%）	公司数（个）	比例（%）	公司数（个）	比例（%）
青海	1	0.23	4	0.63	2	0.85	6	0.69
山东	33	7.59	53	8.29	12	5.08	65	7.43
山西	7	1.61	8	1.25	5	2.12	13	1.49
陕西	5	1.15	8	1.25	3	1.27	11	1.26
上海	14	3.22	25	3.91	14	5.93	39	4.46
四川	15	3.45	25	3.91	15	6.36	40	4.57
天津	2	0.46	6	0.94	4	1.69	10	1.14
新疆	17	3.91	17	2.66	3	1.27	20	2.29
西藏	1	0.23	2	0.31	2	0.85	4	0.46
云南	10	2.30	11	1.72	3	1.27	14	1.60
浙江	69	15.86	88	13.77	10	4.24	98	11.20
合计	435	100	639	100	236	100	875	100

（三）经济区域分布

1. 三大经济区分布

根据国家统计局提供的分类标准，我国大陆区域整体上可划分为三大经济地区（地带）。东部地区包括北京、天津、河北、辽宁、上海、江苏、浙江、福建、山东、广东、广西、海南12个省、自治区、直辖市；中部地区包括山西、内蒙古、吉林、黑龙江、安徽、江西、河南、湖北、湖南9个省、自治区；西部地区包括重庆、四川、贵州、云南、西藏、陕西、甘肃、宁夏、青海、新疆10个省、自治区、直辖市。据此，本研究按东、中、西三个区域提供了相应的网络分布。

如表2-1-6所示，在总样本中，这三个经济地带所拥有的企业分别占总样本的60.91%、23.09%、16.02%。在最大子群中，东、中、西部所拥有的企业数分别为266、97、72，分别占最大子群企业总数的61.16%、22.31%和16.56%。企业之间存在连接的企业数（非孤立点）在三个经济地带分别为391、149、99，分别占存在连接的企业总数的61.18%、23.32%和15.48%。这三种比例基本上是一致的，正如在各个行政区域中的分布一样，这说明网络连接在这三个经济地带中相对均匀的分布，企业网络具有跨区域性特征。

表 2-1-6　企业网络分布纵向比较

地区	成分1		成分1~62		孤立点		总样本	
	公司数（个）	比例（%）	公司数（个）	比例（%）	公司数（个）	比例（%）	公司数（个）	比例（%）
东部地区	266	61.16	391	61.18	142	60.16	533	60.91
中部地区	97	22.31	149	23.32	53	22.45	202	23.09
西部地区	72	16.56	99	15.48	41	17.36	140	16.02
合集	435	100	639	100	236	100	875	100

为了分析各个经济地带内部存在连接的企业的分布情况，本研究对这三个经济地带中的网络分布进行了横向比较。如表 2-1-7 所示，东、中、西部的企业总数分别为 533、202 和 140。东部地区存在孤立点 142 个，占东部企业总数的 26.64%；存在连接的企业（成分1~62）391 家，占东部企业总数的 73.36%；在最大子群（成分1）中，东部地区拥有 266 家企业，占东部公司总数的 49.91%。中部地区，存在孤立点 53 个，占中部企业总数的 26.24%；存在连接的企业 149 家，占中部公司总数的 73.76%；在最大子群中，中部地区拥有 97 家公司，占中部公司总数的 48.02%。西部地区，存在孤立点 41 个，占西部公司总数的 29.29%；存在连接的企业 99 家，占西部公司总数的 70.71%；在最大子群中，西部地区拥有 72 家公司，占西部公司总数的 51.43%。

表 2-1-7　企业网络分布横向比较

地区	总数	成分1		成分1~62		孤立点	
	公司数（个）	公司数（个）	比例（%）	公司数（个）	比例（%）	公司数（个）	比例（%）
东部地区	533	266	49.91	391	73.36	142	26.64
中部地区	202	97	48.02	149	73.76	53	26.24
西部地区	140	72	51.43	99	70.71	41	29.29

2. 重点经济区域分布

表 2-1-8 展示了北京、天津、广东、江苏和上海这些区域企业网络分布情况。这 5 个区域都是中国经济最活跃的地区，这 5 个区域形成我国珠三角、长三角、京津唐三

大经济地带。其中，天津、上海、广东这三个地区的孤立点相对较多，浙江的孤立点相对最少，总数98家企业中，只有10家企业是孤立点，占10.2%，其中89.80%的企业都存在连接。这说明浙江的企业形成了范围较广的企业连锁董事网络。

表2-1-8 重点经济区域网络分布

地区	总数 公司数（个）	成分1 公司数（个）	成分1 比例（%）	成分1~62 公司数（个）	成分1~62 比例（%）	孤立点 公司数（个）	孤立点 比例（%）
北京	45	31	68.89	37	82.22	8	17.78
广东	110	47	42.73	72	65.45	38	34.55
江苏	80	34	42.50	57	71.25	23	28.75
上海	39	14	35.90	25	64.10	14	35.90
天津	10	2	20.00	6	60.00	4	40.00
浙江	98	69	70.41	88	89.80	10	10.20
总计	382	197		285		97	

二、整体网络特征描述

（一）企业整体网络特征描述

如表2-1-9所示，总样本的企业整体网络的网络密度为0.0022，即实际关系数与理论上的最大关系数之比为0.0022，其理论上的最大关系数为$N(N-1)/2=382375$条，因此这些企业实际建立的连接有842条。最大子群网络密度为0.0068，其实际存在的连接642条。在总样本和最大子群企业网络中，分别存在221个和169个切点，这说明在总样本和最大子群企业网络分别存在221个和169个能够对网络中其他企业之间的连接产生影响的企业，这些企业占据的位置为结构洞相对丰富的位置，因此它们具有控制信息，成为"第三方"的潜力。在总样本和最大子群企业网络中，分别存在104个和87个派系，派系为联系相对较为紧密的群体，最大子群中存在的派系相对较多，即最大子群中的企业之间形成了相对较多的关系密切的群体。

表2-1-9 总样本企业整体网络特征

样本范围	企业数（个）	网络密度	切点个数（个）	派系个数（个）
总样本	875	0.0022	221	104
最大子群	435	0.0068	169	87

（二）重点经济地区整体网络特征

为了更加深入地认识和了解我国重要经济区域的网络特征，本研究选取了前面提供的五个重点经济区域，即北京、天津、广东、江苏和上海为研究对象，并根据京津唐、珠三角和长三角的概念，将这五个地区分为了三个经济区域，分别对这三个经济区域的整体网络特征进行描述和分析。

如表2-1-10所示，在总样本中，代表珠三角经济区的广东有110家企业，代表长三角经济区的上海、江苏和浙江有217家企业，代表京津唐经济区的北京、天津有55家企业。从网络密度这个指标看，北京和天津企业之间的联系较为紧密，但是这个区域内同时存在较多的孤立点（有29个），并且这个区域内企业网络之中没有形成小的子群（即相对联系紧密的小团体），这说明这个区域内的企业形成的最多的是两两联系。在这三个区域中，江浙地区企业网络中的孤立点相对最少（有65个）。并且这个区域内的企业网络中存在非常多的联系紧密的小群体，这样的小群体有24个。

表2-1-10 重点经济地区整体网络特征

地区	企业数（个）	网络密度	切点个数（个）	派系个数（个）	孤立点（个）
广东	110	0.0073	12	3	56
上海、江苏和浙江	217	0.0073	45	24	65
北京、天津	55	0.0094	2	0	29

图2-1-2至图2-1-4为这三个区域内企业的网络图（排除孤立点）。可以发现，北京和天津区域内的企业之间建立的多为两两联系，没有形成大规模的连通子图（成分）。上海、江苏和浙江区域内企业之间形成了较多的派系，并且还形成了两个规模相对较大的连通子图（成分）。

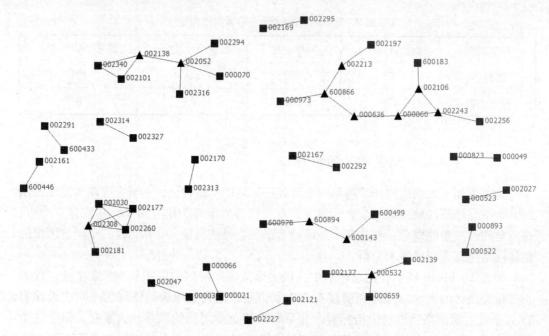

图2-1-2　广东企业网络（正三角形代表切点）

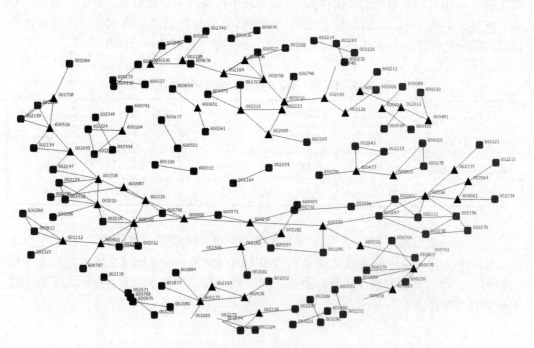

图2-1-3　上海、江苏和浙江企业网络分布（正三角形代表切点）

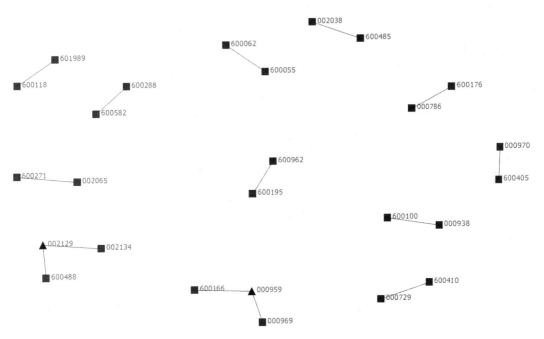

图 2-1-4　北京、天津企业网络分布（正三角形代表切点）

【扩展阅读】 近年重要相关文献

［1］Connelly B L, Johnson J L, Tihanyi L. 2011. More than adopters: Competing influences in the interlocking directorate［J］. *Organization Science*, 22（3）: 688-703.

［2］Dreiling M, Darves D. 2011. Corporate unity in American trade policy: A network analysis of corporate-dyad political action［J］. *American Journal of Sociology*, 116（5）: 1514-1563.

［3］Geletkantycz M A, Boyd B K. 2011. CEO outside directorships and firm performance: A reconciliation of agency and embeddedness views［J］. *Academy of Management Journal*, 54（2）: 335-352.

［4］Marquis C, Davis G F, Glynn M A. 2013. Golfing alone? corporations, elites, and nonprofit growth in 100 American communities［J］. *Organization Science*, 24（1）: 39-57.

［5］Moore C B, Bell R G, Filatotchev I, Rasheed A A. 2012. Foreign IPO capital market choice: Understanding the institutional fit of corporate governance［J］. *Strategic Management Journal*, 33（8）: 914-937.

［6］Shropshire C. 2010. The role of the interlocking director and board receptivity in the diffusion of practices [J]. *Academy of Management Review*, 35 (2): 246 - 264.

[7] Tian J J, Haleblian J J, Rajagopalan N. 2011. The effects of board human and social capital on investor reactions to new CEO selection [J]. *Strategic Management Journal*, 32 (7): 731 - 747.

[8] Vedres B, Stark D. 2010. Structural folds: Generative disruption in overlapping groups [J]. *American Journal of Sociology*, 115 (4): 1150 - 1190.

[9] Yue L Q. 2012. Asymmetric effects of fashions on the formation and dissolution of networks: Board interlocks with internet companies, 1996 - 2006 [J]. *Organization Science*, 23 (4): 1114 - 1134.

[10] Yue L Q, Luo J, Ingram P. 2013. The failure of private regulation elite control and market crises in the Manhattan banking industry [J]. *Administrative Science Quarterly*, 58 (1): 37 - 68.

专题二 旅游企业与银行联盟关系网络

第一节 研究背景

随着信用卡在日常消费中的普及,银行等金融机构开始通过发行联名卡的方式与其他企业建立联系,进而构建战略联盟,以期拥有共同的客户群体。这一现象在旅游相关企业中尤为常见,并且为了获取可能的竞争优势,企业往往与多家银行建立联系,进而形成联盟网络。

第二节 数据来源

一、样本范围

样本来源于中国银行业监督管理委员会(CBRC)获取的国内银行业金融机构列表(见表2-2-1)。

表2-2-1 国内银行金融机构

国有商业银行(5家)	中国工商银行、中国农业银行、中国银行、中国建设银行、交通银行
股份制商业银行(12家)	中信银行、中国光大银行、华夏银行、中国民生银行、招商银行、兴业银行、广发银行、平安银行、上海浦东发展银行、恒丰银行、浙商银行、渤海银行
邮政储蓄银行(1家)	中国邮政储蓄银行
城市商业银行(135家)*	
农林商业银行(119家)*	

注:"*"详细列表见中国银行业监督管理委员会官方网站。

二、数据筛选

根据列表（表2-2-1）逐一访问上述银行的官方网站，获取每间银行所发行的全部联名信用卡信息，并整理出与旅游相关企业联名信用卡的信息。经过数据的筛选、比对和整理，得到共计72家旅游相关企业，包括酒店、旅行社、旅游景区、俱乐部、航空公司、餐饮，以及旅游电子商务网站等行业企业。

三、构建2-模矩阵

矩阵的行表示旅游相关企业，矩阵的列表示银行。当某旅游企业与某银行有联名信用卡时，将矩阵中该行和该列所对应的值赋值为"1"；否则赋值为"0"。

第三节 网络分析及结果

一、2-模网络结构

2-模网络结构如图2-2-1所示，其中正方形表示银行，圆形代表旅游企业（作者按：图中企业名称统一用规范简称，如四川航空简称为"川航"）。

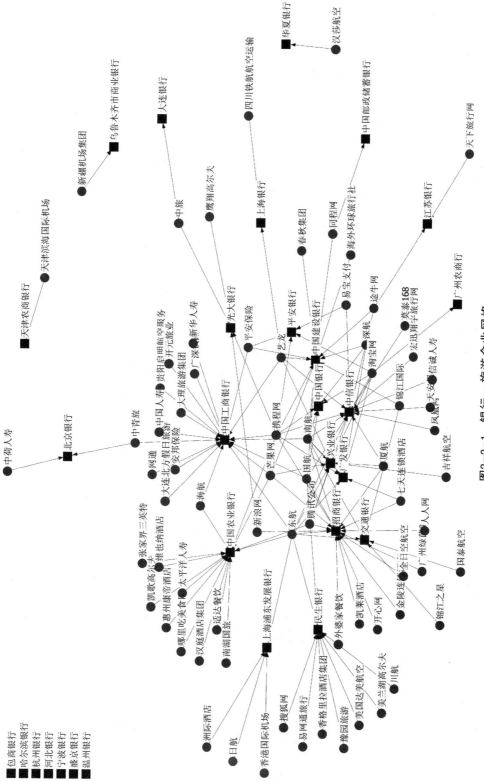

图2-2-1 银行—旅游企业网络

二、1-模网络：旅游企业网络

(一) 旅游企业间网络的四种中心度指标

在网络中，企业的度数中心度是与企业直接相连的其他企业的个数，主要关注企业的直接联系，而不考虑间接联系，换言之该指标只关注企业的局部关系（刘军，2014）。由表2-2-2中数据可知，旅游企业度数中心度的平均值为21.479，这说明整体上这些旅游企业之间的直接联系已经十分普遍，同时东方航空的度数中心度最高，可见许多旅游企业和东方航空建立了直接联系。企业的接近中心度是一种针对不受网络其他企业控制的测度（刘军，2014）。表2-2-2中结果显示，旅游企业网络中企业接近中心度的均值为20.888，其中东方航空的接近中心度最高，为24.315，说明它在网络中受到其他企业控制的程度最低，意味着其在网络中所具有的"权力"和"地位"较高。企业的中介中心度测量的是企业在多大程度上控制网络中其他企业之间的联系。表2-2-2中显示，旅游企业中介中心度的平均值为1.095，这说明旅游企业网络中只有一部分企业具备这种控制其他企业之间联系的能力，其中东方航空的中介中心度值最高，为26.203，这说明其在网络中具有极强的控制力，掌控着网络中的关键通道。特征向量中心度是一种基于与特定行动者相连接的其他行动者的中心性来度量一个行动者（节点）的中心性指标，刻画的是某一个点在网络中的相对中心度，企业的特征向量中心度越高，其在网络中的地位就越大（Yang et al., 2010）。表2-2-2中结果显示东方航空的特征向量中心度值最大，这些指标说明，东方航空在整个旅游企业网络中处于相对核心的位置。

表2-2-2 旅游企业网络中心度指标汇总

公司名称	度数中心度	接近中心度	中介中心度	特征向量中心度
七天连锁酒店	23.944	21.006	0.103	17.068
腾讯公司	49.296	22.327	3.213	27.669
安邦保险	23.944	21.131	0	18.505
四川航空	11.268	20.344	0	4.399
春秋集团	15.493	20.580	0	11.660
大理旅游集团	23.944	21.131	0	18.505
大连北方假日旅游公司	23.944	21.131	0	18.505
东方航空	84.507	24.315	26.203	39.351

续表2-2-2

公司名称	度数中心度	接近中心度	中介中心度	特征向量中心度
凤凰网	19.718	20.944	0	14.840
海外环球旅行社	15.493	20.580	0	11.660
广深铁路	23.944	21.131	0	18.505
广州绿茵阁	21.127	20.882	0	15.666
贵阳启明航空服务	23.944	21.131	0	18.505
中国国际航空	67.606	23.355	10.367	35.781
国泰航空	5.634	20.113	0	3.994
海南航空	38.028	21.779	1.444	23.739
哪里吃美食网	18.310	20.760	0	10.927
汉莎航空	0	—	0	0
汉庭酒店集团	18.310	20.760	0	10.927
宏迅翔宇旅行网	19.718	20.944	0	14.840
惠州康帝酒店	18.310	20.760	0	10.927
吉祥航空	9.859	20.344	0	9.014
金陵连锁酒店	21.127	20.882	0	15.666
锦江国际	19.718	20.944	0.448	13.626
锦江之星	5.634	20.113	0	3.994
开心网	21.127	20.882	0	15.666
开元旅业	23.944	21.131	0	18.505
凯歌高尔夫	18.310	20.760	0	10.927
凯莱酒店	21.127	20.882	0	15.666
芒果网	63.380	23.127	6.180	35.223
美国达美航空	11.268	20.344	0	4.399
美兰湖高尔夫	11.268	20.344	0	4.399
莫泰168	19.718	20.944	0	14.840
南方航空	61.972	23.052	5.614	35.208
南湖国旅	18.310	20.760	0	10.927
平安保险	35.211	21.713	0.772	23.411
全日空航空	21.127	20.882	0	15.666

续表2-2-2

公司名称	度数中心度	接近中心度	中介中心度	特征向量中心度
人人网	21.127	20.882	0	15.666
日本航空	4.225	19.888	0	1.867
厦门航空	35.211	21.646	0.773	22.599
适达餐饮	18.310	20.760	0	10.927
豫园旅游	11.268	20.344	0	4.399
深圳航空	19.718	20.944	0.128	14.791
四川铁航航空运输	1.408	18.442	0	1.257
搜狐网	11.268	20.344	0	4.399
太平洋人寿	18.310	20.760	0	10.927
淘宝网	26.761	21.257	0.254	18.972
天安保险	19.718	20.944	0	14.840
天津滨海国际机场	0	—	0	0
天下旅行网	1.408	17.839	0	0.864
同程网	15.493	20.580	0	11.660
途牛网	30.986	21.450	3.104	19.944
中国网通	23.944	21.131	0	18.505
维也纳酒店	18.310	20.760	0	10.927
香港国际机场	4.225	19.888	0	1.867
香格里拉酒店集团	11.268	20.344	0	4.399
携程网	73.239	23.667	11.837	38.792
新华人寿	23.944	21.131	0	18.505
新疆机场集团	0	—	0	0
新浪网	23.944	21.006	1.064	15.871
信诚人寿	19.718	20.944	0	14.840
艺龙网	47.887	22.327	4.642	29.007
易宝支付	21.127	21.006	0.034	15.812
易网通旅行	11.268	20.344	0	4.399
鹰翔高尔夫	4.225	19.452	0	2.476
张家界三英特	18.310	20.760	0	10.927

续表 2-2-2

公司名称	度数中心度	接近中心度	中介中心度	特征向量中心度
外婆家餐饮	21.127	20.882	0	15.666
中国人寿	23.944	21.131	0	18.505
中荷人寿	1.408	17.662	0	0.803
中国旅行社	4.225	19.452	0	2.476
中青旅	25.352	21.194	2.696	18.539
洲际酒店	4.225	19.888	0	1.867
均值	21.479	20.888	1.095	13.756
标准差	16.736	1.073	3.672	9.141

（二）旅游企业网络中的四种结构洞指标

企业的结构洞指数主要考虑四个指标：有效规模、效率、限制度和等级度，其中第三个指标最为重要。企业在网络中的有效规模等于该企业的个体网规模减去网络的冗余度，即网络中的非冗余因素，而企业在网络中的效率则是指它的有效规模和实际规模之比（刘军，2014）。表 2-2-3 中结果显示，东方航空的有效规模和效率在该网络中是最高的，说明它在网络中的冗余联系较少。企业在网络中的限制度描述的是它在自己的网络中拥有运用结构洞的能力，测量的是它在网络中行动机会的总限制性（aggregate constraint）（Burt，1992），其值越高，就说明它受到的限制程度就越高，行动的机会就越少（Borgatti et al.，1998），拥有结构洞的能力就越低；反之，其值越低，说明其可能获得的行动机会就越多。其中，东方航空的限制度最低，说明它在网络中运用结构洞的能力最强。等级度指的是限制性在多大程度上集中在一个行动者身上，当所有的限制都集中于一个企业时，该值就达到最大值"1"。

表 2-2-3 旅游企业网络结构洞指标汇总

公司名称	有效规模	效率	限制度	等级度
七天连锁酒店	6.998	0.389	0.235	0.079
腾讯公司	19.659	0.546	0.145	0.182
安邦保险	5.332	0.296	0.216	0.012
四川航空	2.167	0.241	0.401	0.003
春秋集团	5.011	0.418	0.323	0.022

续表2-2-3

公司名称	有效规模	效率	限制度	等级度
大理旅游集团	5.332	0.296	0.216	0.012
大连北方假日旅游公司	5.332	0.296	0.216	0.012
东方航空	39.968	0.655	0.109	0.296
凤凰网	5.687	0.379	0.260	0.017
海外环球旅行社	5.011	0.418	0.323	0.022
广深铁路	5.332	0.296	0.216	0.012
广州绿茵阁	5.490	0.343	0.243	0.015
贵阳启明航空服务公司	5.332	0.296	0.216	0.012
中国国际航空	29.632	0.605	0.120	0.236
国泰航空	2.267	0.453	0.703	0.036
海南航空	13.515	0.483	0.152	0.077
哪里吃美食网	3.650	0.261	0.271	0.008
汉莎航空	1	1	1	1
汉庭酒店集团	3.650	0.261	0.271	0.008
宏迅翔宇旅行网	5.687	0.379	0.260	0.017
惠州康帝酒店	3.650	0.261	0.271	0.008
吉祥航空	3.313	0.414	0.481	0.021
金陵连锁酒店	5.490	0.343	0.243	0.015
锦江国际	7.640	0.509	0.272	0.075
锦江之星	2.267	0.453	0.703	0.036
开心网	5.490	0.343	0.243	0.015
开元旅业	5.332	0.296	0.216	0.012
凯歌高尔夫	3.650	0.261	0.271	0.008
凯莱酒店	5.490	0.343	0.243	0.015
芒果网	26.931	0.585	0.122	0.210
美国达美航空	2.167	0.241	0.401	0.003
美兰湖高尔夫	2.167	0.241	0.401	0.003
莫泰168	5.687	0.379	0.260	0.017
南方航空	24.630	0.547	0.138	0.258

续表 2-2-3

公司名称	有效规模	效率	限制度	等级度
南湖国旅	3.650	0.261	0.271	0.008
平安保险	11.964	0.460	0.177	0.124
全日空航空	5.490	0.343	0.243	0.015
人人网	5.490	0.343	0.243	0.015
日本航空	1	0.250	0.766	0
厦门航空	11.909	0.458	0.183	0.138
适达餐饮	3.650	0.261	0.271	0.008
豫园旅游	2.167	0.241	0.401	0.003
深圳航空	6.534	0.436	0.297	0.131
四川铁航航空运输	1	0.500	1.125	0
搜狐网	2.167	0.241	0.401	0.003
太平洋人寿	3.650	0.261	0.271	0.008
淘宝网	8.605	0.430	0.241	0.168
天安保险	5.687	0.379	0.260	0.017
天津滨海国际机场	1	1	1	1
天下旅行网	1	0.500	1.125	0
同程网	5.610	0.468	0.319	0.021
途牛网	12.245	0.532	0.192	0.110
中国网通	5.332	0.296	0.216	0.012
维也纳酒店	3.650	0.261	0.271	0.008
香港国际机场	1	0.250	0.766	0
香格里拉酒店集团	2.167	0.241	0.401	0.003
携程网	31.932	0.602	0.119	0.266
新华人寿	5.332	0.296	0.216	0.012
新疆机场集团	1	1	1	1
新浪网	7.852	0.436	0.225	0.063
信诚人寿	5.687	0.379	0.260	0.017
艺龙网	18.524	0.529	0.151	0.189
易宝支付	6.529	0.408	0.254	0.054

续表2-2-3

公司名称	有效规模	效率	限制度	等级度
易网通旅行	2.167	0.241	0.401	0.003
鹰翔高尔夫	1.500	0.375	0.792	0.007
张家界三英特	3.650	0.261	0.271	0.008
外婆家餐饮	5.490	0.343	0.243	0.015
中国人寿	5.332	0.296	0.216	0.012
中荷人寿	1	0.500	1.125	0
中国旅行社	1.900	0.475	0.747	0.031
中青旅	7.347	0.387	0.204	0.030
洲际酒店	1	0.250	0.766	0
均值	6.822	0.399	0.3699	0.0879

（三）旅游企业网络密度和凝聚子群

在本研究中，对于旅游企业网络密度的测量采取个体网密度的指标，主要用它描述的是以某一个企业为主体的个体网络中的密度，就是"实际存在的关系总数"除以"理论上可能存在的最多关系总数"（刘军，2014）。而"凝聚子群是满足如下条件的一个行动者子集合，即在此集合中的行动者之间具有相对较强、直接、紧密、经常的或者积极的关系"（Wasserman & Faust，1994）。基于互惠性基础上的凝聚子群主要是派系（cliques），通过对旅游企业的网络进行凝聚子群分析，可以找出网络中可以"分派"的子群（刘军，2014）。本研究利用UCINET6.0软件对旅游企业网络进行凝聚子群分析，找出本研究中旅游企业网络存在的所有派系（network-subgroups-cliques），其中设定派系的最小规模为"3"，分析结果如表2-2-4、表2-2-5所示。

表2-2-4 旅游企业网络派系分析结果汇总

派系	包含的企业
1	安邦保险、大理旅游集团、大连北方假日旅游、东方航空、广深铁路、贵阳启明航空服务有限公司、中国国际航空、海南航空、开元旅业、芒果网、南方航空、平安保险、中国网通、携程网、新华人寿、艺龙网、中国人寿、中青旅
2	东方航空、中国国际航空、锦江国际、芒果网、南方航空、平安保险、深圳航空、途牛网、携程网、艺龙网

续表2-2-4

派系	包含的企业
3	东方航空、中国国际航空、芒果网、南方航空、平安保险、深圳航空、淘宝网、途牛网、携程网、艺龙网
4	腾讯公司、东方航空、中国国际航空、芒果网、南方航空、厦门航空、淘宝网、途牛网、携程网、艺龙网
5	腾讯公司、东方航空、中国国际航空、海南航空、芒果网、南方航空、携程网、艺龙网
6	七天连锁酒店、腾讯公司、东方航空、广州绿茵阁、中国国际航空、金陵连锁酒店、开心网、凯莱酒店、芒果网、南方航空、全日空航空、人人网、厦门航空、携程网、新浪网、外婆家餐饮
7	七天连锁酒店、腾讯公司、东方航空、中国国际航空、芒果网、南方航空、厦门航空、淘宝网、携程网
8	七天连锁酒店、东方航空、中国国际航空、芒果网、南方航空、深圳航空、淘宝网、携程网
9	腾讯公司、东方航空、海南航空、哪里吃美食网、汉庭酒店、惠州康帝酒店、凯歌高尔夫、芒果网、南湖国旅、适达餐饮、太平洋人寿、维也纳酒店、携程网、张家界三英特
10	凯歌高尔夫、芒果网、凤凰网、中国国际航空、宏讯翔宇旅行网、莫泰168、南方航空、厦门航空、淘宝网、天安保险、途牛网、携程网、信诚人寿、艺龙网、易宝支付
11	芒果网、中国国际航空、南方航空、平安保险、淘宝网、途牛网、艺龙网、易宝支付
12	川航、东方航空、中国国际航空、美国达美航空、美兰湖高尔夫、豫园旅游、搜狐网、香格里拉酒店、易网通旅行
13	东方航空、国泰航空、锦江国际、锦江之星、南方航空
14	腾讯公司、东方航空、吉祥航空、芒果网、南方航空、厦门航空、淘宝网、艺龙网
15	东方航空、日本航空、香港国际机场、洲际酒店
16	春秋集团、海外环球旅行社、中国国际航空、锦江国际、芒果网、南方航空、平安保险、深圳航空、同程网、途牛网、携程网、艺龙网
17	携程网、新浪网、鹰翔高尔夫、中国旅行社

表2-2-5 旅游企业网络密度和企业所在的派系数量

企业名称	网络密度	所在派系的数量（个）
七天连锁酒店	0.882	3

续表 2-2-5

企业名称	网络密度	所在派系的数量（个）
腾讯公司	0.490	7
安邦保险	1	1
四川航空	1	1
春秋集团	1	1
大理旅游集团	1	1
大连北方假日旅游	1	1
东方航空	0.279	15
凤凰网	1	1
海外环球旅行社	1	1
广深铁路	1	1
广州绿茵阁	1	1
贵阳启明航空服务	1	1
中国国际航空	0.374	12
国泰航空	1	1
海南航空	0.638	3
哪里吃美食网	1	1
汉莎航空	0	0
汉庭酒店集团	1	1
宏迅翔宇旅行网	1	1
惠州康帝酒店	1	1
吉祥航空	1	1
金陵连锁酒店	1	1
锦江国际	0.781	3
锦江之星	1	1
开心网	1	1
开元旅业	1	1
凯歌高尔夫	1	1
凯莱酒店	1	1
芒果网	0.409	11

续表2-2-5

企业名称	网络密度	所在派系的数量（个）
美国达美航空	1	1
美兰湖高尔夫	1	1
莫泰168	1	1
南方航空	0.423	13
南湖国旅	1	1
平安保险	0.689	5
全日空航空	1	1
人人网	1	1
日本航空	1	1
厦门航空	0.680	5
适达餐饮	1	1
豫园旅游	1	1
深圳航空	0.867	4
四川铁航航空运输	1	0
搜狐网	1	1
太平洋人寿	1	1
淘宝网	0.779	7
天安保险	1	1
天津滨海国际机场	0	0
天下旅行网	1	0
同程网	1	1
途牛网	0.680	6
中国网通	1	1
维也纳酒店	1	1
香港国际机场	1	1
香格里拉酒店集团	1	1
携程网	0.356	13
新华人寿	1	1
新疆机场集团	0	0

续表2-2-5

企业名称	网络密度	所在派系的数量（个）
新浪网	0.817	2
信诚人寿	1	1
艺龙网	0.524	9
易宝支付	0.942	2
易网通旅行	1	1
鹰翔高尔夫	1	1
张家界三英特	1	1
外婆家餐饮	1	1
中国人寿	1	1
中荷人寿	1	0
中国旅行社	1	1
中青旅	0.901	1
洲际酒店	1	1
均值	0.868	2.347

由表2-2-5中的数值可知，许多企业的网络密度为"1"，说明这些企业的个体网已形成一种全连通的网络，另外，一些企业的网络密度为0，例如汉莎航空、天津滨海国际机场和新疆机场集团，表示它们在网络中没有任何联系，即为孤立的点。这些企业的网络密度均值为0.868，说明企业在其个体网中的联系已十分丰富。同时，表2-2-5结果显示，企业所进入的派系数量的均值仅为2.347，这说明企业中联系较为紧密的"派系"或群体数量并不多。另外，进入派系数量较多的企业大部分为航空公司和旅游电子商务网站，这表明旅游企业网络中，航空公司和旅游电子商务网站的嵌入性程度较高。

三、1-模网络：银行间网络

（一）银行间网络的四种中心度指标

由网络分析结果可知，在银行间网络中，度数中心度的均值为19.080，表明银行之间的联系已十分普遍，其中中信银行的度数中心度值最高，意味着它在网络中拥有的直接联系最多（表2-2-6）。关于接近中心度，表2-2-6中显示一些银行的接近中心度值缺失，例如哈尔滨银行、杭州银行等，这说明这些银行在网络中是孤立的点，和其他银行没有任何的直接联系。另外，银行网络成员的中介中心度均值为0.837，这说明在该网络中的大多数成员缺乏控制其他银行之间联系的能力，其中中国建设银行的中介中心度值最高，在网络中具有"第三方"的控制优势。另外一些银行的中介中心度值为0，这意味着它们不能控制网络中的任何成员，处于网络的边缘。通过比较表2-2-6中各银行的特征向量中心度，中信银行在网络中的地位最高，其次是中国工商银行和广发银行。

表2-2-6　银行网络中心度指标汇总

银行名称	度数中心度	接近中心度	中介中心度	特征向量中心度
包商银行	0	—	0	0
北京银行	3.448	7.859	0	3.816
大连银行	3.448	7.754	0	2.648
光大银行	31.034	8.123	4.187	29.515
广发银行	44.828	8.215	1.120	42.469
广州农商行	17.241	7.967	0	18.157
哈尔滨银行	0	—	0	0
杭州银行	0	—	0	0
河北银行	0	—	0	0
华夏银行	0	—	0	0
江苏银行	6.897	7.923	0	7.636
交通银行	34.483	8.123	0.092	35.729
民生银行	34.483	8.123	0.092	35.729
宁波银行	0	—	0	0
平安银行	34.483	8.146	0.480	34.192
上海浦东发展银行	27.586	8.056	0	29.073
上海银行	13.793	7.989	0	15.156
盛京银行	0	—	0	0
天津农商银行	0	—	0	0
温州银行	0	—	0	0
乌鲁木齐市商业银行	0	—	0	0

续表 2-2-6

银行名称	度数中心度	接近中心度	中介中心度	特征向量中心度
兴业银行	44.828	8.192	1.332	41.286
招商银行	41.379	8.192	0.496	40.974
中国工商银行	48.276	8.239	5.360	42.536
中国建设银行	48.276	8.239	6.647	40.758
中国农业银行	41.379	8.192	0.496	40.974
中国银行	41.379	8.192	0.806	40.075
中国邮政储蓄银行	3.448	7.859	0	3.657
中信银行	51.724	8.262	4.014	44.345
均值	19.080	8.087	0.837	18.291

（二）银行间网络的四种结构洞指标

银行间网络的结构洞指标汇总（表2-2-7）结果显示，中国建设银行在银行网络中的有效规模最大，而江苏银行在网络中的效率却最高，这说明虽然中国建设银行拥有的有效联系最多，但是其网络内部的冗余程度依然高于江苏银行，这也反映了有效规模和效率这两个指标之间的差异。另外，这些银行的限制度均值为0.600，说明许多网络成员运用结构洞的能力并不高。相比之下，银行间网络整体上较为稀疏。

表2-2-7 银行网络的结构洞指标汇总

银行名称	有效规模	效率	限制度	等级度
包商银行	0	—	—	—
北京银行	1.167	0.583	1.003	0.110
大连银行	1.000	0.500	1.125	0
光大银行	5.851	0.585	0.391	0.116
广发银行	6.365	0.455	0.320	0.138
广州农商行	2.681	0.447	0.628	0.033
哈尔滨银行	0	—	—	—
杭州银行	0	—	—	—
河北银行	0	—	—	—

续表 2-2-7

银行名称	有效规模	效率	限制度	等级度
华夏银行	1.000	1.000	1.000	1.000
江苏银行	2.050	0.683	0.939	0
交通银行	5.031	0.457	0.366	0.084
民生银行	5.669	0.515	0.397	0.257
宁波银行	0	—	—	—
平安银行	5.283	0.480	0.373	0.091
上海浦东发展银行	4.885	0.543	0.417	0.084
上海银行	2.833	0.567	0.684	0.002
盛京银行	0	—	—	—
天津农商银行	1.000	1.000	1.000	1.000
温州银行	0	—	—	—
乌鲁木齐市商业银行	1.000	1.000	1.000	1.000
兴业银行	5.751	0.411	0.342	0.192
招商银行	5.061	0.389	0.357	0.236
中国工商银行	6.487	0.432	0.351	0.309
中国建设银行	7.179	0.479	0.342	0.256
中国农业银行	5.974	0.460	0.380	0.293
中国银行	5.741	0.442	0.343	0.135
中国邮政储蓄银行	1.000	0.500	1.125	0
中信银行	7.101	0.444	0.326	0.266
均值	3.004	0.562	0.600	0.255

(三) 银行间网络密度和凝聚子群

与旅游企业网络分析的方法和步骤一致,有关银行间网络的分析结果如表 2-2-8 所示。

表2-2-8 银行间网络的派系分析结果汇总

派系	包含的银行
1	广发银行、交通银行、民生银行、兴业银行、招商银行、中国工商银行、中国建设银行、中国农业银行、中国银行、中信银行
2	广发银行、交通银行、民生银行、上海浦东发展银行、业银行、招商银行、中国工商银行、中国农业银行、中信银行
3	广发银行、平安银行、兴业银行、招商银行、中国工商银行、中国建设银行、中国农业银行、中国银行、中信银行
4	广发银行、广州农商银行、平安银行、兴业银行、中国银行、中信银行
5	光大银行、广发银行、平安银行、招商银行、中国工商银行、中国建设银行、中国农业银行、中国银行、中信银行
6	江苏银行、中国建设银行、中信银行
7	上海银行、兴业银行、中国工商银行、中国建设银行、中信银行

表2-2-9结果显示,许多银行的网络密度为"0",这说明在该网络中这些银行均为孤立点。根据银行进入派系的数量可知,中信银行在整体网络中最为活跃,进入的派系最多(7个)。这说明,现在为数不少的银行并没有参与到网络中来,整体网络仍处于早期的发展阶段。在未来,银行可以通过各种合作建立关系,拓展网络规模、增强网络地位,并最终在网络中获取竞争优势。

表2-2-9 银行间网络密度和企业所在的派系数量

银行名称	网络密度	凝聚子群
包商银行	0	0
北京银行	1	0
大连银行	1	0
光大银行	0.822	1
广发银行	0.813	5
广州农商行	1	1
哈尔滨银行	0	0
杭州银行	0	0
河北银行	0	0

续表 2-2-9

银行名称	网络密度	凝聚子群
华夏银行	0	0
江苏银行	1	1
交通银行	0.964	2
民生银行	0.964	2
宁波银行	0	0
平安银行	0.891	3
上海浦东发展银行	1	1
上海银行	1	1
盛京银行	0	0
天津农商银行	0	0
温州银行	0	0
乌鲁木齐市商业银行	0	0
兴业银行	0.769	5
招商银行	0.885	4
中国工商银行	0.705	5
中国建设银行	0.648	5
中国农业银行	0.885	4
中国银行	0.846	4
中国邮政储蓄银行	1	0
中信银行	0.667	7

【扩展阅读】近年重要相关文献

[1] Chen H M, Tseng C H. 2005. The performance of marketing alliances between the tourism industryand credit card issuing banks in Taiwan [J]. *Tourism Management*, 26: 15-24.

[2] Greve H R, Baum J, Mitsuhashi H. 2010. Built to last but failing apart: Cohesion, friction and withdrawal from inter firm alliances [J]. *Academy of Management Journal*, 53 (2): 302-322.

[3] Greve H R, Mitsuhashi H, Baum J. 2013. Greener pastures: Outside options and strategic alliance withdrawal [J]. *Organization Science*, 24 (1): 79-98.

[4] Lavie D, Kang J, Rosenkopf L. 2011. Balance within and across domains: The performance implications of explorationand exploitation in alliances [J]. *Organization Science*, 22 (6): 1517-1538.

[5] Min J, Mitsuhashi H. 2014. Retraction statement-dynamics of unclosed triangles in alliance networks: Disappearance of brokerage positions and performance consequences [J]. *Journal of Management Studies* 51 (6): 10-23.

[6] Ozmel U, Reuer J J, Gulati R. 2013. Signals across multiple networks: How venture capital and alliance networks affect interorganizational collaboration [J]. *Academy of Management Journal*, 56 (3): 852-866.

[7] Phelps C C. 2010. A longitudinal study of the influence of alliance network structure and composition on firm exploratory innovation [J]. *Academy of Management Journal*, 53 (4): 890-913.

[8] Soh P H. 2010. Network patterns and competitive advantage before the emergence of a dominant design [J]. *Strategic Management Journal*, 31 (4): 438-461.

[9] Yang H B, Lin Z, Peng M W. 2011. Behind Acquisitions of Alliance partners: Exploratory learning and network embeddedness [J]. *Academy of Management Journal*, 54 (5): 1069-1080.

[10] Yin X L, Wu J F, Tsai W P. 2012. When unconnected others connect: Does degree of brokerage persist after the formation of a multipartner alliance? [J]. *Organization Science*, 23 (6): 1682-1699.

专题三 创业企业与风险投资机构关系网络

第一节 研究背景

自 2009 年以来,中国创业板企业走过了 5 年的历程。在这一过程中,风险投资扮演了重要的角色。以社会网络视角分析创业企业与风险投资机构之间的关系,可以为诸多研究问题提供新的思路和视角,如新创企业发展路径、联合风险投资行为的风险控制和相关领域的动态网络演变等。

第二节 数据来源

由于需要构建创业企业与风险投资机构的关系矩阵,本研究所涉及的数据来源于两部分:创业企业和风险投资机构。在本研究中,首先选取 2012 年创业板全部上市公司(355 家),并通过万德(Wind)数据库获取前十大股东信息;然后通过比对风险投资机构名录,对各公司 10 大股东中是否属于风险投资机构——甄别。具体程序如下:

参照《清科私募通——中国创业投资暨私募股权投资机构名录(2012 年)》(以下简称《清科 VC/PE 名录》),该名单提供了 343 家本土投资机构和 187 家海外投资机构。经比对,筛选得到 149 家有风险投资机构参股的创业企业,其中涉及的风险投资机构共 185 家。

第三节 网络分析及结果

一、2-模网络结构图

创业企业与风险投资机构的2-模网络结构如图2-3-1所示,其中圆点表示创业企业,方形表示风险投资机构。

二、创业企业网络描述

(一) 中心度和结构洞描述

中心度描述的是行动者在网络中核心位置的主要指标;结构洞描述的是社会网络中的空隙,指出了处在网络结构中的中介者具有信息优势和控制优势。

1. 中心度描述

除去"0"值和无值的情况,创业企业1-模网络的中心度指标如表2-3-1至表2-3-3所示:

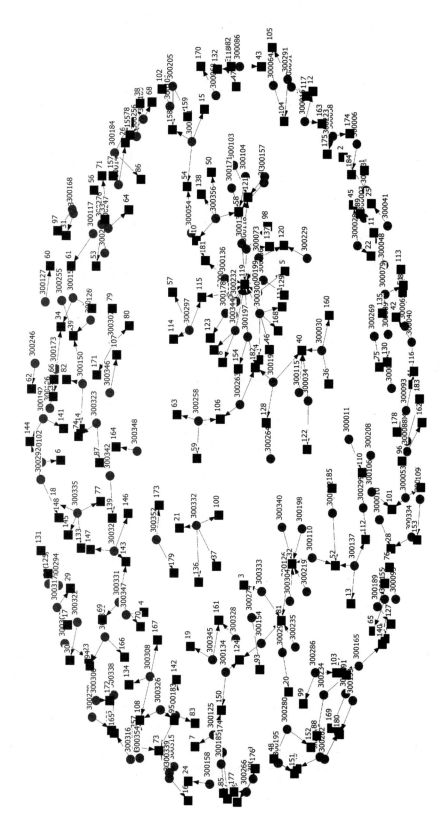

图2-3-1 创业企业与风险投资机构的2-模网络

表 2-3-1 度数中心度

证券代码	度数中心度	证券代码	度数中心度	证券代码	度数中心度
300002	2.703	300138	9.459	300262	0.676
300010	0.676	300142	1.351	300263	2.027
300011	1.351	300150	1.351	300264	0.676
300016	0.676	300154	3.378	300278	0.676
300030	2.027	300155	0.676	300290	2.703
300034	2.027	300157	1.351	300291	0.676
300035	8.108	300161	1.351	300292	0.676
300052	8.784	300171	2.703	300297	0.676
300053	0.676	300173	0.676	300299	2.027
300054	1.351	300178	8.108	300300	8.108
300056	8.108	300183	2.027	300304	2.703
300064	0.676	300190	4.054	300308	1.351
300073	8.784	300192	0.676	300315	2.027
300077	0.676	300197	9.459	300325	1.351
300089	0.676	300198	2.703	300326	1.351
300090	1.351	300199	8.108	300328	0.676
300103	1.351	300205	0.676	300331	0.676
300104	2.703	300208	1.351	300333	2.703
300106	0.676	300219	2.703	300334	0.676
300110	4.054	300223	0.676	300338	0.676
300115	2.027	300229	0.676	300339	2.027
300118	10.811	300232	8.108	300340	2.703
300125	0.676	300234	0.676	300342	0.676
300126	2.703	300235	2.703	300344	8.108
300134	1.351	300255	1.351	300345	0.676
300136	8.784	300257	2.027	300354	1.351
300137	2.027	300258	0.676	300356	2.703

表 2-3-2　中介中心度

证券代码	中介中心度	证券代码	中介中心度	证券代码	中介中心度
300052	0.267	300136	0.745	300197	1.480
300054	0.515	300137	0.165	300263	0.267
300073	0.267	300138	0.515	300299	0.129
300110	0.184	300154	0.074	300306	6.86E-41
300118	0.956	300161	0.267	300325	0.009
300134	0.046	300190	0.984		

表 2-3-3　中心度指标的描述统计

项目	度数中心度	中介中心度
均值	1.451	0.046
标准差	2.440	0.187
最小值	0	0
最大值	10.811	1.480
样本量	149	149

由表 2-3-3 中数据可知，创业企业度数中心度的平均值为 1.451，这说明整体上这些创业企业之间的直接联系较少，东方日升（300118）的度数中心度最高。中介中心度测量的是一个点在多大程度上位于图中其他点的"中间"，表中数据显示，创业企业中介中心度的平均值为 0.046，这说明创业企业网络中只有一小部分企业具备这种控制其他企业之间联系的能力，其中铁汉生态（300197）的中介中心度值最高，为 1.480，这说明它处于网络的中心，具有较大的控制力和影响力。

2. 结构洞描述

因为衡量结构洞的四个指标有效规模、效率、限制度、等级度具有很高的相关性，本研究选取其中的有效规模作为结构洞衡量指标。

表2-3-4 结构洞（有效规模）

证券代码	有效规模	证券代码	有效规模	证券代码	有效规模	证券代码	有效规模	证券代码	有效规模
300002	1	300089	1	300160	1	300235	1	300307	1
300003	1	300090	1	300161	1.929	300246	1	300308	1.533
300006	1	300093	1	300165	1	300247	1	300315	1
300010	1	300095	1	300168	1	300248	1	300316	1
300011	1	300100	1	300169	1	300255	1	300317	1
300016	1.333	300102	1	300171	1	300256	1	300321	1
300028	1	300103	1	300173	1.333	300257	1	300322	1
300030	1.667	300104	1	300174	1	300258	1.333	300323	1
300031	1	300106	1	300178	1.857	300259	1	300325	1.833
300034	1.600	300110	3.750	300183	1.667	300262	1.333	300326	1.500
300035	1	300111	1	300184	1	300263	2.400	300328	1
300038	1	300115	1	300185	1	300264	1	300331	1.333
300040	1	300117	1	300189	1	300266	1	300332	1
300041	1	300118	7	300190	4.333	300268	1	300333	1.667
300048	1	300125	1.333	300192	1.333	300269	1	300334	1
300049	1	300126	1	300193	1	300274	1	300335	1
300051	1	300127	1	300195	1	300276	1	300338	1
300052	3.467	300133	1	300196	1	300278	1	300339	1
300053	1.333	300134	2	300197	4.922	300280	1	300340	1
300054	2	300136	3.467	300198	1	300286	1	300342	1
300056	1.857	300137	2.333	300199	1.857	300290	1.667	300344	2.067
300064	1	300138	4.875	300200	1	300291	1	300345	1.333
300065	1	300142	1.500	300203	1	300292	1.333	300346	1
300068	1	300144	1	300205	1	300294	1	300347	1
300073	3.467	300147	1	300208	1	300297	1.333	300348	1
300077	1	300150	1.533	300219	1	300299	2.400	300351	1
300079	1	300154	2.857	300223	1	300300	2.129	300352	1
300082	1	300155	1.333	300229	1	300302	1	300354	1
300086	1	300157	1	300232	1	300304	1	300356	1.750
300088	1	300158	1	300234	1.333	300306	1		

表2-3-4中数据显现,东方日升(300118)的结构洞(有效规模)值最大,为7,这说明其在网络中具有相对较好的信息优势和控制优势。另外,铁汉生态(300197)、晨光生物(300138)、维尔利(300190)、华仁药业(300110)、(中青宝)300052、当升科技(300073)、信维通信(300136)、瑞凌股份(300154)、隆华节能(300263)共9家企业的结构洞指标值相对较高,说明这些企业在网络中可以通过通路(access)、先机(timing)、举荐(referrals)、"第三方角色"等方式获得更多竞争优势。

(二)成分分析

如表2-3-5所示,在这149个样本企业中,共存在17个子群(成分),其中最大的一个子群网络中涵盖了31家企业,占总样本的20.81%;孤立点有68个,占总样本的45.64%;包含在成分1~17中的企业总共81家,这意味着建立了连接的企业有81家,占总样本的54.36%。图2-3-2展示了子群的网络图,图中分离的各部分分别表示网络中不同的子群。

表2-3-5 成分分析结果

成分	成员数量（个）	百分比（%）	成分	成员数量（个）	百分比（%）	成分	成员数量（个）	百分比（%）
1	31	20.81	8	2	1.30	15	2	1.30
2	10	6.70	9	2	1.30	16	2	1.30
3	7	4.70	10	2	1.30	17	2	1.30
4	4	2.70	11	2	1.30	孤立点	68	45.64
5	3	2.00	12	2	1.30	合计	149	100
6	3	2.00	13	2	1.30			
7	3	2.00	14	2	1.30			

表2-3-6 成分分析总体统计

	总样本	孤立点	成分1~17	成分1
数量（个）	149	68	81	31
比例（%）	100	45.64	54.36	20.81

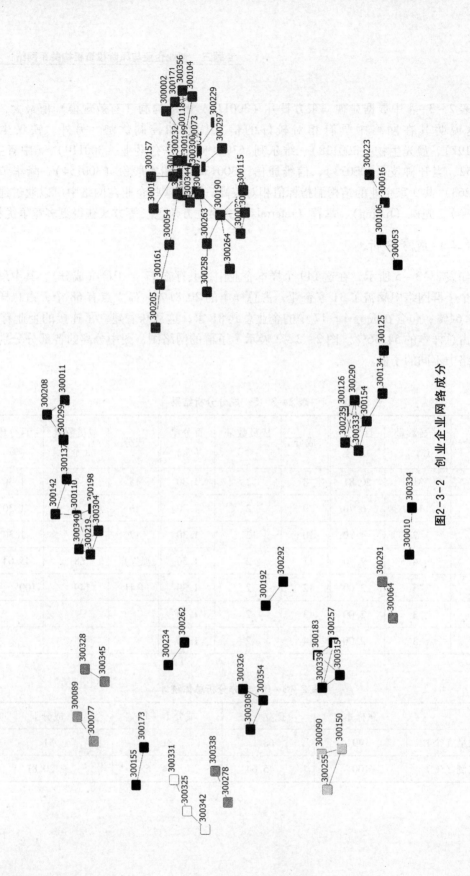

图2-3-2 创业企业网络成分

(三) 创业企业网络密度和派系

此处测量的是个体网密度,它描述的是以某一个行动者为主体的个体网络的密度,是"实际存在的关系总数"除以"理论上可能存在的最多关系总数"。

而凝聚子群是满足如下条件的一个行动者子集合,即在此集合中的行动者之间具有相对较强、直接、紧密、经常的或者积极的关系。基于互惠性基础上的凝聚子群主要是派系(cliques),通过对创业企业的网络进行凝聚子群分析,可以找出网络中可以"分派"的子群。本研究利用UCINET6.0软件对企业网络进行凝聚子群分析,找出本研究中创业企业网络存在的所有派系,其中设定派系的最小规模为"3",分析结果如表2-3-7所示。

表2-3-7 派系分析结果汇总

派系	包含的企业
1	中科电气、中青宝、三维丝、当升科技、东方日升、信维通信、晨光生物、腾邦国际、铁汉生态、翰宇药业、洲明科技、汉鼎股份、太空板业
2	神州泰岳、乐视网、东方日升、东富龙、光一科技
3	鼎汉技术、恒顺电气、富春通信
4	阳普医疗、钢研高纳、长盈精密、维尔利
5	盛运股份、世纪瑞尔、常山药业
6	达刚路机、晨光生物、恒泰艾普
7	华仁药业、纳川股份、鸿利光电、云意电气、科恒股份
8	华仁药业、先河环保、沃森生物
9	锐奇股份、瑞凌股份、方直科技、荣科科技、兆日科技
10	东软载波、开山股份、掌趣科技、润和软件
11	维尔利、铁汉生态、隆华节能
12	中际装备、凯利泰、东华测试

表2-3-7结果显示,149家企业共形成了12个派系,第一大派系包含中科电气等13家企业,有3家企业的派系共6个。另外,从表中还可以发现,同时属于2个派系的企业有4家,分别是东方日升、晨光生物、铁汉生态、维尔利,这表明创业企业网络中,这些企业的嵌入性相对较高。

表2-3-8 创业企业网络密度和企业所在的派系数量

企业名称	网络密度	所在派系数量（个）	企业名称	网络密度	所在派系数量（个）
中科电气	1	1	世纪瑞尔	1	1
中青宝	0.868	1	常山药业	1	1
三维丝	1	1	达刚路机	1	1
当升科技	0.868	1	恒泰艾普	1	1
东方日升	0.647	2	华仁药业	0.619	1
信维通信	0.868	1	纳川股份	1	1
晨光生物	0.771	2	鸿利光电	1	1
腾邦国际	1	1	云意电气	1	1
铁汉生态	0.771	2	科恒股份	1	1
翰宇药业	1	1	华仁药业	0.619	1
洲明科技	1	1	先河环保	0.667	1
汉鼎股份	1	1	沃森生物	1	1
太空板业	1	1	锐奇股份	1	1
神州泰岳	1	1	瑞凌股份	0.733	1
乐视网	1	1	方直科技	1	1
东富龙	1	1	荣科科技	1	1
光一科技	1	1	兆日科技	1	1
鼎汉技术	1	1	东软载波	1	1
恒顺电气	1	1	开山股份	1	1
富春通信	0.667	1	掌趣科技	1	1
阳普医疗	1	1	润和软件	1	1
钢研高纳	1	1	隆华节能	0.667	1
长盈精密	1	1	中际装备	1	1
维尔利	0.476	2	凯利泰	1	1
盛运股份	1	1	东华测试	1	1

上表已经剔除了网络中的孤立点，由表中数值可知，许多企业的网络密度为1，说明这些企业的个体网已形成一种全连通的网络。

（四）创业企业行政地区分布

表2-3-9显示了样本企业及子群中的企业在各个行政地区的分布，数据显示，在最大的子群中，地理分布于广东和北京的企业最多，合计占最大子群企业数的

54.84%。另外，每个地区的企业数量占总样本的比例和其占子群中企业总数的比例趋势相当，即子群中各个地区的数量分布相对均匀，这说明创业企业网络具有跨地区特征。

表 2-3-9　创业企业行政地区分布

省份	成分1		成分1～17		孤立点		总样本	
	公司数（个）	比例（%）	公司数（个）	比例（%）	公司数（个）	比例（%）	公司数（个）	比例（%）
安徽	0	0	1	1.23	3	4.41	4	2.68
北京	7	22.58	14	17.28	10	14.71	31	20.81
重庆	0	0	0	0	1	1.47	1	1.03
福建	1	3.23	3	3.70	3	4.41	7	0.67
广东	10	32.26	22	27.16	9	13.24	41	27.52
海南	0	0	0	0	2	2.94	2	1.34
河北	1	3.23	3	3.70	0	0	4	2.68
河南	1	3.23	2	2.47	2	2.94	5	3.36
黑龙江	0	0	0	0	1	1.47	1	1.03
湖北	3	9.68	4	4.94	4	5.88	11	7.38
湖南	1	3.23	3	3.70	1	1.47	5	3.36
江苏	3	9.68	11	13.58	7	10.29	21	14.09
江西	0	0	0	0	2	2.94	2	1.34
辽宁	0	0	2	2.47	1	1.47	3	2.01
内蒙古	0	0	0	0	1	1.47	1	1.03
山东	0	0	4	4.94	2	2.94	6	4.03
山西	0	0	0	0	1	1.47	1	1.03
陕西	1	3.23	1	1.23	0	0	2	1.34
上海	1	3.23	4	4.94	2	2.94	7	4.70
四川	0	0	0	0	2	2.94	2	1.34
天津	0	0	1	1.23	1	1.47	2	1.34
新疆	0	0	1	1.23	0	0	1	1.03
云南	0	0	1	1.23	0	0	1	1.03
浙江	2	6.45	4	4.94	13	19.12	19	12.75
其他	0	0	0	0	0	0	0	0
合计	31	100	81	100	68	100	149	100

(五)创业企业的行业分布

创业企业的行业分布见表 2-3-10。从表 2-3-10 可见,最大子群中,占比最高的行业是机械设备和计算机,均占比 16.13%。所有成分(成分 1~17)中,企业数量占比排名前三的行业分别是机械设备、计算机和电子行业。

表 2-3-10 创业企业行业分布

行业	成分1		成分1~17		孤立点		总样本	
	公司数(个)	比例(%)	公司数(个)	比例(%)	公司数(个)	比例(%)	公司数(个)	比例(%)
采掘	1	3.226	1	1.235	0	0	1	0.671
传媒	2	6.452	4	4.938	1	1.471	5	3.356
电气设备	2	6.452	5	6.173	7	10.290	12	8.054
电子	3	9.677	11	13.580	9	13.24	20	13.420
公用事业	2	6.452	6	7.407	2	2.941	8	5.369
化工	2	6.452	4	4.938	8	11.760	12	8.054
机械设备	5	16.130	15	18.520	13	19.120	28	18.790
计算机	5	16.130	12	14.810	8	11.760	20	13.420
家用电器		0	1	1.235	2	2.941	3	2.013
建筑材料	1	3.226	3	3.704	2	2.941	5	3.356
建筑装饰	1	3.226	1	1.235	0	0	1	0.671
农林牧渔	1	3.226	2	2.469	2	2.941	4	2.685
汽车	1	3.226	2	2.469	1	1.471	3	2.013
轻工制造		0	1	1.235	0	0	1	0.671
通信	1	3.226	4	4.938	2	2.941	6	4.027
休闲服务	1	3.226	1	1.235	1	1.471	2	1.342
医药生物	3	9.677	8	9.877	9	13.240	17	11.410
有色金属		0	0	0	1	1.471	1	0.671
合计	31	100	81	100	68	100	149	100

(六) 创业企业的经营时长分布

在考察创新、创业企业时加入时间维度，能够拓展研究问题的视角，因此本研究也十分注重有关时间维度的各种变量的设计和测量，以期为后续研究提供更多有价值的线索。

表 2-3-11　创业企业发展时间分布表

经营时长（年）	成分1		成分1~17		孤立点		总样本	
	公司数（个）	比例（%）	公司数（个）	比例（%）	公司数（个）	比例（%）	公司数（个）	比例（%）
4	0	0	0	0	1	1.47	1	0.67
5	0	0	2	2.47	0	0	2	1.34
7	0	0	1	1.23	3	4.41	4	2.68
8	1	3.23	2	2.47	3	4.41	5	3.36
9	1	3.23	6	7.41	3	4.41	9	6.04
10	3	9.68	7	8.64	4	5.88	11	7.38
11	3	9.68	11	13.60	7	10.30	18	12.10
12	4	12.9	8	9.88	5	7.35	13	8.72
13	5	16.1	9	11.10	5	7.35	14	9.40
14	5	16.1	9	11.10	12	17.60	21	14.10
15	3	9.68	7	8.64	6	8.82	13	8.72
16	1	3.23	3	3.70	3	4.41	6	4.03
17	0	0	2	2.47	2	2.94	4	2.68
18	1	3.23	3	3.70	3	4.41	6	4.03
19	1	3.23	3	3.70	3	4.41	6	4.03
20	0	0	1	1.23	2	2.94	3	2.01
21	2	6.45	4	4.94	3	4.41	7	4.70
22	1	3.23	3	3.70	1	1.47	4	2.68
24	0	0	0	0	1	1.47	1	0.67
27	0	0	0	0	1	1.47	1	0.67
合计	31	100	81	100	68	100	149	100

由表 2-3-11 可见，样本企业经营时长分布在 [4, 27] 区间。从图 2-3-3a 可见，最大子群中经营时长占比最多为 13 年（5 家）和 14 年（5 家），图 2-3-3b 显示，所有子群企业经营时长占比最多为 11 年（11 家），图 2-3-3c 显示，孤立点企业经营时长占比最多为 14 年（12 家），图 2-3-3d 显示，所有企业中经营时长最多为 14 年（21 家）。

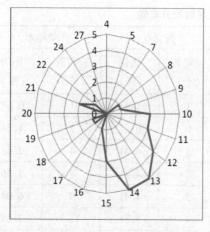

a. 最大成分企业经营时长

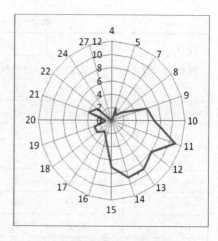

b. 所有成分企业经营时长

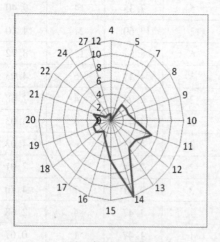

c. 孤立点企业经营时长

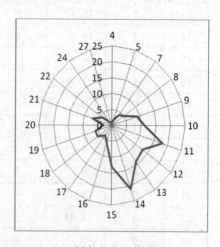

d. 所有企业经营时长

图 2-3-3　创业企业经营时长分布

三、风险投资机构网络描述

（一）中心度和结构洞描述

1. 中心度描述

表 2-3-12 至表 2-3-14 是风险投资机构 1-模网络的中心度指标。

表 2-3-12　度数中心度（前 50 位）

风险投资机构	度数中心度
深圳市创新投资集团有限公司	9.783
汇金立方资本管理有限公司	3.261
国信弘盛创业投资有限公司	2.717
苏州蓝壹创业投资有限公司	2.717
中国风险投资有限公司	2.717
杭州红土创业投资有限公司	2.174
杭州金永信润禾创业投资合伙企业（有限合伙）	2.174
红塔创新投资股份有限公司	2.174
湖北省高新技术产业投资有限公司	2.174
上海雅银股权投资合伙企业（有限合伙）	2.174
浙江红土创业投资有限公司	2.174
北京华康瑞宏投资有限公司	1.630
北京瑞富时代投资有限公司	1.630
北京义云清洁技术创业投资有限公司	1.63
北京中诚信方圆创业投资中心（有限合伙）	1.63
广州力鼎凯得创业投资有限合伙企业（有限合伙）	1.63
杭州熠明创业投资合伙企业（有限合伙）	1.63
南通松禾创业投资合伙企业（有限合伙）	1.63
平安财智投资管理有限公司	1.63
上海科升投资有限公司	1.63
上海力鼎投资管理有限公司	1.63

续表2-3-12

风险投资机构	度数中心度
上海石基投资有限公司	1.630
上海祥禾股权投资合伙企业（有限合伙）	1.630
上海正同创业投资有限公司	1.630
深圳市宝德投资控股有限公司	1.630
深圳市智和资本创业投资有限公司	1.630
深圳松海创业投资有限公司	1.630
四川中物创业投资有限公司	1.630
苏州阿尔法投资管理中心（有限合伙）	1.630
苏州高新国发创业投资有限公司	1.630
苏州松禾成长创业投资中心（有限合伙）	1.630
苏州吴中国发创业投资有限公司	1.630
苏州香塘创业投资有限责任公司	1.630
武汉华工创业投资有限责任公司	1.630
武汉华中科技大产业集团有限公司	1.630
北京红土嘉辉创业投资有限公司	1.087
北京红土鑫洲创业投资中心（有限合伙）	1.087
北京科桥投资顾问有限公司	1.087
北京启迪明德创业投资有限公司	1.087
广州海汇成长创业投资中心（有限合伙）	1.087
广州科技创业投资有限公司	1.087
国投高科技投资有限公司	1.087
哈尔滨创新投资发展有限公司	1.087
哈尔滨市科技风险投资中心	1.087
黑龙江辰能哈工大高科技风险投资有限公司	1.087
华软创业投资无锡合伙企业（有限合伙）	1.087
汇智创业投资有限公司	1.087
江苏鼎鸿创业投资有限公司	1.087

表2-3-13 中介中心度（非"0"值）

风险投资机构	中介中心度
深圳市创新投资集团有限公司	3.059
中国风险投资有限公司	1.372
中国对外经济贸易信托有限公司	0.737
国信弘盛创业投资有限公司	0.582
汇金立方资本管理有限公司	0.570
湖北省高新技术产业投资有限公司	0.570
上海石基投资有限公司	0.392
深圳市宝德投资控股有限公司	0.392
红塔创新投资股份有限公司	0.042
平安财智投资管理有限公司	0.042
苏州蓝壹创业投资有限公司	0.036
深圳市富海银涛创业投资有限公司	0.036
上海正同创业投资有限公司	0.024
天津博信一期投资中心（有限合伙）	0.024
上海祥禾股权投资合伙企业（有限合伙）	0.012
广州海汇成长创业投资中心（有限合伙）	0.006
上海诚鼎创业投资有限公司	0.006
苏州市相城高新创业投资有限责任公司	0.006

表2-3-14 中心度指标的描述统计

	度数中心度	中介中心度
均值	0.817	0.043
标准差	0.937	0.263
最小值	0	0
最大值	9.783	3.059
样本量（个）	185	185

由上述表中数据可知，度数中心度的平均值为0.817，这说明整体上这些投资机构之间的直接联系还比较稀疏。其中，深圳市创新投资集团有限公司的度数中心度最高

(9.783),并且其中介中心度最高(3.059),说明其在网络中占据了重要的中心位置。此外,网络中只有 18 个投资机构的中介中心度为非"0"值,这说明在风险投资机构网络中,投资机构的网络地位相差较为悬殊。

2. 结构洞描述

此处仍选取有效规模作为风险投资机构 1-模网络的结构洞衡量指标,见表 2-3-15。

表 2-3-15 结构洞(有效规模)(前 50 位)

风险投资机构	有效规模
深圳市创新投资集团有限公司	10.697
中国风险投资有限公司	3.417
国信弘盛创业投资有限公司	3.194
汇金立方资本管理有限公司	3.073
苏州蓝壹创业投资有限公司	3.071
湖北省高新技术产业投资有限公司	2.833
红塔创新投资股份有限公司	2.810
上海石基投资有限公司	2.100
上海正同创业投资有限公司	2.100
深圳市宝德投资控股有限公司	2.100
平安财智投资管理有限公司	2.050
上海祥禾股权投资合伙企业(有限合伙)	2.000
广州海汇成长创业投资中心(有限合伙)	1.750
上海诚鼎创业投资有限公司	1.750
深圳市富海银涛创业投资有限公司	1.750
苏州市相城高新创业投资有限责任公司	1.750
天津博信—期投资中心(有限合伙)	1.750
中国对外经济贸易信托有限公司	1.750
北京瑞富时代投资有限公司	1.500
武汉华工创业投资有限责任公司	1.333
武汉华中科技大产业集团有限公司	1.333
苏州高新国发创业投资有限公司	1.300
国投高科技投资有限公司	1.267
金石投资有限公司	1.250

续表 2-3-15

风险投资机构	有效规模
上海联创永宣创业投资企业	1.250
深圳市华澳创业投资企业（有限合伙）	1.250
上海兴烨创业投资有限公司	1.167
深圳市创新资本投资有限公司	1.167
深圳市达晨财信创业投资管理有限公司	1.167
湘江产业投资有限责任公司	1.167
盈富泰克创业投资有限公司	1.167
广发信德投资管理有限公司	1.133
BROOK INVESTMENT LTD	1
FUTURE LEADER HOLDINGS LIMITED	1
Primrose Capital Limited	1
QM8 Limited	1
SAIF III MAURITIUS（CHINA INVESTMENTS）LIMITED	1
SEQUOIA CAPITAL CHINA II HOLDINGS, SRL	1
北京秉原创业投资有限责任公司	1
北京红土嘉辉创业投资有限公司	1
北京红土鑫洲创业投资中心（有限合伙）	1
北京华康瑞宏投资有限公司	1
北京君慧创业投资中心	1
北京科技风险投资股份有限公司	1
北京科桥投资顾问有限公司	1
北京启迪明德创业投资有限公司	1
北京实地创业投资有限公司	1
北京世纪天富创业投资中心（有限合伙）	1
北京义云清洁技术创业投资有限公司	1
北京兆星创业投资有限公司	1

上表中的结果显示，深圳市创新投资集团有限公司的结构洞（有效规模）为10.697，在全网络中最高，说明它在网络中的冗余联系较少。另外，通过中心度和结构洞的统计数据可以发现，深圳市创新投资集团有限公司、汇金立方资本管理有限公司、国信弘盛创业投资有限公司、苏州蓝壹创业投资有限公司、中国风险投资有限公司五家

投资机构在网络中具有最高的"权力"和"控制力"。

(二) 成分分析

如表 2-3-16 所示,在 185 个风险投资机构中,共存在 39 个子群(成分,component),其中最大的一个子群网络中涵盖了 36 家企业,占总样本的 19.5%;孤立点有 46 个,占总样本的 24.6%;包含在成分 1～39 中的企业总共 139 家,这意味着建立了连接的有 139 家,占总样本的 75.4%。图 2-3-4 展示了最大子群的网络图(作者按:图中不同颜色仅为区分所属不同的子群)。表 2-3-17 为成分分析总体统计及风险投资机构子群分布表。

表 2-3-16 成分分析

成分	成员数量（个）	比例（%）	成分	成员数量（个）	比例（%）
1	36	19.5	21	2	1.1
2	6	3.2	22	2	1.1
3	6	3.2	23	2	1.1
4	6	3.2	24	2	1.1
5	4	2.2	25	2	1.1
6	4	2.2	26	2	1.1
7	4	2.2	27	2	1.1
8	3	1.6	28	2	1.1
9	3	1.6	29	2	1.1
10	3	1.6	30	2	1.1
11	3	1.6	31	2	1.1
12	3	1.6	32	2	1.1
13	3	1.6	33	2	1.1
14	3	1.6	34	2	1.1
15	3	1.6	35	2	1.1
16	3	1.6	36	2	1.1
17	2	1.1	37	2	1.1
18	2	1.1	38	2	1.1
19	2	1.1	39	2	1.1
20	2	1.1	孤立点	46	24.6
—	—	—	总计	185	100

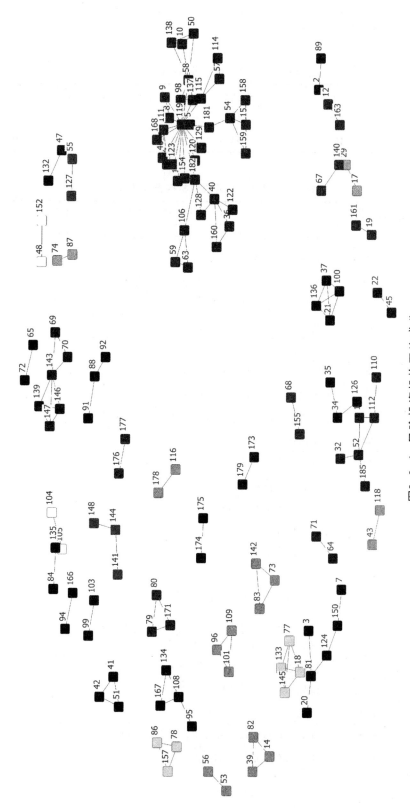

图2-3-4 风险投资机构网络成分

表2-3-17a 成分分析总体统计

	总样本	孤立点	成分1~39	成分1
数量（个）	185	46	139	36
比例（%）	100	24.6	75.4	19.5

表2-3-17b 风险投资机构子群分布

所属成分	编号代码	风险投资机构
1	5	SAIF III MAURITIUS（CHINA INVESTMENTS）LIMITED
1	8	北京红土嘉辉创业投资有限公司
1	9	北京红土鑫洲创业投资中心（有限合伙）
1	10	北京华康瑞宏投资有限公司
1	15	北京瑞富时代投资有限公司
1	36	广州科技创业投资有限公司
1	40	国信弘盛创业投资有限公司
1	44	杭州红土创业投资有限公司
1	46	杭州金永信润禾创业投资合伙企业（有限合伙）
1	50	杭州熠明创业投资合伙企业（有限合伙）
1	54	湖北省高新技术产业投资有限公司
1	57	华软创业投资无锡合伙企业（有限合伙）
1	58	汇金立方资本管理有限公司
1	59	汇智创业投资有限公司
1	63	江苏鼎鸿创业投资有限公司
1	98	上海科升投资有限公司
1	106	上海石基投资有限公司
1	111	上海雅银股权投资合伙企业（有限合伙）
1	114	深圳瑞华信投资有限责任公司
1	115	深圳市宝德投资控股有限公司
1	119	深圳市创新投资集团有限公司
1	120	深圳市创新资本投资有限公司
1	121	深圳市达晨财信创业投资管理有限公司
1	122	深圳市东金新材料创业投资有限公司

续表 2-3-17b

所属成分	编号代码	风险投资机构
1	123	深圳市福田创新资本创业投资有限公司
1	128	深圳市华澳创业投资企业（有限合伙）
1	129	深圳市金立创新投资有限公司
1	137	四川中物创业投资有限公司
1	138	苏州阿尔法投资管理中心（有限合伙）
1	154	无锡力合创业投资有限公司
1	158	武汉华工创业投资有限责任公司
1	159	武汉华中科技大产业集团有限公司
1	160	西藏自治区投资有限公司
1	168	浙江红土创业投资有限公司
1	181	中国对外经济贸易信托有限公司－招行新股22
1	182	中国风险投资有限公司
2	3	Primrose Capital Limited
2	7	北京秉原创业投资有限责任公司
2	20	北京正达联合投资有限公司
2	81	平安财智投资管理有限公司
2	124	深圳市富海银涛创业投资有限公司
2	150	天津博信一期投资中心（有限合伙）
3	13	北京科桥投资顾问有限公司
3	32	广发信德投资管理有限公司
3	52	红塔创新投资股份有限公司
3	110	上海兴烨创业投资有限公司
3	112	上海正同创业投资有限公司
3	185	重庆麒厚西海股权投资管理有限公司
4	69	江苏省苏高新风险投资股份有限公司
4	70	江苏苏大投资有限公司
4	139	苏州高新国发创业投资有限公司
4	143	苏州蓝壹创业投资有限公司
4	146	苏州吴中国发创业投资有限公司

续表2-3-17b

所属成分	编号代码	风险投资机构
4	147	苏州香塘创业投资有限责任公司
5	18	北京义云清洁技术创业投资有限公司
5	77	南通松禾创业投资合伙企业（有限合伙）
5	133	深圳市智和资本创业投资有限公司
5	145	苏州松禾成长创业投资中心（有限合伙）
6	21	北京中诚信方圆创业投资中心（有限合伙）
6	37	广州力鼎凯得创业投资有限合伙企业（有限合伙）
6	100	上海力鼎投资管理有限公司
6	136	深圳松海创业投资有限公司
7	95	上海凯泰利新投资有限公司
7	108	上海祥禾股权投资合伙企业（有限合伙）
7	134	深圳市中科宏易创业投资有限公司
7	167	浙江富鑫创业投资有限公司
8	14	北京启迪明德创业投资有限公司
8	39	国投高科技投资有限公司
8	82	启迪中海创业投资有限公司
9	34	广州海汇成长创业投资中心（有限合伙）
9	35	广州海汇投资管理有限公司
9	126	深圳市和泰成长创业投资有限责任公司
10	41	哈尔滨创新投资发展有限公司
10	42	哈尔滨市科技风险投资中心
10	51	黑龙江辰能哈工大高科技风险投资有限公司
11	73	金石投资有限公司
11	83	青岛拥湾高新创业投资有限责任公司
11	142	苏州凯风进取创业投资有限公司
12	78	宁波博润创业投资股份有限公司
12	86	上海博润投资管理有限公司
12	157	武汉博润投资有限公司
13	79	宁波平方投资合伙企业（有限合伙）

续表 2-3-17b

所属成分	编号代码	风险投资机构
13	80	宁波永力投资合伙企业（有限合伙）
13	171	浙江华睿点石投资管理有限公司
14	88	上海诚鼎创业投资有限公司
14	91	上海圭石创业投资中心（有限合伙）
14	92	上海硅谷天堂阳光创业投资有限公司
15	96	上海科丰科技创业投资有限公司
15	101	上海联创永宣创业投资企业
15	109	上海新鑫创业投资有限公司
16	141	苏州国嘉创业投资有限公司
16	144	苏州市相城高新创业投资有限责任公司
16	148	苏州亿和创业投资有限公司
17	2	FUTURE LEADER HOLDINGS LIMITED
17	89	上海道杰投资有限公司
18	12	北京科技风险投资股份有限公司
18	163	盈富泰克创业投资有限公司
19	17	北京世纪天富创业投资中心（有限合伙）
19	29	光大国联创业投资有限公司
20	19	北京兆星创业投资有限公司
20	161	湘江产业投资有限责任公司
21	22	长沙鑫奥创业投资有限公司
21	45	杭州嘉泽投资有限公司
22	43	海南宏氏投资有限公司
22	118	深圳市创东方成长投资企业（有限合伙）
23	47	杭州麦田立家慧益创业投资有限公司
23	132	深圳市同创伟业创业投资有限公司
24	48	杭州如山创业投资有限公司
24	152	通联创业投资股份有限公司
25	53	湖北九派创业投资有限公司
25	56	华人创新集团有限公司

续表 2-3-17b

所属成分	编号代码	风险投资机构
26	55	湖南财信创业投资有限责任公司
26	127	深圳市红岭创业投资企业（有限合伙）
27	64	江苏高达创业投资有限公司
27	71	江苏天氏创业投资有限公司
28	65	江苏高科技投资集团有限公司
28	72	江苏鹰能创业投资有限公司
29	67	江苏高投中小企业创业投资有限公司
29	140	苏州高远创业投资有限公司
30	68	江苏九洲投资集团创业投资有限公司
30	155	无锡中科汇盈创业投资有限责任公司
31	74	开投成长创业投资企业
31	87	上海灿融创业投资有限公司
32	84	清华科技园创业投资有限公司
32	135	深圳市中科远东创业投资有限公司
33	94	上海景林创业投资中心（有限合伙）
33	166	浙江方向投资有限公司
34	99	上海科星创业投资有限公司
34	103	上海前航投资有限公司
35	104	上海睿信投资管理有限公司
35	105	上海尚理投资有限公司
36	116	深圳市保腾创业投资有限公司
36	178	浙江天堂硅谷合众创业投资有限公司
37	173	浙江华睿盛银创业投资有限公司
37	179	浙江天越创业投资有限公司
38	174	浙江华睿投资管理有限公司
38	175	浙江蓝石创业投资有限公司
39	176	浙江美林创业投资有限公司
39	177	浙江省创业投资集团有限公司
孤立点	1	BROOK INVESTMENT LTD

续表 2-3-17b

所属成分	编号代码	风险投资机构
孤立点	4	QM8 Limited
孤立点	6	SEQUOIA CAPITAL CHINA II HOLDINGS, SRL
孤立点	11	北京君慧创业投资中心
孤立点	16	北京实地创业投资有限公司
孤立点	23	常州金陵华软创业投资合伙企业（有限合伙）
孤立点	24	常州投资集团有限公司
孤立点	25	大鹏创业投资有限责任公司
孤立点	26	东方星空创业投资有限公司
孤立点	27	福建中保创业投资股份有限公司
孤立点	28	高新投资发展有限公司
孤立点	30	广东中科白云创业投资有限公司
孤立点	31	广东中科招商创业投资管理有限责任公司
孤立点	33	广州诚信创业投资有限公司
孤立点	38	国科瑞华创业投资企业
孤立点	49	杭州赛智创业投资有限公司
孤立点	60	吉富创业投资股份有限公司
孤立点	61	建银国际资产管理有限公司
孤立点	62	江苏艾利克斯投资有限公司
孤立点	66	江苏高投成长创业投资有限公司
孤立点	75	拉萨市长园盈佳投资有限公司
孤立点	76	南昌创业投资有限公司
孤立点	85	山东省高新技术创业投资有限公司
孤立点	90	上海复星创业投资管理有限公司
孤立点	93	上海汉麟创业投资企业（有限合伙）
孤立点	97	上海科技投资公司
孤立点	102	上海领汇创业投资有限公司
孤立点	107	上海同华创业投资有限公司
孤立点	113	深圳力合创业投资有限公司
孤立点	117	深圳市彩虹创业投资集团有限公司

续表2-3-17b

所属成分	编号代码	风险投资机构
孤立点	125	深圳市高特佳投资集团有限公司
孤立点	130	深圳市深港产学研创业投资有限公司
孤立点	131	深圳市盛桥投资管理有限公司
孤立点	149	泰豪晟大创业投资有限公司
孤立点	151	天津天保成长创业投资有限公司
孤立点	153	无锡国联卓成创业投资有限公司
孤立点	156	芜湖基石创业投资合伙企业（有限合伙）
孤立点	162	新疆润丰股权投资有限公司（有限合伙）
孤立点	164	招商致远资本投资有限公司
孤立点	165	浙江大学创业投资有限公司
孤立点	169	浙江鸿盛创业投资有限公司
孤立点	170	浙江华瓯创业投资有限公司
孤立点	172	浙江华睿海越光电产业创业投资有限公司
孤立点	180	浙江浙商创业投资股份有限公司
孤立点	183	中国高新投资集团公司
孤立点	184	重庆科技风险投资有限公司

（三）网络密度和凝聚子群

沿用前述方法，同样设定派系的最小规模为3，分析结果如表2-3-18、表2-3-19所示。

表2-3-18 派系分析结果汇总

派系	包含的企业
1	杭州红土创业投资有限公司、杭州金永信润禾创业投资合伙企业（有限合伙）、上海雅银股权投资合伙企业（有限合伙）、深圳市创新投资集团有限公司、浙江红土创业投资有限公司
2	北京红土嘉辉创业投资有限公司、北京红土鑫洲创业投资中心（有限合伙）、深圳市创新投资集团有限公司

续表 2-3-18

派系	包含的企业
3	汇金立方资本管理有限公司、上海科升投资有限公司、深圳市创新投资集团有限公司、四川中物创业投资有限公司
4	深圳市创新投资集团有限公司、无锡力合创业投资有限公司、中国风险投资有限公司
5	北京华康瑞宏投资有限公司、杭州熠明创业投资合伙企业（有限合伙）、汇金立方资本管理有限公司、苏州阿尔法投资管理中心（有限合伙）
6	北京科桥投资顾问有限公司、红塔创新投资股份有限公司、上海正同创业投资有限公司
7	北京启迪明德创业投资有限公司、国投高科技投资有限公司、启迪中海创业投资有限公司
8	北京瑞富时代投资有限公司、湖北省高新技术产业投资有限公司、武汉华工创业投资有限责任公司、武汉华中科技大产业集团有限公司
9	北京义云清洁技术创业投资有限公司、南通松禾创业投资合伙企业（有限合伙）、深圳市智和资本创业投资有限公司、苏州松禾成长创业投资中心（有限合伙）
10	北京中诚信方圆创业投资中心（有限合伙）、广州力鼎凯得创业投资有限合伙企业（有限合伙）、上海力鼎投资管理有限公司、深圳松海创业投资有限公司
11	广州科技创业投资有限公司、国信弘盛创业投资有限公司、西藏自治区投资有限公司
12	国信弘盛创业投资有限公司、深圳市华澳创业投资企业（有限合伙）、中国风险投资有限公司
13	哈尔滨创新投资发展有限公司、哈尔滨市科技风险投资中心、黑龙江辰能哈工大高科技风险投资有限公司
14	华软创业投资无锡合伙企业（有限合伙）、深圳瑞华信投资有限责任公司、深圳市宝德投资控股有限公司
15	汇智创业投资有限公司、江苏鼎鸿创业投资有限公司、上海石基投资有限公司
16	江苏省苏高新风险投资股份有限公司、江苏苏大投资有限公司、苏州蓝壹创业投资有限公司
17	金石投资有限公司、青岛拥湾高新创业投资有限责任公司、苏州凯风进取创业投资有限公司
18	宁波博润创业投资股份有限公司、上海博润投资管理有限公司、武汉博润投资有限公司
19	宁波平方投资合伙企业（有限合伙）、宁波永力投资合伙企业（有限合伙）、浙江华睿点石投资管理有限公司

续表 2-3-18

派系	包含的企业
20	上海科丰科技创业投资有限公司、上海联创永宣创业投资企业、上海新鑫创业投资有限公司
21	上海祥禾股权投资合伙企业（有限合伙）、深圳市中科宏易创业投资有限公司、浙江富鑫创业投资有限公司
22	苏州高新国发创业投资有限公司、苏州蓝壹创业投资有限公司、苏州吴中国发创业投资有限公司

表 2-3-19　风险投资机构网络密度和企业所在派系数量

风险投资机构	所在派系数量（个）	网络密度
北京红土嘉辉创业投资有限公司	1	1
北京红土鑫洲创业投资中心（有限合伙）	1	1
北京华康瑞宏投资有限公司	1	1
北京科桥投资顾问有限公司	1	1
北京启迪明德创业投资有限公司	1	1
北京瑞富时代投资有限公司	1	1
北京义云清洁技术创业投资有限公司	1	1
北京中诚信方圆创业投资中心（有限合伙）	1	1
广州科技创业投资有限公司	1	1
广州力鼎凯得创业投资有限合伙企业（有限合伙）	1	1
国投高科技投资有限公司	1	1
国信弘盛创业投资有限公司	2	0.467
哈尔滨创新投资发展有限公司	1	1
哈尔滨市科技风险投资中心	1	1
杭州红土创业投资有限公司	1	1
杭州金永信润禾创业投资合伙企业（有限合伙）	1	1
杭州熠明创业投资合伙企业（有限合伙）	1	1
黑龙江辰能哈工大高科技风险投资有限公司	1	1
红塔创新投资股份有限公司	1	0.5

续表 2-3-19

风险投资机构	所在派系数量（个）	网络密度
湖北省高新技术产业投资有限公司	1	0.700
华软创业投资无锡合伙企业（有限合伙）	1	1
汇金立方资本管理有限公司	2	0.571
汇智创业投资有限公司	1	1
江苏鼎鸿创业投资有限公司	1	1
江苏省苏高新风险投资股份有限公司	1	1
江苏苏大投资有限公司	1	1
金石投资有限公司	1	1
南通松禾创业投资合伙企业（有限合伙）	1	1
宁波博润创业投资股份有限公司	1	1
宁波平方投资合伙企业（有限合伙）	1	1
宁波永力投资合伙企业（有限合伙）	1	1
启迪中海创业投资有限公司	1	1
青岛拥湾高新创业投资有限责任公司	1	1
上海博润投资管理有限公司	1	1
上海科丰科技创业投资有限公司	1	1
上海科升投资有限公司	1	1
上海力鼎投资管理有限公司	1	1
上海联创永宣创业投资企业	1	1
上海石基投资有限公司	1	0.667
上海祥禾股权投资合伙企业（有限合伙）	1	0.667
上海新鑫创业投资有限公司	1	1
上海雅银股权投资合伙企业（有限合伙）	1	1
上海正同创业投资有限公司	1	0.667
深圳瑞华信投资有限责任公司	1	1
深圳市宝德投资控股有限公司	1	0.667
深圳市创新投资集团有限公司	4	0.170
深圳市华澳创业投资企业（有限合伙）	1	1

续表2-3-19

风险投资机构	所在派系数量（个）	网络密度
深圳市智和资本创业投资有限公司	1	1
深圳市中科宏易创业投资有限公司	1	1
深圳松海创业投资有限公司	1	1
四川中物创业投资有限公司	1	1
苏州阿尔法投资管理中心（有限合伙）	1	1
苏州高新国发创业投资有限公司	1	1
苏州凯风进取创业投资有限公司	1	1
苏州蓝壹创业投资有限公司	2	0.600
苏州松禾成长创业投资中心（有限合伙）	1	1
苏州吴中国发创业投资有限公司	1	1
苏州香塘创业投资有限责任公司	1	1
无锡力合创业投资有限公司	1	1
武汉博润投资有限公司	1	1
武汉华工创业投资有限责任公司	1	1
武汉华中科技大产业集团有限公司	1	1
西藏自治区投资有限公司	1	1
浙江富鑫创业投资有限公司	1	1
浙江红土创业投资有限公司	1	1
浙江华睿点石投资管理有限公司	1	1
中国风险投资有限公司	2	0.467

上表已经剔除了网络中的孤立点。由表中数值可知，许多企业的网络密度为1，这说明这些企业的个体网已形成一种全连通的网络。同时，表中结果显示，深圳市创新投资集团有限公司同时属于4个派系，处在结构洞丰富的位置。属于2个派系的企业有4家，分别是国信弘盛创业投资有限公司、汇金立方资本管理有限公司、苏州蓝壹创业投资有限公司、中国风险投资有限公司。构成派系的其他大部分机构都未跨越不同"派系"，这表明风险投资机构网络中，风险投资机构的嵌入性较低。

【扩展阅读】近年重要文献

[1] Dimov D, Gedajlovic E. 2010. A property rights perspective on venture capital investment decisions [J]. *Journal of Management Studies*, 47 (7): 1248 – 1271.

[2] Hallen B L, Eisenhardt. K M. 2012. Catalyzings trategies and efficient tie formation: How entrepreneurial firms obtain investment ties [J]. *Academy of Management Journal*, 55 (1): 35 – 70.

[3] Bae J, Wezel F C, Koo J. 2011. Cross-cutting ties, organizational density, and new firm formation in the US biotech industry 1994—1998 [J]. *Academy of Management Journal*, 54 (2): 295 – 311.

[4] Matusik S F, Fitza M A. 2012. Diversification in the venture capital industry: Leveraging knowledge under uncertainty [J]. *Strategic Management Journal*, 33 (4): 407 – 426.

[5] Jia M, Zhang Z. 2014. Donating money to get money: The role of corporate philanthropy in stakeholder reactions to IPOs [J]. *Journalof Management Studies*, 51 (7): 1118 – 1152.

[6] Dushnitsky G, Shapira Z. 2010. Entrepreneurial finance meets organizational reality: Comparing investment practices and performance of corporate and independent venture capitalists [J]. *Strategic Management Journal*, 31 (9): 990 – 1017.

[7] Dimov D, Holan P M. 2010. Firm experience and market entry by venture capital firms (1962 – 2004) [J]. *Journalof Management Studies*, 47 (1): 130 – 161.

[8] Guler I, Guillen M F. 2010. Home country networks and foreign expansion: Evidence fromtheventure capital industry [J]. *Academy of Management Journal*, 53 (2): 390 – 410.

[9] Wry T, Lounsbury M, Jennings P D. 2014. Hybirdvigor: Securing venture capital by spanning categories in nanotechnology [J]. *Academy of Management Journal* 57 (5): 1309 – 1333.

[10] Hsu D H, Ziedonis R H. 2013. Resources as dual sources of advantage: Implications for valuing entrepreneurial-firm patents [J]. *Strategic Management Journal*, 34 (7): 761 – 781.

[11] Ozmel U, Reuer J J, Gulati R. 2013. Signals across multiple networks: How venture capital and alliance networks affect interorganizational collaboration [J]. *Academy of Management Journal*, 56 (3): 852 – 866.

[12] Vanacker T, Collewaert V, Paeleman I. 2013. The Relationship between slack resources and the performance of entrepreneurial firms: The role of venture capital and angel investors [J]. *Journalof Management Studies*, 50 (6): 1070 – 1096.

专题四 社会网络理论及方法在联盟领域前沿问题中的应用

第一节 研究背景

关于联盟的研究一直是战略管理领域的重要问题。在经济全球化的背景下，行业内竞争日益激烈，战略联盟已成为企业获取竞争优势的重要来源。企业通过与多个不同的合作伙伴建立一系列联盟关系从而形成联盟组合（alliance portfolio）以获取战略利益，如获取更多的互补性资源、应对环境不确定性、向伙伴学习、获得合法性等。随着联盟组合现象的涌现，企业当前的竞争焦点已从单个联盟的"双边"（dyadic）关系层面逐渐转向多个联盟的"多边"（multilateral）关系层面。然而，尽管联盟关系能够为企业带来多种可能的战略利益，但许多联盟并没有达到预期的效果，甚至中途瓦解或以失败告终，其原因有联盟伙伴的冲突、资源的冗余、关系的无序以及管理能力的缺失等。随着企业间频繁合作的广度和深度不断扩展，企业需要面对不同的联盟合作伙伴，不同的联盟合作目标，以及不同的联盟治理结构。因此，联盟组合多样性（alliance portfolio diversity）问题也引起了管理研究者和管理实务者的高度关注。

已有的联盟组合多样性研究多关注对"企业个体行为"的探讨，认为既然联盟是企业获取外部资源的有效方式，那么企业可以通过与多个伙伴合作、构建多种联盟关系等途径提高联盟组合多样性，以期尽可能最大限度地获取外部资源，进而与企业内部资源共同作用于企业绩效。尽管对于联盟的研究在多个层面和角度得到了深入的开展，但始终没有摆脱一种静态的观点——将企业视为孤立的"点"，从孤立的企业个体行为层面探讨联盟对企业绩效的影响（图 2-4-1a）。

事实上，联盟组合现象的出现将学者的研究视线转向企业间多边关系的研究，此时，企业的联盟行为不再是单纯的企业个体行为，也不是简单地建立在对外部环境的独立分析之上，相反，它根植于企业所在的联盟组合和联盟网络（alliance network）①，受到其他联盟企业行为的影响（图 2-4-1b）。由于企业之间的联盟行为日益频繁和复杂，企业总是在面对不断变化的合作对象，不断变化的合作目的，不断变化的合作方式，这说明除了已有研究提出的联盟组合在静态构型特征上的多样性之外，联盟组合多样性这一概念理应包含对联盟行为动态变化过程特征的反映。那么，现在的问题是：①多样性究竟是什么？如何在联盟组合背景下对多样性这一概念进行系统的界定、分类和刻画？每种类型的多样性如何影响企业绩效？②仅凭多样性是否足以从本质上解释和揭示由多边联盟关系形成的网络背景下企业绩效产生差异的真正原因？如何用动态的视角和研究方法去探寻二者的关系？

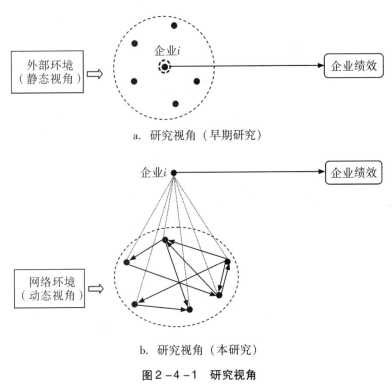

a. 研究视角（早期研究）

b. 研究视角（本研究）

图 2-4-1　研究视角

---

① 现有文献对联盟组合的称谓并不统一，主流的两种观点包括联盟网络（alliance network）（如 Das & Teng，2002）与联盟组合（alliance portfolio）（如 Powell, Koput & Smith-Doerr, 1996）。Hoffmann（2007）对二者进行了辨析，认为联盟网络是每一个不同企业（individual 'actors'）所有联盟的集合；而联盟组合是某一个焦点企业（the focal/observed company）的所有联盟。从社会网络理论视角来看，这二者并不矛盾，只是分析层面的不同，联盟网络是整体网（whole network）层面的概念，而联盟组合是个体网（ego network）层面的概念。因此，联盟组合（alliance portfolio）的实质是以焦点企业为"自我中心"的联盟网络（egocentric alliance network）。本研究亦采用 Hoffmann（2007）的此种观点。

本研究将基于嵌入性（embeddedness）视角，以资源基础观和社会网络理论为基础，并借鉴组织生态学理论，对联盟组合有关问题进行深入探讨（图2-4-2）。

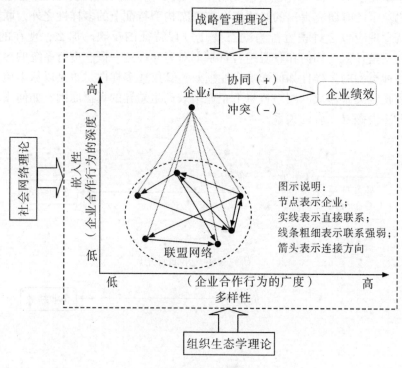

图2-4-2　研究意义

第二节　已有研究现状和发展动态

传统的联盟研究主要集中在单个联盟层面，对其形成、治理、演化和绩效等"双边"问题进行研究；随着企业联盟行为的大量涌现，联盟研究的重心已转向对联盟组合"多边关系"的研究。学者将联盟组合界定为"焦点企业所构建的一系列联盟的集合"（George et al., 2001; Hoffmann, 2005）。从已有文献来看，联盟组合研究吸引了学者多视角（如资源基础观、交易成本、组织学习、社会网络、动态能力等理论视角）的广泛关注。早期研究集中探讨联盟组合的动因、构型及管理等问题。随着越来越多的企业因不同动机与多个企业构建复杂的联盟关系进而形成构型各异的联盟组合，众多学者将联盟组合的这一特点概括为"多样性"（diversity）（Goerzen & Beamish, 2005;

Hoffmann, 2007; Koka & Prescott, 2008; Wuyts & Dutta, 2012),并对联盟组合多样性所表现出的多种特征进行分析,进而探讨多样性与焦点企业绩效的关系问题,并进行大量实证研究。目前国内学者对联盟组合的研究仍处于探索阶段,更多的仍然是研究传统的"双边联盟"(符正平等,2011;刘雪梅,2012;詹也和吴晓波,2012;沈灏和李垣,2010;刘衡等,2009;宋波和徐飞,2009;李薇和龙勇,2010)。

从整体上看,国内外现有联盟组合多样性研究目前至少在以下方面需加强:

第一,对"多样性"这一概念的理解存在偏差。"多样性"这一概念源于生态学。从组织生态学的角度来说,多样性是个体在自然选择过程中的结果(Aldrich & Pfeffer, 1976)。企业为了存活,从成立到消亡期间,始终不断地调整战略以求适应环境并达到匹配,从而在"变异—选择—保留"的演进过程中表现出多样性的特征(Freeman & Hannan, 1983)。因此,多样性理应具有一种动态属性。但是,现有对联盟组合多样性的研究仅考虑联盟组合在"某一时点"(point of time)上的静态构型特征,忽视了从"某一时段"(period of time)的角度对联盟组合多样性的动态特征进行考察。

第二,联盟组合多样性是一个复杂的多维度概念。尽管已有研究探讨了联盟组合多样性所表现出的规模、结构、关系、伙伴等特征,但忽略了这些特征可能分属于不同的研究层面,从而对企业绩效产生不同影响。如规模特征和结构特征属于联盟组合层面(the alliance portfolio level),关系特征属于单个联盟层面(the individual alliance level),伙伴特征属于企业层面(the firm level)。因此,在联盟组合多样性与企业绩效关系问题的研究中,需要首先对联盟组合多样性的具体特征及维度进行系统分类和刻画,再分别探讨每种类型的多样性对企业绩效的影响。

第三,尽管现有研究发现联盟组合多样性可能对企业绩效产生不同影响,并分别从企业资源冗余程度、吸收能力水平等方面给出一定解释,但这种视角仍然是静态的,因为始终将企业视为孤立的"点",从孤立的企业个体行为层面探讨联盟组合多样性对企业绩效的影响。采用社会网络理论所提供的嵌入性视角在动态层面探讨"多方关系"背景下联盟组合多样性对企业绩效的影响,不失为重要突破口。

第四,在研究方法方面,目前现有的研究方法大多以统计分析为主,采用案例研究、数学建模、计量分析、网络分析与统计分析相结合的研究很少。

第五,在管理实践方面,由于缺乏动态视角下联盟组合多样性与企业绩效关系的系统研究,还无法为企业如何构建高效的联盟组合提供富有针对性的对策与建议。

第三节 理论框架和研究思路

本研究之所以拟在传统的战略管理理论基础上,综合吸收社会网络和组织生态学这两大理论，主要出自以下两个方面的考虑：

第一，尽管理论背景有所不同，但战略管理理论、社会网络理论、组织生态学理论都共同关心组织与环境之间如何达到"匹配"（见图 2-4-3 中的"共性一"）。战略管理理论始终关注"何种战略选择可以实现这一匹配"进而影响企业绩效。然而，在多边联盟关系形成的网络背景下，企业的战略选择不再是单纯的企业个体行为，也不是简单地建立在对外部环境的独立分析之上，相反，它根植于企业所在的联盟组合，受到其他联盟企业行为的影响。因此，联盟组合多样性作为企业的战略选择，对其进行全面、深入的研究必须同时考虑两个方面：企业自身的联盟行为和网络中其他联盟企业的行为。组织生态学理论为深入研究企业自身行为提供了一种演进的思想，可以用于过程分析。社会网络理论为研究网络中其他企业的行为提供了一种嵌入性视角，可以用于社会关系分析。

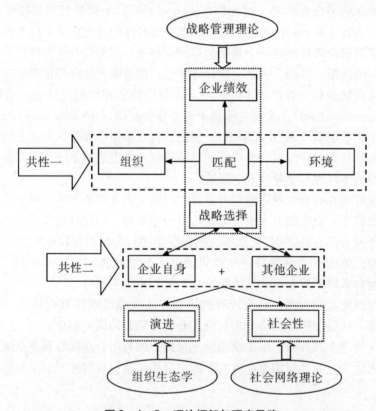

图 2-4-3　理论框架与研究思路

第二，社会网络与组织生态学这两大理论视角对联盟组合的理解是有相通之处的（图 2-4-3 中的"共性二"），它们都强调企业通过自身与联盟组合中其他企业的互动，对企业自身或者联盟组合所形成的网络环境进行评估，以此作为战略决策的依据。从社会网络理论来看，通过构建联盟组合，企业的经济行为深深地镶嵌在复杂的多边联盟关系而形成的网络中，网络中任何企业可以成为其他企业绩效评估的参照物，也可以从网络中获取企业自身绩效评估的基准（benchmark），通过这种社会比较（social comparison）判断企业自身的绩效水平，以完成企业战略的制定。从组织生态学来看，联盟组合可以视为企业所在的种群，种群企业的进入和退出促成了联盟组合这一种群的动态演进，而这种演进的模式又会影响联盟企业对种群环境的判断，从而作用于企业的战略决策（Pouder & John, 1996）。

因此，在传统的战略管理理论基础上，综合吸收社会网络理论和组织生态学这两大理论流派的思想，对于理解和探讨联盟组合的有关问题是有意义的。

第四节 研究内容

本研究重点在于在两个方向上进行探讨：一是借鉴组织生态学的理论对"多样性"进行界定，并对联盟组合多样性的特征和维度进行刻画和分类；二是利用社会网络理论所提供的嵌入性视角，对联盟组合多样性的作用机理进行深入探讨，即在多边联盟关系形成的网络环境下，探索嵌入性的作用机制。

一、联盟组合多样性及其特征

（一）对"多样性"概念理解的补充和重塑

现有关于联盟组合的文献中，对"多样性"这一概念的理解大多徘徊在静态层面，关注联盟组合在静态构型上的多样性（如联盟组合的规模和结构）或是联盟组合中关系的多样性（如交往频繁或稀疏），以及联盟组合在伙伴层面的多样性（如与伙伴相关的属性变量），等等。这种理解可能造成的偏见主要包含两个方面：一方面，这些特征从属于不同的研究层面，其中规模特征和结构特征属于联盟组合层次的研究，关系特征属于单个联盟层次的研究，伙伴特征属于单个企业层次的研究。因此，如果将这些特征不加区分地引入联盟组合多样性与企业绩效的关系研究中，将不可避免地导致研究局限。另一方面，多样性是否仅仅是一个静态"时点上"的概念？联盟组合的形成是一个过程，那么在这一过程中是否也存在动态"时段上"的多样性？

为了寻求与环境相适应，个体总是在种群中不断变异以获取生态位（niche），因此多样性是自然选择的结果（Aldrich & Pfeffer, 1976）。组织生态学也沿用了这一观点，

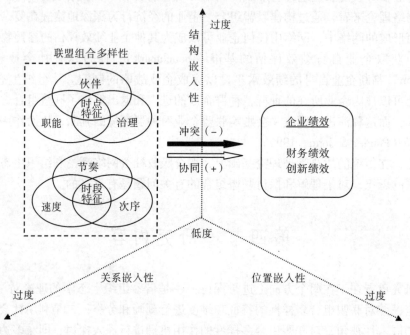

图 2-4-4 研究框架

认为群落生态组织的进化有以下三个步骤：首先，是群落中组织发生生态变异；然后，组织经过环境的选择，一些变异后符合特定环境条件的组织被选择出来；最后，这些保留下来的组织形成共生关系，组成新的种群和群落生态组织（Aldrich，1999）。这一学派强调组织外部环境的决定作用，认为企业"集聚"（如企业合并、战略联盟、企业集群等）形成种群（population），是为了获取有利的生态位，以支持企业的生存和发展。如果把联盟组合视为一个种群，那么，与一般的种群类似，种群内部具有相对独立的资源禀赋、制度过程和竞争模式（Hannan & Carroll，1992）；同时，联盟组合这一生态系统存在动态的演进过程（Pouder & John，1996）。在这一过程中，多样性是组织个体在种群中的重要特征（Hannan & Freeman，1977）。

在多样性与企业绩效的关系问题上，组织生态学派的密度依赖理论（density dependency theory）也提供了一定的解释。种群密度与组织成长率之间存在倒 U 型关系，在种群密度较低时，组织成长率随着种群密度的提高而增加，但当种群密度达到与最大环境承载力相对应的水平时，组织成长率就会随着种群密度的提高而减少。也就是说，在联盟组合的形成期，大量企业为了获得聚集经济性和合法性（legitimacy）而纷纷进入不同联盟，在这一阶段，新加入的竞争对手、联盟组合的资源优势和倡导创新的思维模式都会推动企业的创新进程,从而对企业绩效的提高产生积极作用。随着组织种群密度的提高,组织之间对稀缺资源的竞争性增强,联盟组合逐渐丧失其在资源、制度上的优势,从而对企业绩效产生负面影响,企业进入联盟组合的动机被削弱。当种群密度达到与最大环境承载力相对应的水平时,进入联盟组合的企业会由于联盟组合"不经济"而退出,或加入新的联盟。因此,对联盟组合多样性的界定应同时考虑演进过程中的"时间"概念,即多样性在"某一时段"的特征表现。图2-4-5以企业i所在的种群为例,描述了多样性从t_1到t_2时段可能发生的演变。

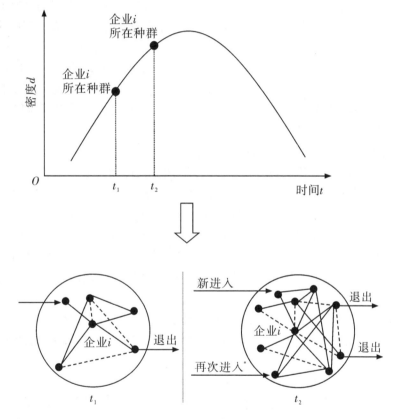

图2-4-5 企业i所在的种群在t_1-t_2时段的演变

注:"*"再次进入表示以前曾加入种群后又退出,此时再次加入种群的情况

(二)对联盟组合多样性的刻画

1. 联盟组合多样性在"某一时点"的特征

由于企业参与联盟时所选择的对象、动机、方式均可能不同,可将联盟组合多样性

划分为伙伴多样性（partner diversity）、职能多样性（functional diversity）和治理多样性（governance diversity）。

（1）伙伴多样性：指联盟伙伴特征的多样性，包括行业多样性、地域多样性和组织多样性。较高的伙伴多样性可以为企业提供丰富的资源库和战略选择弹性，从而为企业能力的提升和价值创造提供潜在的机会；同时，多样性过高也可能带来一些复杂性和潜在的冲突，从而提高企业的协调成本和管理成本，进而对企业绩效产生不同影响。

（2）职能多样性：指企业加入联盟的目的和动机具有差异性，如以营销为目的、以研发为目的、以生产为目的、以获取合法性为目的等。由于企业参与联盟的动机可能是获取互补性资源，或者是利用闲置资源等，从价值创造的角度来看，都可能会对企业绩效产生一定的影响。

（3）治理多样性：指企业参与到联盟中的治理结构会有所不同，如通过权益或非权益等方式。通过不同的治理结构模式参与多个联盟，可能会导致企业资金和精力的分散，增加管理成本。此外，如果参与到"陌生"的治理模式中，也可能增加相应的管理复杂性，从而影响企业绩效。

2. 联盟组合多样性在"某一时段"的特征

在联盟组合形成和发展的过程中，以时间为坐标轴，企业的联盟组合过程往往会体现一定的特征。本部分将主要借用与时间有关的概念，将联盟组合多样性划分为节奏（rhythm）多样性、速度（speed）多样性和次序（sequence）多样性。

（1）节奏多样性：指联盟组合活动的强度与频率的变化模式（是否有规律）。如果企业在单位时间内联盟活动数量一样，则联盟组合的节奏具有很强的规律性；反之，若企业没有任何计划、随意地组合其联盟活动，那么其组合联盟活动往往会显得杂乱无章，其节奏自然不呈现规律性。

（2）速度多样性：指企业在单位时间内参与的联盟活动的数量，即便企业的联盟组合活动具有规律性的节奏，但若采用不同的联盟组合速度（快或慢），也往往会体现出不同的多样性特征。

（3）次序多样性：指企业在形成联盟组合过程中与不同的合作伙伴构建联盟时的次序（如先与大企业联盟再与小企业联盟，或是先与小企业联盟再与大企业联盟）。即便企业的联盟组合活动的节奏具有一定的规律性，在既定的联盟组合速度下，如果企业采用不同的联盟次序，则也会显示出不同的特征。

二、嵌入性视角下联盟组合多样性的作用机制

多样性是企业联盟组合行为的表现，为了获取更多的外部资源，企业通过联盟的方式与不同企业建立关系，形成网络，以尽可能地避免环境的不确定性带来的风险。但现

在的问题是：仅凭联盟组合多样性是否足以从本质上解释和揭示网络背景下企业绩效产生差异的真正原因？

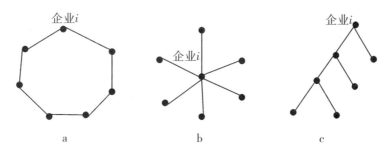

图2-4-6　多样性与网络结构差异

图2-4-6中a，b，c均表示由相同7个企业因联盟行为而形成的三种不同网络。在任一网络中，企业i均与其他6个企业保持着直接联系或间接联系。尽管网络中联盟伙伴表现出相同的多样性水平，但三个网络的结构特征，如层级、联系、位置，存在显著差异。那么企业所嵌入的网络结构差异是否会影响企业绩效？尤其是当全面考虑网络中连接强度、连接方向性、连接的频率等因素时，企业嵌入在网络中的情况可能更为复杂，如果企业所嵌入的网络结构差异会影响企业绩效，那么其影响机理是什么？此外，如同资源的冗余，嵌入性程度（低度、适度、过度）是否也会导致企业陷入网络结构的冗余，进而对企业绩效产生不同影响？

（一）嵌入性视角的解析及维度划分（类型和程度）

嵌入性是社会学中的重要思想。在联盟组合背景下，企业因为复杂的竞合关系参与不同的联盟形成网络。从此，企业不再是孤立的个体，其经济行为嵌入到这一网络中并对网络中的其他成员产生直接或间接的影响。那么，如何系统全面地考察网络中企业的嵌入性？在已有文献基础上，拟从嵌入性的类型和嵌入性的程度两个层面对其进行刻画。

1. 嵌入性的类型

嵌入性的类型可以分为关系嵌入性（relational embeddedness）、位置嵌入性（positional embeddedness）和结构嵌入性（structural embeddedness）。

（1）关系嵌入性：反映了行动者（actor）与其他参与者（alter）联系的紧密程度。Granovetter（1985）从互惠交换、感情强度、互动的频率和亲密程度四个维度将关系类型划分为强关系和弱关系两类，并认为行动者可以直接通过网络中节点间的相互联系纽带来获取信息收益。

（2）位置嵌入性：反映了网络成员间的相对地位与关系，比如网络中的中心位置或结构洞位置。网络位置与资源的分布存在密切关系，并且，位置上的资源不仅包括经济资源，而且包括组织自身的权利、财富和声望等更为重要的社会资源。

（3）结构嵌入性：是基于结构对等性整体网络构造观点，表征了行动者在网络中分享着相似的结构利益，经常用于研究网络角色的划分（Dimaggio，1986）。具有相同社会角色的行动者往往在社会网络结构中处于相同的位置，角色在某种程度上是位置的行为规范。网络结构关注的是关系之间的联系，比如，随时间推移，联盟网络中的成员或许会发生变化（增加或退出），但焦点企业在网络中所附载的关系仍保持结构对等性或相似性（structural equivalence）。

已有研究在嵌入性维度划分时，较多关注关系嵌入性和位置嵌入性，而忽略了结构嵌入性这一维度，或者简单地将结构嵌入性等同于位置嵌入性。事实上，结构嵌入是对位置嵌入的更深层次研究。结构对等性的观点对于组织行为的研究之所以有重要的意义，在于其将关注点放在了整个网络的层面，而不仅仅只是关注"关系"，或者由直接关系建立的小范围的连接。结构对等性的企业表现出相似的行为取向，但这并不是因为它们之间相互直接影响，而是它们需要面对嵌入在同一网络环境中的相似的依赖物（Burt，1983）。更为重要的是，网络中的行动者不是与结构不对等的其他参与者进行比较，而是更加倾向于与自己结构对等的其他参与者进行态度和行为的比较（Burt，1982）。

2. 嵌入性的程度

在联盟组合研究中，企业嵌入性程度的高低，可以说明企业在网络中所附载的关系、结构等的冗余水平，即在网络中的效率。由于嵌入性程度是一个连续的变量，因此本研究重点指出两类极端情况，即：较低的嵌入性程度可能使企业徘徊在网络外围，较少接触到网络中的核心成员，从而丧失与其合作的机会，对企业绩效产生负面影响；相反，过高的嵌入性程度可能导致"过度嵌入"（over embeddedness），企业很有可能出现组织学习的短视（learning myopia）带来的风险，从而阻碍企业创新而影响企业绩效。嵌入性程度是衡量企业在网络中的冗余水平和效率的重要信号。寻求适度的嵌入性程度与企业绩效水平息息相关。

（二）嵌入性对联盟组合多样性作用机制的影响机理

通过组建多个战略联盟形成联盟组合，企业所获利益不再是单一联盟利益的简单加总，因为不同联盟之间可能会产生组合效应。这种组合效应主要包括联盟活动之间的协同效应以及冲突效应，其中：协同效应主要体现在联盟活动之间的知识转移、企业联盟能力的形成等；冲突效应则主要体现在联盟活动或联盟伙伴的重复性、冗余性等。协同效应、冲突效应分别对组合联盟的价值产生积极或消极的影响。因此，在联盟组合背景下，对企业绩效进行分析，是一个复杂的问题。

用网络分析的观点对企业行为进行研究，可以将企业置于其所嵌入的关系网络中，才能够更加充分的认识企业的行为与绩效问题（Gulati, Nohria & Zaheer, 2000）。嵌入性作为一个独特的视角，源于社会网络理论，该理论指出群体并非个体行动者的简单加总，而是彼此之间相互关联。嵌入性表征了企业在网络中的位置、地位及其与网络中其他企业之间的相互关系，这些属性决定了企业在网络中所能聚集、整合和配置的资源数量，进而影响企业在网络中的行为与绩效。

至此，本研究结合社会网络理论及分析方法提出了多个与联盟研究相关的可行的研究方向及值得去探索的前瞻性问题，期待能够引发相关学者的共鸣并共同开展持续深入的后续研究。

【扩展阅读】近年重要相关文献

[1] Baum J A C, Calabrese T, Silverman B. 2000. Don't go it alone: Alliance network composition andstart-ups'performance in Canadian biotechnology [J]. *Strategic Management Journal*, 21 (3): 267 – 294.

[2] Gimeno J. 2004. Competition within and between networks: The contingent effect of competitive embeddedness on alliance formation [J]. *Academy of Management Journal*, 47 (6): 820 – 842.

[3] Goerzen A, Beamish P W. 2005. The effect of alliance network diversity on multinational enterprise performance [J]. *Strategic Management Journal*, 26 (4): 333 – 354.

[4] Goerzen A. 2007. Alliance network and firm performance: The impact of repeated partnerships [J]. *Strategic Management Journal*, 28 (5): 487 – 509.

[5] Hoffmann W H. 2007. Strategies for managing a portfolio of alliances [J]. *Strategic Management Journal*, 28 (8): 827 – 856.

[6] Jiang R J, Tao Q T, Santoro M D. 2010. Alliance portfolio diversity and firm performance [J]. *Strategic Management Journal*, 31 (10): 1136 – 1144.

[7] Kale P D, Dyer J, Singh H. 2002. Alliance capability, stock market response, and long-term alliance success: The role of the alliance function [J]. *Strategic Management Journal*, 23 (8): 747 – 767.

[8] Koka B R, Prescott J E. 2008. Designing alliance networks: The influence of network position, environmental change and strategy on firm performance [J]. *Strategic Management Journal*, 29 (6): 639 – 661.

[9] Lee C, Lee K, Pennings J M. 2001. Internal capabilities, external networks, and performance: A study on technology-based ventures [J]. *Strategic Management Journal*, 22 (6 – 7): 615 – 640.

参 考 文 献

[1] Ahuja G. 2000a. Collaboration networks, structural holes, and innovation: A longitudinal study [J]. *Administrative Science Quarterly*, 45 (3): 425 -455.

[2] Ahuja G. 2000b. The duality of collaboration: Inducements and opportunities in the formation of interfirm linkages [J]. *Strategic Management Journal*, 21 (3): 317 -343.

[3] Aiken L S, West S G. 1991. *Multiple regression: Testing and interpreting interactions* [M]. Newbury Park, CA: Sage.

[4] Aldrich H. 1999. *Organizations evolving* [M]. Newbury Park, CA: Sage.

[5] Aldrich H, Zimmer C, Jones T. 1986. Small business still speak with the same voice: A replication of the voice of small business and the politics of survival [J]. *Sociological Review*, 34 (2): 335 -356.

[6] Aldrich H E, Pfeffer J. 1976. Environments of organizations [J]. *Annual Review of Sociology*, 2: 79 -105.

[7] Andrei S, Vishny R W. 1997. A survey of corporate governance [J]. *Journal of Finance*, 52 (2): 737 -789.

[8] Badaracco J. 1991. *The knowledge link: How firms compete through strategic alliances* [M]. Boston: Harvard Business Press.

[9] Baker W, Dutton J E. 2007. *Enabling positive social capital in organizations* [M]. Mahwah: Lawrence Erlbaum Associates Publishers.

[10] Baker W E, Faulkner R R. 1991. Role as resource in the Hollywood film industry [J]. *American Journal of Sociology*, 97 (2): 279 -309.

[11] Barley S R, Freeman J, Hybels R C. 1992. *Strategic alliances in commercial biotechnology* [M]. Cambridge: Harvard Business School Press.

[12] Barney J. 1991. Firm resources and sustained competitive advantage [J]. *Journal of Management*, 17 (1): 99 -120.

[13] Baum J A C, Cowan R, Jonard N. 2012. Prescriptions for network strategy: Does evidence of network effects in cross - section support them? [J]. *Available at SSRN* 2056302.

[14] Baum J A C, Calabrese T, Silverman B S. 2000. Don't go it alone: Alliance network composition and startups' performance in Canadian biotechnology [J]. *Strategic Management Journal*, 21 (3): 267 -294.

[15] Baum J A C, Dutton J E. 1996. Introduction: The embeddedness of strategy [J]. *Advances in Strategic Management*, 13: 1 – 15.

[16] Baum J A C, Korn H J. 1999. Dynamics of dyadic competitive interaction [J]. *Strategic Management Journal*, 20 (3): 251 – 278.

[17] Baum J A C, Shipilov A V, Rowley T J. 2003. Where do small worlds come from? [J]. *Industrial and Corporate Change*, 12 (4): 697 – 725.

[18] Baum J R, Locke E A. 2004. The relationship of entrepreneurial traits, skill, and motivation to subsequent venture growth [J]. *Journal of Applied Psychology*, 89 (4): 587 – 598.

[19] Beamish P W, Killing J P. 1997. *Cooperative strategies: Asian pacific perspectives* [M]. London: Lexington Books.

[20] Bell G G. 2005. Clusters, networks, and firm innovativeness [J]. *Strategic Management Journal*, 26 (3): 287 – 295.

[21] Bian Y. 1997. Bringing strong ties back in: Indirect ties, network bridges, and job searches in China [J]. *American Sociological Review*, 62 (3): 366 – 385.

[22] Birley S. 1985. The role of networks in the entrepreneurial process [J]. *Journal of Business Venturing*, 1 (1): 107 – 117.

[23] Boeker W. 1997. Strategic change: The influence of managerial characteristics and organizational growth [J]. *Academy of Management Journal*, 40 (1): 152 – 170.

[24] Bourdieu P. 1986. *The forms of capital* [M]. Oxford: Blackwell Publisher Ltd.

[25] Bourgeois L J. 1981. On the measurement of organizational slack [J]. *Academy of Management Review*, 6 (1): 29 – 39.

[26] Bourgeois L J, Singh J. 1983. Organizational slack and political behavior within top management groups [J]. *Academy of Management Proceedings*, 1: 43 – 47.

[27] Boyd B. 1990. Corporate linkages and organizational environment: A test of the resource dependence model [J]. *Strategic Management Journal*, 11 (6): 419 – 430.

[28] Bradley S W, Shepherd D A, Wiklund J. 2011. The importance of slack for new organizations facing 'tough' environments [J]. *Journal of Management Studies*, 48 (5): 1071 – 1097.

[29] Bromiley P. 1991. Testing a causal model of corporate risk taking and performance [J]. *Academy of Management Journal*, 34 (1): 37 – 59.

[30] Brookfield J. 2010. The network structure of big business in Taiwan [J]. *Asia Pacific Journal of Management*, 27 (2): 257 – 279.

[31] Brown J S, Duguid P. 1991. Organizational learning and communities-of-practice: Toward a unified view of working, learning, and innovation [J]. *Organization Science*, 2 (1): 40 – 57.

[32] Bruno M. 1993. *Crisis, stabilization, and economic reform: Therapy by consensus* [M]. New York: Oxford University Press.

[33] Burris V. 2005. Interlocking directorates and political cohesion among corporate elites [J]. *American Journal of Sociology*, 111 (1): 249 – 283.

[34] Burt R S. 1982. *Toward a structural theory of action: Network models of social structure, perception, and action* [M]. New York: Academic Press.

[35] Burt R S. 1983. *Corporate profits and cooptation: Networks of market constraints and directorate ties in the American economy* [M]. Pittsburgh: Academic Press.

[36] Burt R S. 1992. *Networks and organizations* [M]. Boston: Harvard Business School Press.

[37] Burt R S. 1995. *Structural holes: The social structure of competition* [M]. Cambrige: Harvard University Press.

[38] Burt R S. 1997. The contingent value of social capital [J]. *Administrative Science Quarterly*, 42 (2): 339 – 365.

[39] Burt R S. 2000. The network structure of social capital [J]. *Research in Organizational Behavior*, 22: 345 – 423.

[40] Carbonara N. 2004. Innovation processes within geographical clusters: A cognitive approach [J]. *Technovation*, 24 (1): 17 – 28.

[41] Carrington P J, Heil G H. 1981. Cobloc: A hierarchical method for blocking network data [J]. *The Journal of Mathematical Sociology*, 8 (1): 103 – 131.

[42] Chen C J, Huang Y. 2009. Creative workforce density, organizational slack, and innovation performance [J]. *Journal of Business Research*, 63 (4): 411 – 418.

[43] Chen W R, Miller K D. 2007. Situational and institutional determinants of firms' R D search intensity [J]. *Strategic Management Journal*, 28 (4): 369 – 381.

[44] Cheng J L C, Kesner I F. 1997. Organizational slack and response to environmental shifts: The impact of resource allocation patterns [J]. *Journal of Management*, 23 (1): 1 – 18.

[45] Child J. 1980. *Unequal alliance: The inter – American military system, 1938 – 1978* [M]. Boulder: Westview Press.

[46] Chung S A, Singh H, Lee K. 2000. Complementarity, status similarity and social capital as drivers of alliance formation [J]. *Strategic Management Journal*, 21 (1): 1 – 22.

[47] Claessens S, Djankov S, Lang L H P. 2000. The separation of ownership and control in East Asian corporations [J]. *Journal of Financial Economics*, 58 (1 – 2): 81 – 112.

[48] Coffee J C. 2001. The rise of dispersed ownership: The roles of law and the state in the separation of ownership and control [J]. *The Yale Law Journal*, 111 (1): 111 – 131.

[49] Cohen W M, Levinthal D A. 1990. Absorptive capacity: A new perspective on learning and innovation [J]. *Administrative Science Quarterly*, 35 (1): 128 – 152.

[50] Coleman J S. 1990. *Foundations of social capital* [M]. Cambridge: Harvard University Press.

[51] Cook L J. 2003. *Social capital and social cohesion in post – Soviet Russia* [M]. New York: ME Sharpe.

[52] Cross R, Cummings J N. 2004. Tie and network correlates of individual performance in knowledge – intensive work [J]. *Academy of Management Journal*, 47 (6): 928 – 937.

[53] Cusumano M A. 1985. *The Japanese automobile industry: Technology and management at Nissan and Toyota* [M]. Cambridge: Harvard University Press.

[54] Cyert R M, March J G. 1963. *A behavorial theory of the firm* [M]. NJ: Englewood Cliffs.

[55] Daniel F, Lohrke F T, Fornaciari C J. 2004. Slack resources and firm performance: A meta – analysis [J]. *Journal of Business Research*, 57 (6): 565 – 574.

[56] Danneels E. 2008. Organizational antecedents of second-order competences [J]. *Strategic Management Journal*, 29 (5): 519 – 543.

[57] Das T K, Teng B S. 2000. A resource-based theory of strategic alliances [J]. *Journal of Management*, 26 (1): 31 – 61.

[58] Das T K, Teng B S. 2002. Alliance constellations: A social exchange perspective [J]. *Academy of Management Review*, 27 (3): 445 – 456.

[59] Davis G F, Stout S K. 1992. Organization theory and the market for corporate control: A dynamic analysis of the characteristics of large takeover targets, 1980—1990 [J]. *Administrative Science Quarterly*, 37 (4): 605 – 633.

[60] Davis G F, Yoo M, Baker W E. 2003. The small world of the American corporate elite, 1982—2001 [J]. *Strategic Organization*, 1 (3): 301 – 326.

[61] Denis D K, McConnell J J. 2003. International corporate governance [J]. *Journal of Financial and Quantitative Analysis*, 38 (1): 1 – 36.

[62] Dimaggio P. 1986. Structural analysis of organizational fields: A blockmodel approach [J]. *Research in Organizational Behavior*, 8: 335 – 370.

[63] Dougherty D, Hardy C. 1996. Sustained product innovation in large, mature organizations: Overcoming innovation-to-organization problems [J]. *Academy of Management Journal*, 39 (5): 1120 – 1153.

[64] Dunung S P. 1998. *Doing business in Asia: The complete guide* [M]. San Francisco: Jossey-Bass.

[65] Durnev A, Kim E. 2005. To steal or not to steal: Firm attributes, legal environment, and valuation [J]. *Journal of Finance*, 60 (3): 1461 – 1493.

[66] Dyck A, Zingales L. 2004. Private benefits of control: An international comparison [J]. *Journal of Finance*, 59 (2): 537 – 600.

[67] Dyer J H, Kale P, Singh H. 2001. How to make strategic alliances work [J]. *Sloan Management Review*, 42 (4): 37 – 43.

[68] Dyer J H, Nobeoka K. 2000. Creating and managing a high performance knowledge sharing network: The case of Toyota [J]. *Strategic Management Journal*, 21 (3): 345 – 367.

[69] Eccles R G, Crane D B. 1988. *Doing deals: Investment banks at work* [M]. Cambridge: Harvard Business Press.

[70] Echols A, Tsai W. 2005. Niche and performance: The moderating role of network embeddedness [J]. *Strategic Management Journal*, 26 (3): 219 – 238.

[71] Elfring T, Hulsink W. 2003. Networks in entrepreneurship: The case of high-technology firms [J]. *Small Business Economics*, 21 (4): 409 – 422.

[72] Evans D S. 1987. Tests of alternative theories of firm growth [J]. *The Journal of Political Economy*, 95 (4): 657 – 674.

[73] Fich E M. 2005. Are some outside directors better than others? Evidence from director appointments by Fortune 1000 firms [J]. *Journal of Business*, 78 (5): 1943 – 1986.

[74] Fich E M, Shivdasani A. 2006. Are busy boards effective monitors? [J]. *Journal of Finance*, 61 (2): 689 – 724.

[75] Fitza M, Matusik S F, Mosakowski E. 2009. Do VCs matter? The importance of owners on performance variance in start-up firms [J]. *Strategic Management Journal*, 30 (4): 387 – 404.

[76] Flap H. 1999. Creation and returns of social capital [J]. *La Revue Tocqueville*, 20 (1): 1 – 22.

[77] Fligstein N, Brantley P. 1992. Bank control, owner control, or organizational dynamics: Who controls the large modern corporation? [J]. *American Journal of Sociology*, 98 (2): 280 – 307.

[78] Franks J, Mayer C, Rossi S. 2009. Ownership: Evolution and regulation [J]. *Review of Financial Studies*, 22 (10): 4009 – 4056.

[79] Freeman L C. 1979. Centrality in social networks conceptual clarification [J]. *Social Networks*, 1 (3): 215 – 239.

[80] Freeman J, Hannan M T. 1983. Niche width and the dynamics of organizational populations [J]. *American Journal of Sociology*, 88 (6): 1116 – 1145.

[81] Galaskiewicz J, Zaheer A. 1999. Networks of competitive advantage [J]. *Research in the Sociology of Organizations*, 16 (1): 237 – 261.

[82] Geiger S W, Cashen L H. 2002. A multinational examination of slack and its impact on innovation [J]. *Journal of Managerial Issues*, 14 (1): 68 – 84.

[83] Geletkanycz M A, Hambrick D C. 1997. The external ties of top executives: Implications for strategic choice and performance [J]. *Administrative Science Quarterly*, 42 (4): 654 – 681.

[84] Geletkanycz M A, Boyd B K, Finkelstein S. 2001. The strategic value of CEO external directorate networks: Implications for CEO compensation [J]. *Strategic Management Journal*, 22 (9): 889 – 898.

[85] George G, Zahra S A, Wheatley K K, Khan R. 2001. The effects of alliance portfolio characteristics and absorptive capacity on performance: A study of biotechnology firms [J]. *The Journal of High Technology Management Research*, 12 (2): 205 – 226.

[86] George G. 2005. Slack resources and the performance of privately held firms [J]. *Academy of Management Journal*, 48 (4): 661 – 676.

[87] Goerzen A, Beamish P W. 2005. The effect of alliance network diversity on multinational enterprise performance [J]. *Strategic Management Journal*, 26 (4): 333 – 354.

[88] Gilsing V, Nooteboom B. 2005. Density and strength of ties in innovation networks: An analysis of multimedia and biotechnology [J]. *European Management Review*, 2 (3): 179 – 197.

[89] Gnyawali D R, Madhavan R. 2001. Cooperative networks and competitive dynamics: A structural embeddedness perspective [J]. *Academy of Management Review*, 26 (3): 431 – 445.

[90] Granovetter M S. 1973. The strength of weak ties [J]. *The American Journal of Sociology*, 78 (6): 1360 – 1380.

[91] Granovetter M S. 1985. Economic action and social structure: The problem of embeddedness [J]. *American Journal of Sociology*, 91 (3): 481 – 510.

[92] Greenley G E, Oktemgil M. 1998. A comparison of slack resources in high and low performing British companies [J]. *Journal of Management Studies*, 35 (3): 377 – 398.

[93] Gulati R. 1995. Does familiarity breed trust? The implications of repeated ties for contractual choice in alliances [J]. *Academy of Management Journal*, 38 (1): 85 – 112.

[94] Gulati R, Singh H. 1998. The architecture of cooperation: Managing coordination costs and appropriation concerns in strategic alliances [J]. *Administrative Science Quarterly*, 43 (4): 781 – 784.

[95] Gulati R, Nohria N, Zaheer A. 2000. Guest editors' introduction to the special issue: strategic networks [J]. *Strategic Management Journal*, 21 (3): 199 – 201.

[96] Hakansson H, Johanson J. 1988. Formal and informal cooperation strategies in international industrial networks *in* Contractor, F. J., Lorenze, P. *Cooperative Strategies in International Business* [M]. London: Lexington Books, D. C. Heath and Company.

[97] Hambrick D C, D'Aveni R A. 1988. Large corporate failures as downward spirals [J]. *Administrative Science Quarterly*, 33 (1): 1 – 23.

[98] Hannan M T, Freeman J. 1977. The population ecology of organizations [J]. *American Journal of Sociology*, 82 (5): 929 – 964.

[99] Hannan M T, Carroll G. 1992. *Dynamics of organizational populations: Density, legitimation, and competition* [M]. Oxford: Oxford University Press.

[100] Hanneman R A, Riddle M. 2005. *Introduction to social network methods* [M]. California: University of California.

[101] Hansen M T. 1999. The search – transfer problem: The role of weak ties in sharing knowledge across organization subunits [J]. *Administrative Science Quarterly*, 44 (1): 82 – 85.

[102] Haunschild P R. 1993. Interorganizational imitation: The impact of interlocks on corporate acquisition activity [J]. *Administrative Science Quarterly*, 38 (4): 564 – 592.

[103] Haunschild P R, Beckman C M. 1998. When do interlocks matter? Alternate sources of information and interlock influence [J]. *Administrative Science Quarterly*, 43 (4): 815 – 818.

[104] Hitt M A, Hoskisson R E, Kim H. 1997. International diversification: Effects on innovation and firm performance in product – diversified firms [J]. *Academy of Management Journal*, 40 (4): 767 – 798.

[105] Hoffmann W H. 2005. How to manage a portfolio of alliances [J]. *Long Range Planning*, 38 (2): 121 – 143.

[106] Hoffmann W H. 2007. Strategies for managing a portfolio of alliances [J]. *Strategic Management Journal*, 28 (8): 827 – 856.

[107] Hoskisson R E, Hitt C W L, Kim H. 1993. The multidivisional structure: Organizational fossil or sources of value? [J]. *Journal of Management*, 19: 269 – 298.

[108] Inkpen A C. 2000. A note on the dynamics of learning alliances: Competition, cooperation, and

relative scope [J]. *Strategic Management Journal*, 21 (7): 775 - 779.

[109] Iyer D N, Miller K D. 2008. Performance feedback, slack, and the timing of acquisitions [J]. *Academy of Management Journal*, 51 (4): 808 - 822.

[110] Jackson M O, Rogers B W. 2005. The economics of small worlds [J]. *Journal of the European Economic Association*, 3 (2 - 3): 617 - 627.

[111] Jarillo J C. 1988. On strategic networks [J]. *Strategic Management Journal*, 9 (1): 31 - 41.

[112] Jensen M C, Meckling W H. 1979. *Theory of the firm: Managerial behavior, agency costs, and ownership structure* [M]. Berlin: Springer Netherlands.

[113] Johnson R A, Hoskisson R E, Hitt M A. 1993. Board of director involvement in restructuring: The effects of board versus managerial controls and characteristics [J]. *Strategic Management Journal*, 14 (S1): 33 - 50.

[114] Ju M, Zhao H. 2009. Behind organizational slack and firm performance in China: The moderating roles of ownership and competitive intensity [J]. *Asia Pacific Journal of Management*, 26 (4): 701 - 717.

[115] Kale P, Dyer J H, Singh H. 2002. Alliance capability, stock market response, and long - term alliance success: The role of the alliance function [J]. *Strategic Management Journal*, 23 (8): 747 - 767.

[116] Kim H, Kim H, Lee P M. 2008. Ownership structure and the relationship between financial slack and R D investments: Evidence from Korean firms [J]. *Organization Science*, 19 (3): 404 - 418.

[117] Koenig T, Gogel R, Sonquist J. 1979. Models of the significance of interlocking corporate directorates [J]. *American Journal of Economics and Sociology*, 38 (2): 173 - 186.

[118] Kogut B. 1988. Joint ventures: Theoretical and empirical perspectives [J]. *Strategic Management Journal*, 9 (4): 319 - 332.

[119] Kogut B. 1991. Joint ventures and the option to expand and acquire [J]. *Management Science*, 37 (1): 19 - 33.

[120] Kogut B. 2000. The network as knowledge: Generative rules and the emergence of structure [J]. *Strategic Management Journal*, 21 (3): 405 - 425.

[121] Kogut B, Walker G. 2001. The small world of Germany and the durability of national networks [J]. *American Sociological Review*, 66 (3): 317 - 335.

[122] Koka B R, Prescott J E. 2002. Strategic alliances as social capital: A multidimensional view [J]. *Strategic Management Journal*, 23 (9): 795 - 816.

[123] Koka B R, Prescott J E. 2008. Designing alliance networks: The influence of network position, environmental change, and strategy on firm performance [J]. *Strategic Management Journal*, 29 (6): 639 - 661.

[124] Kraatz M S. 1998. Learning by association? Interorganizational networks and adaptation to environmental change [J]. *Academy of Management Journal*, 41 (6): 621 - 643.

[125] Krackhardt D. 1999. The ties that torture: Simmelian tie analysis in organizations [J]. *Research in the Sociology of Organizations*, 16 (1): 183 - 210.

[126] La Porta R, Lopez-de-Silanes F, Shleifer A, Vishny R. 1998. Law and finance [J]. *Journal of Political Economy*, 106: 1131 – 1150.

[127] La Porta R, Lopez-de-Silanes F, Shleifer A, Vishny R. 1999. Corporate ownership around the world [J]. *Journal of Finance*, 54 (2): 471 – 517.

[128] Larson A. 1992. Network dyads in entrepreneurial settings: A study of the governance of exchange processes [J]. *Administrative Science Quarterly*, 37 (1): 76 – 104.

[129] Latham S F, Braun M. 2009. Managerial risk, innovation and organizational decline [J]. *Journal of Management*, 35 (2): 258 – 281.

[130] Laumann E O, Marsden P V, Galaskiewicz J. 1977. Community-elite influence structures: Extension of a network approach [J]. *The American Journal of Sociology*, 83 (3): 594 – 631.

[131] Lavie D. 2006. The competitive advantage of interconnected firms: An extension of the resource - based view [J]. *Academy of Management Review*, 31 (3): 638 – 658.

[132] Levin D Z, Cross R. 2004. The strength of weak ties you can trust: The mediating role of trust in effective knowledge transfer [J]. *Management Science*, 50 (11): 1477 – 1490.

[133] Lin N. 1982. Social resources and instrumental action. *in* Marsden P V, Lin N. (Ed.), *Social structure and network analysis* [M]. Newbury Park, CA: Sage.

[134] Lin N. 1990. Social resources and social mobility: A structural theory of status attainment. *in* Breiger R L. (Ed.), *Social mobility and social structure* [M]. New York: Cambridge University Press.

[135] Lin N. 2000. Inequality in social capital [J]. *Contemporary Sociology*, 29 (6): 785 – 795.

[136] Liu H, Ding X, Guo H, Luo J. 2014. How does slack affect product innovation in high-tech Chinese firms: The contingent value of entrepreneurial orientation [J]. *Asia Pacific Journal of Management*, 31 (1): 47 – 68.

[137] Love E G, Nohria N. 2005. Reducing slack: The performance consequences of downsizing by large industrial firms [J]. *Strategic Management Journal*, 26 (12): 1087 – 1108.

[138] Madhavan R, Koka B R, Prescott J E. 1998. Networks in transition: How industry events (re) shape interfirm relationships [J]. *Strategic Management Journal*, 19 (5): 439 – 459.

[139] McArthur A W, Nystrom P C. 1991. Environmental dynamism, complexity, and munificence as moderators of strategy-performance relationships [J]. *Journal of Business Research*, 23 (4): 349 – 361.

[140] McEvily B, Zaheer A. 1999. Bridging ties: A source of firm heterogeneity in competitive capabilities [J]. *Strategic Management Journal*, 20 (12): 1133 – 1156.

[141] Mellahi K, Wilkinson A. 2010. A study of the association between level of slack reduction following downsizing and innovation output [J]. *Journal of Management Studies*, 47 (3): 483 – 508.

[142] Meyer A D. 1982. Adapting to environmental jolts [J]. *Administrative Science Quarterly*, 27 (4): 515 – 537.

[143] Miles R E, Snow C C. 1986. Network organizations: New concepts for new forms [J], *California Management Review*, 28 (3): 62 – 73.

[144] Miles R E, Snow C C. 1992. Causes of failure in network organizations [J]. *California Management Review*, 34 (4): 53 – 72.

[145] Miller K D, Leiblein M J. 1996. Corporate risk-return relations: Returns variability versus downside risk [J]. *Academy of Management Journal*, 39 (1): 91 – 122.

[146] Mishina Y, Pollock T G, Porac J F. 2004. Are more resources always better for growth? Resource stickiness in market and product expansion [J]. *Strategic Management Journal*, 25 (12): 1179 – 1197.

[147] Mizruchi M S, Stearns L B. 1988. A longitudinal study of the formation of interlocking directorates [J]. *Administrative Science Quarterly*, 33 (2): 194 – 210.

[148] Nahapiet J, Ghoshal S. 1998. Social capital, intellectual capital, and the organizational advantage [J]. *Academy of Management Review*, 23 (2): 242 – 266.

[149] Nohria N, Gulati R. 1996. Is slack good or bad for innovation? [J]. *Academy of Management Journal*, 39 (5): 1245 – 1264.

[150] O'Brien J P. 2003. The capital structure implications of pursuing a strategy of innovation [J]. *Strategic Management Journal*, 24 (5): 415 – 431.

[151] Ong C H, Wan D, Ong K S. 2003. An exploratory study on interlocking directorates in listed firms in Singapore [J]. *Corporate Governance: An International Review*, 11 (4): 322 – 334.

[152] Owen-Smith J, Powell W W. 2004. Knowledge networks as channels and conduits: The effects of spillovers in the Boston biotechnology community [J]. *Organization Science*, 15 (1): 5 – 21.

[153] Palmer J, Richards I. 1999. Get knetted: Network behaviour in the new economy [J]. *Journal of Knowledge Management*, 3 (3): 191 – 202.

[154] Pellicelli, A C. 2012. Strategic alliances [J]. *Economia Aziendale Online*, 2: 1 – 21.

[155] Peng M W, Heath P S. 1996. The growth of the firm in planned economies in transition: Institutions, organizations, and strategic choice [J]. *Academy of Management Review*, 21 (2): 492 – 528.

[156] Peng M W, Luo Y. 2000. Managerial ties and firm performance in a transition economy: The nature of a micro-macro link [J]. *Academy of Management Journal*, 43 (3): 486 – 501.

[157] Peng M W, Au K Y, Wang D Y L. 2001. Interlocking directorates as corporate governance in Third World multinationals: Theory and evidence from Thailand [J]. *Asia Pacific Journal of Management*, 18 (2): 161 – 181.

[158] Peng M W, Li Y, Xie E. 2010. CEO duality, organizational slack, and firm performance in China [J]. *Asia Pacific Journal of Management*, 27 (4): 611 – 624.

[159] Pennings J M. 1980. *Interlocking directorates* [M]. San Francisco: Jossey – Bass Inc Pub.

[160] Penrose E T. 1959. *The theory of the growth of the firm* [M]. New York: Wiley.

[161] Pfeffer J, Leblebici H. 1973. Executive recruitment and the development of interfirm organizations [J]. *Administrative Science Quarterly*, 18 (4): 449 – 461.

[162] Pfeffer J, Salancik G. 1978. *The external control of organizations: A resource dependence approach* [M]. New York: Harper and Row.

[163] Preiss K, Goldman S L, Nagel R N. 1996. Cooperate to compete: Building agile business relationships [M]. New York: Van Nostrand Reinhold.

[164] Podolny J M. 1993. A status-based model of market competition [J]. *American Journal of Sociology*, 98 (4): 829-872.

[165] Podolny J M. 2001. Networks as the pipes and prisms of the market [J]. *American Journal of Sociology*, 107 (1): 33-60.

[166] Porter M E. 1981. Strategic interaction: Some lessons from industry histories for theory and antitrust policy [J]. *Antitrust L. Econ. Rev*, 13: 13.

[167] Porter M E. 1985. *Competitive advantage* [M]. New York: The Free Press.

[168] Pouder R, John C H S. 1996, Hot spots and blind spots: Geographical clusters of firms and innovation [J]. *Academy of Management Review*, 21 (4): 1192-1225.

[169] Powell W W. 1990. Neither market nor hierarchy: Network forms of organization [J]. *Research Organizational Behavior*, 12: 295-336.

[170] Powell W W, Koput K W, Smith-Doerr L. 1996. Interorganizational collaboration and the locus of innovation: Networks of learning in biotechnology [J]. *Administrative Science Quarterly*, 41 (1): 116-145.

[171] Preiss K, Goldman S L, Nagel R N. 1996. Cooperate to compete: Building agile business relationships [M]. New York: Van Nostrand Reinhold.

[172] Reagans R, Zuckerman E, McEvily B. 2004. How to make the team: Social networks vs. demography as criteria for designing effective teams [J]. *Administrative Science Quarterly*, 49 (1): 101-133.

[173] Ren B, Au K Y, Birtch T A. 2009. China's business network structure during institutional transitions [J]. *Asia Pacific Journal of Management*, 26 (2): 219-240.

[174] Reuer J J, Leiblein M J. 2000. Downside risk implications of multinationality and international joint ventures [J]. *Academy of Management Journal*, 43 (2): 203-214.

[175] Richardson G B. 1972. The organization of industry [J]. *The Economic Journal*, 82 (327): 883-896.

[176] Roe M J. 1990. Political and legal restraints on ownership and control of public companies [J]. *Journal of Financial Economics*, 27 (1): 7-41.

[177] Roe M J. 1994. *Strong manager, weak owners: The political roots of American corporate governance* [M]. Princeton: Princeton University Press.

[178] Rogers E M, Kincaid D L. 1981. *Communication networks: Toward a new paradigm for research* [M]. New York: Free Press.

[179] Rosenstein S, Wyatt J G. 1994. Shareholder wealth effects when an officer of one corporation joins the board of directors of another [J]. *Managerial and Decision Economics*, 15 (4): 317-327.

[180] Rowley T, Behrens D, Krackhardt D. 2000. Redundant governance structures: An analysis of structural and relational embeddedness in the steel and semiconductor industries [J]. *Strategic Management Journal*, 21 (3): 369-386.

[181] Salman N, Saives A L. 2005. Indirect networks: An intangible resource for biotechnology innovation [J]. *R D Management*, 35 (2): 203-215.

[182] Schilling M A. 2005. *Strategic management of technological innovation* [M]. New York: Tata McGraw-Hill Education.

[183] Schilling M A, Phelps C C. 2007. Interfirm collaboration networks: The impact of large-scale network structure on firm innovation [J]. *Management Science*, 53 (7): 1113-1126.

[184] Shan W, Walker G, Kogut B. 1994. Interfirm cooperation and startup innovation in the biotechnology industry [J]. *Strategic Management Journal*, 15 (5): 387-394.

[185] Sharfman M P, Wolf G, Chase R B, Tansik D A. 1988. Antecedents of organizational slack [J]. *Academy of Management Review*, 13 (4): 601-614.

[186] Shi W L, Sun S L, Peng M W. 2012. Sub-national institutional contingencies, network positions, and IJV partner selection [J]. *Journal of Management Studies*, 49 (7): 1221-1245.

[187] Simsek Z, Veiga J F, Lubatkin M H. 2007. The impact of managerial environmental perceptions on corporate entrepreneurship: Towards understanding discretionary slack's pivotal role [J]. *Journal of Management Studies*, 44 (8): 1398-1424.

[188] Sinani E, Stafsudd A, Thomsen S, Edling C, Randoy T. 2008. Corporate governance in Scandinavia: Comparing networks and formal institutions [J]. *European Management Review*, 5 (1): 27-40.

[189] Singh J V. 1986. Performance, slack, and risk taking in organizational decision making [J]. *Academy of Management Journal*, 29 (3): 562-585.

[190] Soda G, Usai A, Zaheer A. 2004. Network memory: The influence of past and current networks on performance [J]. *Academy of Management Journal*, 47 (6): 893-906.

[191] Stan C V, Peng M W, Bruton G D. 2014. Slack and the performance of state-owned enterprises [J]. *Asia Pacific Journal of Management*, 31 (2): 473-495.

[192] Stuart T E. 1998. Network positions and propensities to collaborate: An investigation of strategic alliance formation in a high-technology industry [J]. *Administrative Science Quarterly*, 43 (3): 668-698.

[193] Su Z, Xie E, Li Y. 2009. Organizational slack and firm performance during institutional transitions [J]. *Asia Pacific Journal of Management*, 26 (1): 75-91.

[194] Sytch M, Tatarynowicz A, Gulati R. 2012. Toward a theory of extended contact: The incentives and opportunities for bridging across network communities [J]. *Organization Science*, 23 (6): 1658-1681.

[195] Tan J. 2003. Curvilinear relationship between organizational slack and firm performance: Evidence from chinese state enterprises [J]. *European Management Journal*, 21 (6): 740-749.

[196] Tan J, Peng M W. 2003. Organizational slack and firm performance during economic transitions: Two studies from an emerging economy [J]. *Strategic Management Journal*, 24 (13): 1249-1263.

[197] Teece D J. 1992. Competition, cooperation, and innovation: Organizational arrangements for regimes of rapid technological progress [J]. *Journal of Economic Behavior Organization*, 18 (1): 1-25.

[198] Tichy N M, Tushman M L, Fombrun C. 1979. Social network analysis for organizations [J]. *Academy of Management Review*, 4 (4): 507–519.

[199] Tsai W, Ghoshal S. 1998. Social capital and value creation: The role of intrafirm networks [J]. *Academy of Management Journal*, 41 (4): 464–476.

[200] Tsai W. 2001. Knowledge transfer in intraorganizational networks: Effects of network position and absorptive capacity on business unit innovation and performance [J]. *Academy of Management Journal*, 44 (5): 996–1004.

[201] Useem M. 1983. Business and politics in the United States and United Kingdom [J]. *Theory and Society*, 12 (3): 281–308.

[202] Uzzi B. 1996. The sources and consequences of embeddedness for the economic performance of organizations: The network effect [J]. *American Sociological Review*, 61 (4): 674–698.

[203] Uzzi B. 1997. Social structure and competition in interfirm networks: The paradox of embeddedness [J]. *Administrative Science Quarterly*, 40 (1): 35–67.

[204] Uzzi B. 1999. Embeddedness in the making of financial capital: How social relations and networks benefit firms seeking financing [J]. *American Sociological Review*, 64 (4): 481–505.

[205] Uzzi B, Gillespie J J. 2002. Knowledge spillover in corporate financing networks: Embeddedness and the firm's debt performance [J]. *Strategic Management Journal*, 23 (7): 595–618.

[206] Uzzi B, Spiro J. 2005. Collaboration and creativity: The small world problem [J], *American Journal of Sociology*, 111 (2): 447–504.

[207] Vanacker T, Collewaert V, Paeleman I. 2013. The relationship between slack resources and the performance of entrepreneurial firms: The role of venture capital and angel investors [J]. *Journal of Management Studies*, 50 (6): 1070–1096.

[208] Vermeulen F, Barkema H. 2001. Learning through acquisitions [J]. *Academy of Management Journal*, 44 (3): 457–476.

[209] Verspagen B, Duysters G. 2004. The small worlds of strategic technology alliances [J]. *Technovation*, 24 (7): 563–571.

[210] Voss G B, Sirdeshmukh D, Voss Z G. 2008. The effects of slack resources and environmental threat on product exploration and exploitation [J]. *Academy of Management Journal*, 51 (1): 147–164.

[211] Walker G, Kogut B, Shan W. 1997. Social capital, structural holes and the formation of an industry network [J]. *Organization Science*, 8 (2): 109–125.

[212] Walker G. 2008. The rise of ecommerce as an epidemic in the small world of venture capital [J]. *Advances in Strategic Management*, 25: 3–29.

[213] Walsh J P, Seward J K. 1990. On the efficiency of internal and external corporate control mechanisms [J]. *Academy of Management Review*, 15 (3): 421–458.

[214] Wan W P, Yiu D W. 2009. From crisis to opportunity: Environmental jolt, corporate acquisitions, and firm performance [J]. *Strategic Management Journal*, 30 (7): 791–801.

[215] Wasserman S, Faust K. 1994. *Social network analysis: Methods and applications* [M]. New York:

Cambridge University Press.

[216] Watts D J. 1999. Networks, dynamics, and the small-world phenomenon [J]. *American Journal of Sociology*, 105 (2): 493 – 527.

[217] Watts D J, Strogatz S H. 1998. Collective dynamics of 'small-world' networks [J]. *Nature*, 393 (6684): 440 – 442.

[218] Wilhite D A. 2001. *Drought: A global assessment* [M]. London: Routledge.

[219] Williamson O E. 1991. Comparative economic organization: The analysis of discrete structural alternatives [J]. *Administrative Science Quarterly*, 36 (2): 269 – 296.

[220] Wuyts S, Dutta S. 2012. Benefiting from alliance portfolio diversity: the role of past internal knowledge creation strategy [J]. *Journal of Management*, 39 (1): 5 – 13.

[221] Yang H B, Lin Z J, Lin Y L. 2010. A multilevel framework of firm boundaries: Firm characteristics, dyadic differences, and network attributes [J]. *Strategic Management Journal*, 31 (3): 237 – 261.

[222] Yang H B, Lin Z J, Peng M W. 2011. Behind acquisitions of alliance partners: exploratory learning and network embeddedness [J]. *Academy of Management Journal*, 54 (5): 1069 – 1080.

[223] Yasuda T. 2005. Firm growth, size, age and behavior in Japanese manufacturing [J]. *Small Business Economics*, 24 (1): 1 – 15.

[224] Yeo H J, Pochet C, Alcouffe A. 2003. CEO reciprocal interlocks in French corporations [J]. *Journal of Management and Governance*, 7 (1): 87 – 108.

[225] Young L M, Hobbs J E. 2002. Vertical linkages in agri-food supply chains: Changing roles for producers, commodity groups, and government policy [J]. *Review of Agricultural Economics*, 24 (2): 428 – 441.

[226] Zaheer A, Gulati R, Nohria N. 2000. Strategic networks [J]. *Strategic Management Journal*, 21 (3): 203 – 215.

[227] Zaheer A, Bell G G. 2005. Benefiting from network position: Firm capabilities, structural holes, and performance [J]. *Strategic Management Journal*, 26 (9): 809 – 825.

[228] Zaheer S, Mosakowski E. 1997. The dynamics of the liability of foreignness: A global study of survival in financial services [J]. *Strategic Management Journal*, 18 (6): 439 – 463.

[229] Zukin S, Dimaggio P. 1990. *Structures of capital: The social organization of the economy* [M]. New York: Cambridge University Press.

[230] 边燕杰, 王文彬, 张磊, 程诚. 跨体制社会资本及其收入回报 [J]. 中国社会科学, 2012, 2: 110 – 126.

[231] 陈传明, 孙俊华. 企业家人口背景特征与多元化战略选择: 基于中国上市公司面板数据的实证研究 [J]. 管理世界, 2008, 5: 124 – 133.

[232] 陈宏辉, 贾生华. 企业利益相关者的利益协调与公司治理的平衡原理 [J]. 中国工业经济, 2005, 8: 114 – 121.

[233] 陈仕华, 王春林. 连锁董事渐次流行和规模边界问题研究 [J]. 东北财经大学学报, 2007, 1: 13 – 17.

[234] 陈仕华,马超.企业间高管连接与慈善行为一致性:基于汶川地震后中国上市公司捐款的实证研究[J].管理世界,2011,12:87-95.

[235] 陈晓红,王思颖.组织冗余与公司绩效关系研究:治理制度的调节作用[J].科研管理,2012,9:78-86.

[236] 陈运森,谢德仁.网络位置、独立董事治理与投资效率[J].管理世界,2011,7:113-127.

[237] 段海艳,仲伟周.网络视角下中国企业连锁董事成因分析:基于上海、广东两地314家上市公司的经验研究[J].会计研究,2008,11:69-75.

[238] 杜尚哲,加雷特,李东红.战略联盟[M].北京:中国人民大学出版社,2006.

[239] 范黎波.企业间网络关系对战略的影响:一个理论框架[J].财贸经济,2004,5:42-46.

[240] 冯锋,张瑞青,闫威.基于小世界网络模型的企业创新网络特征分析[J].科学学与科学技术管理,2006,9:87-91.

[241] 冯锋,王凯.产业集群内知识转移的小世界网络模型分析[J].科学学与科学技术管理,2007,7:88-91.

[242] 符正平,彭伟,刘冰,基于跨时视角的联盟组合过程研究与概念框架构建[J].外国经济与管理,2011,33(1):56-65.

[243] 郭劲光.企业网络的经济社会学研究[M].北京:中国社会科学出版社,2008.

[244] 郭劲光,高静美.网络、资源与竞争优势:一个企业社会学视角下的观点[J].中国工业经济,2003,3:79-86.

[245] (美)古扎拉蒂.计量经济学基础[M].费剑平,译.北京:中国人民大学出版社,2005.

[246] 胡鲜,杨建梅,李得荣.企业竞争关系演变的复杂网络分析:以广东省软件产业为例[J].软科学,2008,6:52-56.

[247] 黄中伟,王宇露.位置嵌入、社会资本与海外子公司的东道国网络学习:基于123家跨国公司在华子公司的实证[J].中国工业经济,2008,12:144-154.

[248] 江可申,田颖杰.动态企业联盟的小世界网络模型[J].世界经济研究,2002,5:84-89.

[249] 姜翰,杨鑫,金占明.战略模式选择对企业关系治理行为影响的实证研究:从关系强度角度出发[J].管理世界,2008,3:115-125.

[250] 蒋春燕,赵曙明.组织冗余与绩效的关系:中国上市公司的时间序列实证研究[J].管理世界,2004,5:108-115.

[251] 李国津.跨国公司的战略联盟及其对我国企业国际化经营的启示[J].南开学报,1994,6:31-36.

[252] 李薇,龙勇.竞争性战略联盟的合作效应研究[J].科研管理,2010,1:160-169.

[253] 李晓翔,刘春林.高流动性冗余资源还是低流动性冗余资源:一项关于组织冗余结构的经验研究[J].中国工业经济,2010,7:94-103.

[254] 李晓翔,刘春林.冗余资源与企业绩效关系的情境研究:兼谈冗余资源的数量变化[J].南开管理评论,2011,03:4-14.

[255] 李晓翔,刘春林.投资强度变化:基于绩效偏差和冗余资源的视角[J].管理科学,2013,01:26-37.

[256] 林季红. 跨国公司战略联盟新态势与国际生产折衷理论的局限 [J]. 经济管理, 2006, 13: 6 – 10.

[257] 林南, 俞弘强. 社会网络与地位获得 [J]. 马克思主义与现实, 2003, 2: 46 – 59.

[258] 刘军. 整体网络分析讲义 [M]. 上海: 上海人民出版社, 2009.

[259] 刘军. 整体网络分析讲义 [M]. 上海: 上海人民出版社, 2014.

[260] 刘冰, 符正平, 邱兵. 冗余资源、企业网络位置与多元化战略 [J]. 管理学报, 2011, 12: 1792 – 1801.

[261] 刘衡, 王龙伟, 李垣. 战略联盟控制方式有效性研究: 基于任务、关系和环境特征的框架分析 [J]. 科学学与科学技术管理, 2010, 1: 27 – 33.

[262] 刘涛, 朱敏. 动态性环境中企业连锁董事与绩效关系的实证研究 [J]. 软科学, 2009, 23 (6): 93 – 97.

[263] 刘雪梅. 联盟组合: 价值创造与治理机制 [J]. 中国工业经济, 2012, 6: 70 – 82.

[264] 卢昌崇, 陈仕华. 连锁董事理论: 来自中国企业的实证检验 [J]. 中国工业经济, 2006, 1: 113 – 119.

[265] 卢昌崇, 陈仕华. 断裂连接重构: 连锁董事及其组织功能 [J]. 管理世界, 2009 (5): 152 – 165.

[266] 卢东斌, 李文彬. 基于网络关系的公司治理 [J]. 中国工业经济, 2005, 11: 95 – 102.

[267] 罗家德. 社会网络分析讲义 [M]. 北京: 社会科学文献出版社, 2010.

[268] 罗志恒, 葛宝山, 董保宝. 网络、资源获取和中小企业绩效关系研究: 基于中国实践 [J]. 软科学, 2009, 8: 130 – 134.

[269] 毛成林, 任兵. 公司治理与连锁董事间的网络 [J]. 中国软科学, 2005, 12: 127 – 132.

[270] 彭正银, 廖天野. 连锁董事治理效应的实证分析: 基于内在机理视角的探讨 [J]. 南开管理评论, 2008, 1: 99 – 105.

[271] 杜尚哲, 加雷特. 战略联盟 [M]. 北京: 中国人民大学出版社, 2006.

[272] 奇达夫, 蔡文彬. 社会网络与组织 [M]. 北京: 中国人民大学出版社, 2007.

[273] 钱锡红, 徐万里, 杨永福. 企业网络位置、间接联系与创新绩效 [J]. 中国工业经济, 2010a, 2: 78 – 88.

[274] 钱锡红, 杨永福, 徐万里. 企业网络位置、吸收能力与创新绩效: 一个交互效应模型 [J]. 管理世界, 2010b, 5: 118 – 129.

[275] 任兵. 连锁董事的企业间网络与公司治理 [J]. 首都经济贸易大学学报, 2005, 1: 38 – 42.

[276] 任兵, 区玉辉, 林自强. 企业连锁董事在中国 [J]. 管理世界, 2001, 6: 132 – 159.

[277] 任兵, 区玉辉, 彭维刚. 连锁董事与公司绩效: 针对中国的研究 [J]. 南开管理评论, 2007, 10 (1): 8 – 15.

[278] 任兵, 区玉辉, 彭维刚. 连锁董事、区域企业间连锁董事网与区域经济发展: 对上海和广东两地 2001 年上市公司的实证考察 [J]. 管理世界, 2004, 3: 112 – 123.

[279] 任兵, 阎大颖, 张婧婷. 连锁董事与企业战略: 前沿理论与实证研究评述 [J]. 南开学报 (哲学社会科学版), 2008, 3: 119 – 126.

[280] 沈灏,李垣. 联盟关系、环境动态性对创新绩效的影响研究 [J]. 科研管理, 2010, 1: 77-85.

[281] 石秀印. 中国企业家成功的社会网络基础 [J]. 管理世界, 1998, 6: 187-196.

[282] 斯科特. 社会网络分析方法 (第2版) [M]. 重庆: 重庆大学出版社, 2007.

[283] 宋波,徐飞. 联盟稳定性的静态贝叶斯博弈分析 [J]. 上海交通大学学报(社会科学版), 2009, 9: 1373-1376.

[284] 滕维藻,冼国明. 90年代跨国公司的经营战略及影响 [J]. 南开学报, 1999, 5: 50-57.

[285] 王燕梅. 中国机床工业的高速增长: 技术进步及其贡献分析 [J]. 中国工业经济, 2006, 10: 15-22.

[286] 王宇露,李元旭. 海外子公司东道国网络结构与网络学习效果: 网络学习方式是调节变量吗? [J]. 南开管理评论, 2009, 3: 142-151.

[287] 邬爱其. 企业网络化成长: 国外企业成长研究新领域 [J]. 外国经济与管理, 2005, 10: 10-17.

[288] 巫景飞,何大军,林日韦,王云. 高层管理者政治网络与企业多元化战略: 社会资本视角: 基于我国上市公司面板数据的实证分析 [J]. 管理世界, 2008, 8: 107-118.

[289] 吴剑峰,吕振艳. 资源依赖、网络中心度与多方联盟构建: 基于产业电子商务平台的实证研究 [J]. 管理学报, 2007, 4: 509-513.

[290] 薛澜,陶海青. 产业集群成长中的企业家社会网络演化: 一种"撒网"模型 [J]. 当代经济科学, 2004, 26 (6): 60-66.

[291] 杨锐,黄国安. 网络位置和创新: 杭州手机产业集群的社会网络分析 [J]. 工业技术经济, 2005, 7: 114-118.

[292] 姚铮,胡梦婕,叶敏. 社会网络增进小微企业贷款可得性作用机理研究 [J]. 管理世界, 2013, 04: 135-149.

[293] 于飞,刘明霞. 组织演化理论视角下的股权结构与子公司生存: 环境突变、冗余资源的调节作用 [J]. 中国管理科学, 2014, 05: 138-148.

[294] 詹也,吴晓波. 企业联盟组合配置战略与组织创新的关系研究: 基于我国汽车行业的多案例研究 [J]. 科学学研究, 2012, 30 (3): 466-473.

[295] 张建君,李宏伟,私营企业的企业家背景、多元化战略与企业业绩 [J]. 南开管理评论, 2007, 5: 12-25.

[296] 张玉利,杨俊. 企业家创业行为的实证研究 [J]. 经济管理, 2003, 20: 19-26.

[297] 郑丹辉,韩晓燕,李新春. 组织冗余与我国民营上市企业风险投资: 创始人控制的调节作用 [J]. 财经研究, 2013, 05: 62-72.

[298] 郑准,王国顺. 外部网络结构、知识获取与企业国际化绩效: 基于广州制造企业的实证研究 [J]. 科学学研究, 2009, 8: 1206-1212.

[299] 周长辉,曹英慧. 组织的学习空间, 紧密度, 知识面与创新单元的创新绩效 [J]. 管理世界, 2011, 4: 81-97.

[300] 邹国庆,倪昌红. 经济转型中的组织冗余与企业绩效: 制度环境的调节作用 [J]. 中国工业经济, 2010, 11: 120-129.

[301] 朱国宏,桂勇. 经济社会学导论 [M]. 上海:复旦大学出版社,2005.
[302] 朱秀梅,费宇鹏. 关系特征、资源获取与初创企业绩效关系实证研究 [J]. 南开管理评论,2010,3:125-135.
[303] 朱秀梅,李明芳. 创业网络特征对资源获取的动态影响—基于中国转型经济的证据 [J]. 管理世界,2011,06:105-115,188.

后　　记

　　本书的前期工作始于 2010 年。博士学习期间，一个偶然的机会，我在导师的指导下接触到有关社会网络研究的前沿领域，并开始系统学习相关的理论和方法。当时，社会网络理论及分析方法在管理学研究领域的应用在国内尚处于起步阶段。如今再忆往昔，对导师敏锐而深邃的学术洞察力钦佩不已。每每谈及，必反复慨叹：真学者，当如是！

　　科学研究不仅是理论、数据和方法，更是一个历程。经过几年的积累，我和同门的研究生在导师的指导下，持续地关注、探索和追踪有关社会网络研究的最新进展，并致力于将社会网络理论及分析方法与管理实践相结合。我们的研究并未局限于特定规模的企业，或特定行业的企业，或特定的关系机制，正如本书的结构安排一样，除了对企业所有权关系网络进行深入研究之外，也对当前的前沿研究领域如联盟网络等以专题的形式进行有针对性的讨论。

　　2012 年起，我先后获得了中央高校基本科研业务费专项资金中山大学青年教师培育项目"企业所有权网络形成与作用机制研究——基于网络结构视角"（1209040－40000－3161112）、广东省自然科学基金博士启动项目"联盟组合多样性、网络嵌入性与企业绩效"（S2013040016692）、国家自然科学基金青年科学基金项目"嵌入性视角下联盟组合多样性与企业绩效关系研究"（71302098）的资助，同时参与了我的导师符正平教授主持的国家自然科学基金面上项目"多边联盟形成、治理与演化机制研究：基于社会网络的视角"（71372141）。从项目参与者到项目主持人的角色转换，让我在倍感压力的同时，深刻地体会到作为一个科研工作者的责任和使命。这也是我将前期工作和近期工作的阶段性成果出版的动力源泉。

　　博士毕业后，2011 年 9 月，我加入中山大学旅游学院工作。对我而言，旅游研究是一个全新的领域。经过一段时间以来的不断磨合和思考，我开始尝试性地利用社会网络理论及分析方法探索旅游研究问题。2012 年，又一个偶然的机会，我参与到一项关于新疆旅游的研究中，并于同年 10 月撰写完成了学术论文《社会网络视角下旅游线路研究——以新疆为例》并投稿至《旅游学刊》。这篇文章于2013年11月顺利发表[2013, 28 (11): 101-109]。2014年10月，在《旅游学刊》2014年中国旅游年会上，这篇文章获得了2013年《旅游学刊》年度优秀论文。第一次撰写旅游研究领域的论文，第一次投稿至《旅游学刊》并获得如此殊荣，这份认可让我在激动和兴奋之余，坚信社会网络研究对跨学科研究领域的贡献和价值，并对未来的研究之路充满期待。

目前，我的研究方向有两条并行的主线，一是沿着战略管理的研究思路重点关注联盟问题；二是对旅游领域的相关问题进行研究。尽管任务艰巨，但希望社会网络理论及分析方法可以成为二者之间的桥梁，因为知识本无界，融会定能贯通。

当然，本书在定稿过程中也得到了多方的意见、建议和帮助，他们是：邱兵博士以及我的同门——超亮、斯佳、王曦。或许他们未来未必从事与科研相关的工作，但本书的内容也同样见证了他们的智慧。本书的顺利出版也得益于中山大学旅游学院的各位领导和同事、中山大学管理学院徐勇教授及其博士生团队、中山大学出版社总编辑周建华老师及其团队的大力支持，以及高等学校本科教学质量与教学改革工程中山大学专业综合改革试点——工商管理专业项目的资助，在此一并表示真挚的谢意。

本书的定位并非一本纯粹的学术成果介绍。我们希望，对从事相关领域研究的同行而言，能够为当前或未来的研究带来启发和思考；对有兴趣了解社会网络研究的初学者而言，能够提供必要的有益指引。我们更期望，这些研究成果能够成为推动社会网络研究在跨学科、交叉学科研究领域中不断前行的助力！

也曾迟疑，也曾彷徨，也曾迷茫，但一路前行，却从未退缩。谨以此书作为迟到多年的毕业礼物，感谢我的导师——中山大学管理学院符正平教授！

我会继续努力！

刘冰
于中山大学
2014年12月